La concertation dans
le paradigme du mythe

Stefan Bratosin

La concertation dans le paradigme du mythe

De la pratique au sens

PETER LANG

Bern·Berlin · Bruxelles · Frankfurt am Main · New York · Oxford·Wien

Information bibliographique publiée par «Die Deutsche Bibliothek»
«Die Deutsche Bibliothek» répertorie cette publication dans la «Deutsche National-
bibliografie»; les données bibliographiques détaillées sont
disponibles sur Internet sous ‹http://dnb.ddb.de›.

Cet ouvrage a été publié avec le soutien de l'Institut Universitaire de Technologie
de Tarbes et du Laboratoire d'Etudes et de Recherches Appliquées en
Sciences Sociales, Université Paul Sabatier, Toulouse, France.

Réalisation de couverture: Thomas Jaberg, Peter Lang AG

ISBN 978-3-03911-459-7

Il est extrêmement difficile [...] de parvenir à distinguer véritablement
le mythe du logos: c'est ce que prouve, mieux que tout autre,
le fait que le mythe réclame aujourd'hui encore,
dans le domaine de la «méthodologie» pure, un droit de cité.
(Cassirer, 1972, t. 2, p. 12)

Table des matières

Deuxième partie:
Conditions d'interprétation

Troisième partie:
Contexte pratique

Avant-propos

Cet ouvrage a été réalisé en vue d'une soutenance d'habilitation à diriger des recherches en Sciences de l'Information et de la Communication. Sans doute n'échappe-t-il pas aux défauts du genre, rendus plus sensibles encore par la crainte de l'inconnu qui habite le chercheur en tant qu'interprète. Je veux dire par là que cet ouvrage avant d'être une proposition méthodologique, est la mise à l'épreuve de la possibilité d'intensifier l'inconnu en le gratifiant par une attention plus insistante que celle accordée habituellement aux réalités tangibles. Le résultat de cette mise à l'épreuve apparaîtra dans la découverte qu'un outil de recherche peut tout dire à l'exception de ce que son agent voulait qu'il signifie. Sa transcription dans le concret est un jeu dont la règle consiste à «rassurer» le chercheur: une signification une fois trouvée n'est pas la bonne, puisque la bonne signification est toujours la suivante.

Mais tel qu'il est cet ouvrage, j'espère, attirera l'attention sur un aspect méthodologique trop peu théorisé, me semble-t-il, dans le champ des Sciences de l'Information et de la Communication: l'approche herméneutique. D'une manière délibérée mon travail se limite ici à la seule considération de la concertation – comme objet générique – dans le paradigme du mythe; il me parait facile, cependant, d'en étendre les propositions à d'autres objets de recherche et formes symboliques. Le partage de la passion pour l'herméneutique, est la détermination fondamentale de ce positionnement. C'est-à-dire, à travers cet ouvrage, je n'entends pas me situer dans le champ des Sciences de l'Information et de la Communication uniquement avec une participation par similitude, mais, comme aurait dit Platon, aussi avec une participation par composition.

En somme, dès le départ, cet ouvrage a été envisagé, par défaut, ouvert. Cela veut dire qu'il assume sans réserve la marque d'un achèvement ailleurs. Un achèvement, certes, dans mes autres textes accueillis par la communauté scientifique dans les publications de la discipline. Mais, également et surtout, un achèvement dans la lecture qui en sera faite, une lecture dont l'aboutissement n'est pas une dernière page, mais un autre «ailleurs». Dans cette optique, je n'escompte pas que ma proposition rencontrera un accord unanime. Par conséquent, je tiens à dire au lecteur que j'accueille ses critiques et ses objections comme un amical témoignage de soutien et de considération, témoignage qui aura toute ma gratitude.

Introduction générale

L'approche de la concertation proposée dans cet ouvrage s'inscrit dans la voie d'une «sensibilité théorique» sémio-anthropologique marquée déjà dans le champ des Sciences de l'Information et de la Communication par l'approche socio-sémiotique de l'espace public proposé par Olivier Chantraine (Chantraine, 1997) et par les travaux sur le «sensible» menés par Jean-Jacques Boutaud et Pascal Lardellier (Boutaud, Lardellier, 2003; Boutaud, 1998; Lardellier, 2003). Plus exactement, l'inscription de cet ouvrage dans la perspective sémio-anthropologique correspond à une contribution méthodologique[1] dont la caractéristique principale est la proposition d'articuler dans le champ des Sciences de l'Information et de la Communication les acquis théoriques de la philosophie des formes symboliques d'Ernst Cassirer et ceux de l'herméneutique critique de Paul Ricœur[2]. Il s'agit d'un ouvrage qui illustre et en même temps est l'illustration de la pertinence des considérations de Bernard Miège sur la pensée communicationnelle: a) la pensée communicationnelle «est loin d'être figée, elle est toujours en évolution», b) «la pensée communicationnelle n'est pas unifiée et n'est pas prête à se présenter comme telle», c) «la pensée communicationnelle [...] contribue activement à la formation de ce champ» (Miège, 1995, pp. 100-112). D'une part, cet ouvrage s'approprie la marque de la discipline par sa contribution au «déplacement» ou au «transport» des limites disciplinaires, car la pensée communicationnelle «n'est pas figée, elle est toujours en évolution», elle est un «territoire mouvant» (Bernard, 2002, p. 1). D'autre part, il fonde son apport à la discipline sur les transgressions des discontinuités disciplinaires, car «la pensée communicationnelle n'est pas unifiée», même si elle peut susciter «des intérêts communs, des méthodes comparables, des positions respectives» (Jeanneret, Olivier, 2004, p. 27). En somme, cet ouvrage est à la fois «métaphorai»[3] des limites et histoire, «diégèse» de

---

1   La question de l'approche sémio-anthropologique se pose depuis quelques années dans le champ des Sciences de l'Information et de la Communication (voir, par exemple, Allamel-Raffin, Lefebvre, 2002 pp. 431-438); Da-Lage Py, Debruyne, Vandiedonck, 2002, pp. 477-482.

2   Jean-Jacques Boutaud a déjà évoqué l'articulation Cassirer/Ricœur, mais sur cela je vais revenir plus tard.

3   J'emprunte l'expression à Michel de Certeau qui remarquera que les transports en commun à Athènes s'appelaient «metaphorai» (Certeau, 1990, p. 170).

l'enrichissement du champ des Sciences de l'Information et de la Communication par la culture des «délinquances» théoriques rendues possibles par la perméabilité indélébile des frontières posées conventionnellement sur les cartes académiques des sciences humaines et sociales.

A. «Metaphorai» des limites: marquages et démarquages du chemin

Le chemin qui m'a conduit à la réalisation de cet ouvrage est, avant tout, l'histoire d'une décennie des marquages et des démarquages théoriques – conceptuels, épistémologiques, méthodologiques –, des «transports en commun» des limites. Ces marquages et démarquages par leur caractère décisif sont des bases, des fondements et, je dirais même, des fondations. C'est-à-dire, ils constituent la partie enfouie, la partie invisible de l'ouvrage. Leur mise en exergue ici est, donc, une (re)mémorisation préalable nécessaire à la construction du sens du contexte de l'ouvrage, une sorte de rituel dans l'effectuation de la compréhension.

Ce n'est un secret pour personne, la concertation n'est pas «naturellement» un objet d'étude des Sciences de l'Information et de la Communication. Si l'on considère, par exemple, les thèses qui interrogent la concertation on va avoir la «surprise» de découvrir que la concertation n'est même pas l'exclusivité des sciences humaines et sociales (cf. Pennanguer, 2005). Ceci dit, c'est dans le domaine des sciences humaines et sociales que la recherche sur la concertation s'est principalement développée et cela à partir de multiples regards disciplinaires. Les entrées dans les problématiques liées à la concertation sont donc diverses et la profondeur des analyses est inégale selon la place qu'on lui accorde dans l'économie générale des thématiques abordées. Mais toutes ces approches de la concertation en différentes disciplines des sciences humaines et sociales ont une caractéristique commune: elles sont des ouvertures, des passages, des ponts quasi explicites vers le champ des Sciences de l'Information et de la Communication. En droit (cf. Grand-Deleage, 1992; Le Noan Humbert, 1995; Droniou, 1999; Guyomarc'h, 1999; Chaufer, 2000; Gottsmann, 2002; Janicot, 2002; Mozol, 2002; Févrot, 2003; Fourcade, 2005; Kouable, 2005), par exemple, où semble se manifester, plus qu'ailleurs, l'intérêt pour l'étude de la con-

2

certation, les recherches parviennent pourtant – en analysant l'origine et l'évolution de la notion de concertation – à la conclusion que la concertation n'est pas un concept juridique, mais uniquement une pratique communicationnelle socio-administrative. Plus exactement, en tant que pratique socio-administrative, la concertation, dans le droit de l'urbanisme, va apparaître comme une médiation. La concertation comme médiation affichera, dès lors, l'avantage de permettre l'émergence d'un processus de communication rejoignant la dialectique qui, grâce à l'entremise d'un tiers neutre, indépendant et dépourvu de tout pouvoir sur les parties, permet de dépasser une situation initiale d'inertie ou de blocage entre les interlocuteurs. Présentée comme aide à la décision, la concertation, dans sa dimension de médiation non institutionnelle, dévoile alors immanquablement son rapport étroit avec la participation sans laquelle il ne peut y avoir de solution acceptable par tous les acteurs. Ceci ouvre, en droit, un autre angle de vue pour saisir la concertation, un angle de vue déjà emprunté par les chercheurs en Sciences de l'Information et de la Communication[4] qui procède des idées de démocratie et de citoyenneté locales, notions qui ont pris une dimension nouvelle depuis l'intervention des lois de décentralisation. Bien qu'elle soit de plus en plus marquée par les textes juridiques qui ont ainsi considérablement renforcé sa dimension institutionnelle, la concertation comme participation du public à la vie municipale demeure d'essence fondamentalement volontariste, d'où, toujours, la complexité communicationnelle d'une initiative consistant à mobiliser les principaux acteurs locaux, élus et citoyens, initiative interrogée également dans le champ des Sciences de l'Information et de la Communication[5]. Toujours sous l'angle de vue de la participation, les études en droit soulèvent le problème de la concertation en termes du rôle participatif des partenaires sociaux à l'*œuvre du législateur* qui a conduit certaines organisations patronales et syndicales à revendiquer une sphère d'intervention autonome, à l'instar de celle dont ils jouissent à certains égards au niveau communautaire. Sous le même angle de la participation, la politique de contractualisation comme volonté d'instituer un mode de gestion par lequel une autorité hiérarchique passe des accords avec les services exécutants dont elle assure le contrôle, est un autre lieu d'étude de la concertation en droit, mais aussi de la communication des

---

4 Voir, par exemple, l'atelier 2 «Citoyenneté, gouvernance et démocratie» du congrès de la SFSIC en 2004.
5 Voir, par exemple, le dossier «Communication locale» dans la revue «Communication & Organisation» n° 6 / 2004.

organisations, de la communication publique et de la communication politique[6]. La science politique (cf. Paoletti, 1996; Gret, 2002; Dèbre, 2005; Wojcik, 2005) s'empare de l'étude de la concertation par le biais de l'analyse de la démocratie locale et de l'espace public. Dans ce cadre symbolique, cadre déjà investi par les études en Sciences de l'Information et de la Communication[7], la science politique approche la concertation par les mécanismes de participation de la démocratie participative et de la démocratie représentative dont les logiques respectives apparaissent indissociables pour faire émerger un espace public de participation. La participation entendue comme concertation est étudiée comme un moyen de renforcer la cohésion sociale, approfondir la démocratie et rendre efficaces les politiques publiques. Ainsi, alors que la justification de la mise en place de ces dispositifs de concertation repose sur la démocratisation de l'exercice du pouvoir, leur analyse interroge le sens de la démocratie locale et les pratiques sociales et politiques qui se développent en leur sein. Ces études sont parfois tellement proches des celles entreprises en Sciences de l'Information et de la Communication qu'elles sont reconnues non seulement scientifiquement, mais aussi institutionnellement dans les deux champs[8]. La sociologie (cf. Oblet, 1997; Volponi, 1999; Rui, 2001; Gamatie, 2002; Wallez, 2002; Dumont, 2004), comme le droit, n'échappe pas à la tentation de rapprocher la concertation du processus de médiation. Certes, le sens sociologique de la médiation est sensiblement différent de celui employé dans le domaine du droit. Néanmoins, les études en sociologie, comme les études en droit, ont en commun l'accent posé sur la dimension communicationnelle de la médiation. En sociologie, donc, la concertation est entendue par rapport à un phénomène – la médiation – marqueur d'une situation appréhendée comme processus communicationnel visant à déployer les conditions d'une entente, d'une communauté communicationnelle, voire d'un agir communicationnel. Egalement, toujours en sociologie, la concertation est appréhendée lors de l'étude des processus de légitimation des actions collectives. L'étude de la concertation est alors englobée dans l'étude des différentes formes du débat public, des rapports sociaux et peut aller jusqu'à considérer le langage comme cadre interprétatif. Les études dans le

---

6   Voir, par exemple, Ollivier-Yaniv, 2006.
7   Voir, par exemple, Lamizet, 1997.
8   Par exemple, suite à sa thèse de doctorat, Stéphanie Wojcik (Wojcik, 2005) a obtenu
      sa qualification aux fonctions de maître de conférences en même temps en science po-
      litique et en Sciences de l'Information et de la Communication.

domaine de l'économie et de la gestion (cf. Orillard, 1987; Schluth Amorim, 2000; Gilliard, 2001) tâchent d'identifier les conditions dans lesquelles la concertation peut constituer une modalité efficace de gestion. Ainsi la concertation est considérée comme une modalité de coordination spécifique ayant deux effets majeurs: a) la définition, par un ensemble d'acteurs aux intérêts divergents, d'un accord mutuellement acceptable et b) leur adhésion durable à des règles organisant les responsabilités de chacun. Dans cette perspective, les études sur la concertation s'interrogent sur la validité de la mise en forme de l'information et proposent d'utiliser de façon complémentaire l'approche délibérative et la méthode d'évaluation contingente. Le sens de la concertation est, dans ces études, proche de celui de négociation activée dans un contexte de surcodage, proximité soulignée par l'attente, à travers la concertation, d'un compromis acceptable reflétant l'organisation des forces sociales. La géographie sociale (cf. Billard, 1998; Brévard, 2003; Raymond, 2004) approche également les questions de la concertation en même temps que les questions de la citoyenneté, de la participation, de la médiation dans différents contextes problématiques de la planification urbaine ou d'aménagement de l'espace. Cette approche est, certes, une approche interprétative de l'espace, mais l'intérêt de ces études est qu'elles dévoilent comment la concertation, à propos du paysage, de l'aménagement, etc. peut être un lieu de «lecture» pour les géographes quant aux mutations spatiales. Aussi, ces études soulignent le rôle de médiateur joué par l'espace lorsqu'il est considéré dans le contexte de la participation démocratique au débat sur les questions d'aménagement. Dans les études en sciences de l'éducation (cf. Bennour, 1997; Damba, 2000) la concertation est une fois encore saisie en rapport avec la participation des citoyens à différentes actions collectives. L'intérêt, dans le champ des Sciences de l'Information et de la Communication de telles approches de la concertation, réside dans l'analyse permettant de distinguer entre plusieurs types de participation et la mise en exergue des significations qui se construisent dans le contexte participatif, ainsi que les jeux et les enjeux de ces significations dans les conflits engageant les différents acteurs de la vie sociopolitique, économique et culturelle.

Par conséquent le premier «transport des limites» dont participe cet ouvrage est celui qui a eu comme conséquence l'étude de la concertation dans le champ des Sciences de l'Information et de la Communication. C'est un transport en commun et en même temps un transport groupé. Un transport en commun, car je ne suis pas le seul à œuvrer (Bratosin, 2000) pour inscrire l'étude de la concertation dans le champ des Sciences de l'Information et de la Communication. D'autres ont apporté également leur contribution à cette inscription, par des thèses (Carré, 1994; Viollet-Besançon, 2001), par des articles parus dans les revues du champ des Sciences de l'Information et de la Communication (Girod, 2003; Pailliart, 2003), par des contributions à des colloques organisés par des chercheurs en Sciences de l'Information et de la Communication (Castagna, Gallais, Ricaud, Roy, 2004) et notamment au congrès de la SFSIC[9] (George, 2002; Fayeton, 2002; Michel, 2004), pour ne citer que quelques uns. Aussi, je tiens ici à souligner l'apport de plus en plus marquant dans le champ de l'équipe CTPS[10] du LERASS[11] dirigée par Patrick Chaskiel (Bratosin, 2003, 2004a, 2004b, 2004c; Chaskiel, 2002, 2004, 2005; Suraud, 2003; Sochacki, 2004). Mais en même temps, il s'agit d'un transport groupé, car l'étude de la concertation dans le champ des Sciences de l'Information et de la Communication participe d'un ensemble thématique – citoyenneté, participation, espace public, débat public, médiation politique, etc. – qui réduit l'étude de la concertation à l'étude d'un phénomène communicationnel presque toujours adjoint pour la circonstance à des problématiques principales englobantes. D'où un premier enjeu de ma démarche, c'est-à-dire la prise en considération de la concertation comme une pratique communicationnelle sociopolitique et culturelle à la fois transversale, autonome et distincte de la «communication politique», de la «communication locale», de la «communication institutionnelle», de la «communication organisationnelle», de la «communication culturelle», etc.

Un deuxième transport des limites engageant les marquages et les démarquages dont participe cet ouvrage est celui qui conduit à considérer le mythe comme paradigme d'intelligibilité dans le champ des Sciences de l'Information et de la Communication. Je ne vais pas insister ici sur la manière dont les différentes disciplines des sciences humaines et sociales s'emparent du mythe pour expliciter la réalité qui constitue leur objet, car je vais y revenir largement d'une manière générale dans la première partie et tout particulièrement dans le premier chapitre de cette partie. Cependant, je tiens à souligner que dans le champ des sciences humaines et sociales cette approche n'est pas une nouveauté, comme elle n'est pas non plus une pratique isolée ou peu considérée. A ce titre, il faut se rappeler que depuis

---

9   Société Française des Sciences de l'Information et de la Communication.
10   Communication, Travail, Pratiques Sociales.
11   Laboratoire d'Etudes et de Recherches en Sciences Sociales (EA 827).

longtemps dans ce domaine «là où le simple observateur ne voit dans l'objet inédit qu'on lui propose qu'une nouveauté supplémentaire qui le conforte dans l'idée que le passé est dénué de pertinence, on peut découvrir l'effet d'une tradition qui sélectionne l'innovation pour lui donner un sens qui n'existe et ne fascine que par son insertion dans un mythe, lequel garantit son acceptabilité» (Perrot, Rist, Sabelli, 1992, p. 38). Mais il ne faut pas généraliser trop rapidement. Même si les frontières entre le champ des Sciences de l'Information et de la Communication d'une part, et les autres disciplines des sciences humaines et sociales d'autre part, sont, on le sait, perméables, l'obsession du «logos» semble avoir démotivé, dans le champ des sciences de l'information de la communication, l'intérêt pour le mythe. Mais ce n'est, sans doute, qu'une illusion, une sorte de tabou biaisé – qui mérite une véritable approche philosophique – puisque cette «pudicité», cache une tentation inavouée dont les indices sont nombreux. Toutes les bibliographies, par exemple, des ouvrages qui s'efforcent de dresser un panorama ou un état des lieux des Sciences de l'Information et de la Communication contiennent des travaux des auteurs comme Barthes, Lévi-Strauss, Freud, etc., c'est-à-dire des auteurs qui ont fait du mythe un outil de compréhension (Bougnoux, 1998; Escarpit, [1976] 1991; Jeanneret, Olivier, 2004; Olivesi, 2006). Aussi, il est possible d'observer dans le champ des Sciences de l'Information et de la Communication quatre manières de s'emparer du mythe. Une première manière et, peut-être, la plus fréquente est l'usage métaphorique du mythe, usage de genre «La société de l'information. Entre mythe et réalité» (Mathien, dir., 2005). Une deuxième manière de s'emparer du mythe dans le champ des sciences de l'information de la communication est la référence mythique comme par exemple: «souvenons-nous que la méduse de la mythologie avait le pouvoir terrifiant de pétrifier par la seule puissance de son regard. L'apparition du roi produit un effet diamétralement opposé à celui qui illustre ce mythe de la méduse [...] Pour se référer à un autre mythe concernant le regard, le roi *pygmalione* ceux sur qui il se pose...» (Lardellier, 2003, pp. 174-175). Une troisième manière de s'emparer du mythe dans le champ des Sciences de l'Information et de la Communication est l'analogie. Une très bonne illustration à cet égard se trouve dans l'analyse de la notion de réseaux proposée par Pierre Musso. Il s'agit de la présentation du réseau par analogie avec les figures mythologiques du tissage (Musso, 2003, pp. 15-42). Enfin, la quatrième manière de s'emparer du mythe dans le champ des Sciences de l'Information et de la Communication est celle de considérer le mythe comme une réalité culturelle à l'œuvre de la façon dont le font Armand Mattelard et Erik Neveu dans le «Introduction aux Cultural Studies» (Mattelard, Neveu, 2003, pp. 96-101). Dans ce contexte, la voix de Mihai Coman affirmant que la mythologie est au cœur de la communication moderne apparaît comme une posture singulière qui met en évidence le fait que dans le champ des Sciences de l'Information et de la Communication «le concept des mythes n'est ni débattu ni approfondi du point de vue théorique par les recherches qui l'utilisent afin d'expliquer les fonctions spéciales ou le processus de signification hors du commun qu'on retrouve dans certains produits médiatiques» (Coman, 2003, p. 54). D'où un deuxième enjeu de cet ouvrage, faire reconnaître le paradigme du mythe dans le champ de sciences de l'information et de la communication comme grille de lecture des pratiques sociopolitiques, économiques et culturelles.

Le troisième transport des limites qui renforce les marquages et les démarquages dont participe cet ouvrage est celui qui conduit à habiliter l'approche herméneutique dans le champ des Sciences de l'Information et de la Communication. Ce transport des limites est, à bien des égards, semblable à celui dont il a été question précédemment, mais il est bien plus périlleux et incertain. D'abord parce que l'herméneutique – comme je vais le montrer dans la deuxième partie – a une vie «historique» dans d'autres disciplines et son accueil dans le champ des sciences de l'information de la communication requiert l'horizon d'une tradition qui, pour l'instant, est estompé par la relative jeunesse disciplinaire de ce champ. Ensuite, parce que l'herméneutique elle-même, est une discipline avec des tensions, des fractures, des redéfinitions, etc. qui, tout en facilitant les rapports aux champs avec lesquels elle a conclu depuis longtemps des alliances, complexifie les rapports aux disciplines nouvelles. Dès lors, dans le champ des sciences de l'information de la communication, on va parler d'abord plutôt d'interprétation que d'herméneutique. Ainsi, dans son «Introduction à la communication», Danielle Charron consacre un chapitre entier à «la communication organisationnelle selon l'approche interprétative». Cette approche interprétative de la communication repose sur un présupposé sémio-anthropologique qui est fondamentalement de nature herméneutique: «selon l'approche interprétative, l'être humain ne peut être étudié comme un organisme biologique: son comportement n'est pas l'équivalent d'une réaction, mais le résultat à la fois de la signification qu'il donne à ce comportement, de la signification qu'il attribue à la situation et, enfin, de la signification qu'il prête au comportement des autres individus avec lesquels il devra inévitablement interagir pour mener à terme son projet, son intention» (Charron, 1991, p. 241). Ensuite, dans le champ des Sciences de l'Information et de la Communication on va convenir, également, que «l'interprétation est un entre-deux» qui permet de «sortir de l'hermétisme de l'herméneutique» (De la Broise, 2001, p. 9). C'est une manière de constater les rapports du champ des Sciences de l'Information et de la Communication à l'herméneutique. Car sortir de l'hermétisme de l'herméneutique ne veut pas dire sortir de l'herméneutique, d'autant plus que dans cette perspective de «sortir», les chercheurs «sont avant tout des pratiquants qui, dans des contextes et des logiques d'actions dissemblables, sont aux prises avec l'interprétation» (De la Broise, 2001, p. 9). La question de l'herméneutique apparaît périlleuse et sensible dans le champ de sciences de l'information de la communication, également, parce que les pratiques d'interprétation se situent «entre méthode et sens commun» et un tel positionnement théorique peut «mettre en crise [...] les formulations traditionnelles du partage entre science et sens commun» (Le Marec, 2001, p. 125). Aussi, la question de l'herméneutique se révèle-t-elle périlleuse et en suspens parce qu'elle jouit d'une considération théorique limitée à une seule partie de la méthodologie de recherche. A cet égard, les propos d'Alex Mucchielli sont sans ambiguïté: «Le schéma herméneutique est donc un schéma utilisé dans la compassion des phénomènes communicationnels. Mais uniquement dans les premiers temps de la cueillette de données. Tant que le chercheur n'a pas tous les éléments pour bien comprendre, tant qu'il risque de produire un discours superficiel, lié aux seules données immédiates, alors qu'il doit aller au-delà des premières significations qu'il lui sera donné de saisir. Le schéma herméneutique en actes est très heuristique, en ce qu'il est quête de sens» (Mucchielli, 1998, p. 159). D'où le troisième enjeu de cet ouvrage, accueillir et faire une place, la place qu'elle mérite, à l'herméneutique critique dans le champ des Sciences de l'Information et de la Communication.

Enfin, un dernier transport des limites qui active les marquages et les démarquages dont participe cet ouvrage est celui qui conduit à l'articulation des trois précédents déplacements des limites: concertation, paradigme du mythe, herméneutique. D'où une dernière ambition de cet ouvrage, enrichir le champ des Sciences de l'Information et de la Communication par un nouvel apport échafaudé – comme la tradition le veut, d'ailleurs – au croisement des frontières disciplinaires.

B. «Diégèse» des «délinquances» aux frontières du champ: l'apport

Les apports scientifiques dans le champ des Sciences de l'Information et de la Communication sont depuis toujours des «délinquances» savantes aux frontières du savoir. Il n'y a rien de péjoratif dans ces «délinquances». Au contraire, elles doivent être comprises comme un effort permanent de rendre invisible la discontinuité d'une pensée communicationnelle qui «n'est pas unifiée». De ces «délinquances» est faite l'histoire même de la discipline; elles sont devenues non seulement une tradition, mais aussi un véritable patrimoine. Robert Boure souligne à cet égard que, dès le départ, dans ce champ, les chercheurs se sont considérés «comme des braconniers du savoir aux frontières de plusieurs disciplines et/ou courants» (Boure, 2006, p. 254). Dès lors, dans cet ouvrage, ma tentative d'interpréter la concertation dans le paradigme du mythe ne saurait être plus qu'une «diégèse», une histoire des «délinquances» inscrites dans un parcours cherchant à sublimer le discontinu du champ qu'il sillonne, un parcours qui sera, plus d'une fois, trahi par la discontinuité intrinsèque du pas.

Cette histoire commence avec l'idée de «concertation» qui n'est pas une invention des temps modernes et encore moins de la démocratie telle que nous la connaissons, la vivons ou la supportons aujourd'hui dans tous les sens du terme. La concertation est aussi ancienne que la communication même: «vous ne communiquez pas si vous dissonez», observe Daniel Bougnoux (Bougnoux, 1998, p. 20). L'origine de cette idée se perd dans la nuit des temps. La construction mythique de la tour de Babel, pour prendre un exemple «banal», n'a pas commencé par la mise des fondations dans le sol, ni par la fabrication des briques. Elle a commencé par un «ils se dirent l'un à l'autre». Et qu'est-ce que la concertation sinon un «dire l'un à l'autre» en vue d'une décision de construire en commun? L'idée de concertation est née, ainsi, à l'articulation des deux orientations fondamentales permanentes du mythe – l'orientation eschatologique et l'orientation sotériologique – dans les profondeurs immémoriales de l'histoire de l'humanité. Sa longévité tient au caractère circulaire de son principe. Comme dans le récit de la tour de Babel, en visant l'entente, la concertation débouche sans cesse sur son absence, ce qui ne l'affaiblit guère, au contraire la renforce, car l'absence d'entente requiert toujours plus de concertation.

Privilège des hommes libres[12], avec le temps l'idée de concertation a nécessairement évolué. Mais, dans cette évolution déplacée désormais dans l'espace public, l'idée de concertation a gardé intact son «patrimoine génétique». Elle est aujourd'hui partout, tout en échappant à tout le monde. Ceci explique, peut-être, pourquoi elle est tant demandée, tant désirée par les uns et par les autres.

Mais le consensus sociopolitique actuel en faveur de cette pratique – la concertation – se veut rationnel. Il repose principalement sur la supposition que cette forme de dialogue social, politique et à l'occasion, technique, permet de mettre dans l'action collective ou dans le fonctionnement social soit de l'unité, soit de la simplicité, soit de la continuité (voir, par exemple, Hardy, 2003; Legrand, Van Hese, 2002; Pipard, Maillard, 2003). Cette manière de considérer la concertation pose cependant problème, car ni l'unité, ni la simplicité, ni la continuité ne sont des faits d'observation dans le cadre de la concertation. Ils apparaissent avant tout comme le contraire de la réalité. Si la concertation peut mener à la fusion, elle ne conduit jamais à l'unité. Au contraire, elle renforce les différences en les reconnaissant et en justifiant leurs raisons d'être. La concertation n'est pas non plus orientée vers la simplicité. Dès ses origines, elle a eu pour objectif de faire participer à la discussion le plus grand nombre d'acteurs, c'est-à-dire d'être un cadre d'expression pour des personnes qui, la plupart du temps, n'ont aucun intérêt à parler d'une même voix ou à marcher d'un même pas. Egalement, la concertation ne continue rien. Son émergence s'appuie sur une rupture, son fonctionnement repose sur le constat de la fracture et elle vise toujours, ouvertement ou secrètement, le changement. D'autre part, l'unité, la simplicité et la continuité sont des faits difficilement conciliables entres eux. Etant donné la condition essentielle de la concertation, notamment la participation du plus grand nombre d'acteurs, vouloir parvenir à l'unité revient à postuler que tous ces acteurs agissent et réagissent les uns sur les autres. Or, une telle situation semble entraîner plutôt une complexification qu'une simplification des échanges. De même, l'unité et la continuité sont des faits qui se tournent le dos. L'un est orienté vers l'intérieur, l'autre vers l'extérieur. Sans aucun doute, ils se nourrissent l'un l'autre, mais la continuité est un élargissement de l'unité, c'est-à-dire une sorte de mise en cause

---

12 Par exemple, dans la vie sociale des celtes où le roi n'était pas un autocrate, selon la loi, il devait demander le conseil des hommes libres et respecter leurs décisions. A cet effet existait une assemblée – airecht – à laquelle le roi devait convoquer les nobles et les hommes libres (Drimba, 1987, p. 34).

de l'unité. La recherche de la continuité est aussi une manière de s'éloigner de la simplicité: une pluralité de catégories radicalement distinctes les unes des autres sont nécessairement une meilleure garantie pour la continuité.

Pourquoi alors, les acteurs de tous bords de la vie politique s'attachent-ils si ardemment à la concertation? Si l'on considère que les manières de percevoir la concertation sont des projections de l'esprit des participants aux discussions, il faut admettre que ces acteurs ne parviennent pas à la perception de la concertation grâce à la proximité immédiate de l'expérience brute, mais par des lois que leur esprit impose aux choses afin de les rendre saisissables. Certes, l'unité, la simplicité et la continuité recherchées par la concertation sont les produits des manifestations d'une forme d'intelligence, d'une raison qui porte en elle un certain type d'intelligibilité. Cette intelligibilité peut très bien laisser croire qu'elle participe de la connaissance scientifique, vu qu'elle désigne une tentative de saisir l'ordre d'une réalité, en l'occurrence sociale, politique, culturelle et économique, par des lois. Mais elle se distingue complètement de la connaissance scientifique qui s'efforce d'inscrire le particulier dans l'universel, car elle cherche à élever le subjectif au rang d'objectif en faisant, tout simplement, de l'universel une partie composante du particulier, ce qui relève de la pensée mythique.

Ceci m'a amené, par le passé, à faire de la nature mythique de cette intelligibilité mon hypothèse générale de travail dans mes recherches sur la concertation (Bratosin, 2001). La pensée mythique, comme la pensée scientifique, est elle aussi une tentative de saisir l'ordre du monde. Cependant, l'orientation de cette pensée n'est pas de parvenir à une loi, mais d'exploiter une loi, c'est-à-dire de la transmuer en acte. Le mot clé de la concertation est *agir*. Pour l'acteur qui agit, les lois et la connaissance des conditions données ne sont que des instruments, pour réaliser quelque chose de nouveau et éventuellement de meilleur. L'action dans la concertation a pour objet la réalisation d'un dessein. Dans ce cadre l'action est parfaite dans la mesure où le pouvoir se manifeste comme égal au vouloir. Or, aucune forme d'action humaine – l'activité scientifique, l'action individuelle, l'action sociale, l'action morale etc. – ne comporte cette égalité. La science implique un déterminisme qui ne se conçoit que posé librement par un esprit qui le domine. Le moi, la société, l'humanité offrent bien à l'homme des objets qui répondent aux tendances de sa volonté. Mais en réfléchissant il lui est impossible de poursuivre ses fins sans vouloir les dépasser, sans constater qu'elles le conduisent, malgré lui, à chercher quelque chose au-delà de ses fins. L'action dans la concertation révèle la présence en l'homme d'une volonté initiale, supérieure à toutes les volontés qui se terminent aux choses données comme objets de la concertation. Plus exactement, l'action dans la concertation révèle la présence en l'homme d'une volonté de participer. Dès lors se pose pour la conscience du participant à la concertation une alternative. S'il ne consent à vouloir que ce qui lui est donné par l'expérience, sa volonté demeurera inassouvie et impuissante. Mais si, détachant son vouloir actuel d'objets qui ne peuvent le satisfaire, il le règle sur une volonté idéale qui le dépasse lui-même comme elle dépasse toute la société, alors on conçoit qu'il puisse obtenir cet équilibre du vouloir et du pouvoir qui est le terme auquel il aspire. Peut-être que «cette dialectique du pouvoir et du vouloir s'opère actuellement de façon non réfléchie, en fonction d'intérêts dont on n'exige pas qu'ils aient de justification publique, pas plus qu'on ne les y autorise» (Habermas, 1973, p. 95), mais réfléchie ou non réfléchie, elle est, sans aucun doute, à l'œuvre. Concrètement, le participant à la concertation est confronté à l'alternative de vouloir sans pouvoir, ou de pouvoir, en renonçant, d'une certaine manière, à son vouloir. Entre les deux termes de cette alternative l'option est nécessaire, voire inéluctable. Toute action concertée, en réalité, se construit autour de cette option. Et cette option, étant donné la problématique même de la concertation, ne peut être qu'un acte d'autodépassement, c'est-à-dire l'acte même qui fait le fond de la vie mythico-religieuse (Blaga, 1996, pp. 342-361). Ainsi est ramenée aux conditions essentielles de la concertation la dimension mythico-religieuse de la participation. Cette dimension n'est pas une simple donnée subjective, que la critique peut-être saura dissoudre et dépouiller de son sens. Elle est également la condition de l'action revendiquée par les acteurs de la concertation, la condition de toute connaissance engagée dans l'action, la condition de toute conscience de l'*agir* individuel et collectif, donc, finalement, de tous les faits conçus comme des réalités et rapportés à l'être.

Mais l'explicitation de cette tension interne de la concertation circonscrite religieusement dans le mythe n'est pas une condition suffisante d'intelligibilité pour la communication dont est faite la concertation. La condition d'intelligibilité ne s'accomplit qu'à la faveur d'une autre condition encore plus profonde et plus difficile à satisfaire: le dépassement de la complexité externe et complètement ouverte de la diversité d'interprétations dont fait l'objet le mythe, afin de rejoindre un paradigme du mythe.

Certes, il y a débat sur la notion de «paradigme», comme il y a débat sur la notion de mythe. Les formulations de Kuhn (Kuhn, 1970) sont souvent critiquées, mises en suspens, reformulées, etc. Pour certains (Masterman, 1970), cependant, ce n'est pas le sens du «paradigme» qui pose un problème, mais le fait que Kuhn a ouvert la voie à des controverses en donnant plusieurs définitions. Par conséquent, dans la diversité des définitions il y a un certain nombre des convergences qui délimitent, en fait, le fondement du sens du «paradigme» formulé par Kuhn. Ainsi, pour Guba le paradigme est un ensemble de croyances relatives à l'ontologie, à l'épistémologie et à la méthodologie, croyances qui orientent l'action du chercheur (Guba, 1990). Pour Firestone le paradigme est moins un système philosophique et davantage un système culturel. C'est-à-dire, qu'il s'agit d'un système, socialement partagé, qui a la capacité d'indiquer ce qui est ou ce qui est possible, le tout étant symbolisé dans les actions et les artefacts (Firestone, 1990). Pour Patton le paradigme est une vision du monde, une perspective générale, une manière de décomposer la complexité du réel. Il est une sorte de référence qui indique ce qui est important, légitime et raisonnable. Dans cette optique le paradigme est également normatif. Il dit quoi faire sans avoir recours aux considérations existentielles ou épistémologiques (Patton, 1990, p. 37). Pour ma part, par le paradigme du mythe, j'entends un système de pensée qui articule à la fois un cadre symbolique orientant la perception des choses, une construction sociologique orientant le questionnement et le processus de la recherche et, enfin, une construction technique interprétative, un artefact paradigmatique constitué d'un ensemble de règles, d'outils et de procédures concrètes. Ce système tiré du mythe, dans lequel le mythe est forme symbolique, je le pose comme «cadre d'intelligibilité» pour la compréhension de la concertation.

L'idée d'étudier la concertation dans le paradigme du mythe pose également le problème de l'interprétation. Comment saisir le sens de la concertation dans un pareil cadre d'intelligibilité? Le mythe est une interprétation. Le cadre d'intelligibilité lui-même est le produit des interprétations multiples et successives. Mais là ce n'est qu'une fausse question, car tout est interprétation. Kant a déjà fait remarquer qu'il n'y a pas d'accès direct aux choses en soi. On y parvient toujours médiatement. Tout est lecture, traduction et interprétation des phénomènes. Nietzsche a même radicalisé la vision kantienne. Pour lui il n'y a même pas de faits, mais uniquement des interprétations. Le vrai problème est interne à l'herméneutique, son labyrinthe, son histoire, ses bouleversements, son étendue et ses innombrables

14

détours philosophiques et disciplinaires, l'herméneutique elle-même. Avec Schleiermacher, Dilthey, Heidegger et, surtout avec Gadamer, elle acquiert le statut d'une théorie philosophique qui se transforme ensuite en véritable courant de pensée qui s'illustre dans les œuvres de Betti, Habermas, Ricœur, Rorty, Vattimo, Derrida, Foucault et bien d'autres. Mais ce courant n'a rien d'uniforme et de véritablement continu. Ontologique et fondamental avec Heidegger et Gadamer, méthodologique avec Schleiermacher, Dilthey, Betti ou Hirsh, critique depuis Habermas et Apel, onto-méthodo-critique dans la «version» de Ricœur, il est radical chez Derrida et Vattimo et pragmatique chez Rorty. Et pour que le champ de l'herméneutique soit encore plus complexe, dans sa quête incessante d'universalisme, ce courant de pensée qui a emporté sans problèmes le droit, l'histoire, la théologie, les études littéraires, c'est-à-dire ses domaines traditionnels, a investi également d'autres courants de pensée, le freudisme, le marxisme, le falsificationnisme de Popper, le contextualisme historico-culturel de Kuhn, etc. Mais, le problème de l'herméneutique n'est pas non plus celui d'être partout dès qu'il y a «risque de sens». Son problème vient du fait paradoxale que plus elle s'universalise, plus elle est régionale.

Par conséquent, étudier la concertation en prenant en compte le paradigme du mythe et en formulant dès le départ, d'une manière directe ou indirecte, l'hypothèse que la concertation participe du mythe, implique en rapport avec l'herméneutique deux attitudes majeures possibles: soit obéir aux règles d'interprétation propres à la pensée mythique, soit obéir aux règles d'interprétation propres à l'herméneutique. Mais ce n'est pas tout. Dans cette deuxième attitude, il y a encore deux manières d'avoir recours à l'herméneutique. Il y a l'appropriation de l'herméneutique pour effectuer une lecture du sens, un décodage de la concertation qui parviendra au symbolique par l'entendement de la réalité. Mais, dans ce cas, il faut prendre le risque de l'exégèse. Et, il y a aussi le recours à l'herméneutique pour faire une lecture-construction et/ou reconstruction du sens de la concertation par la raison théorique de l'imaginaire manifestée dans le contexte pratique en question. Le risque à prendre étant, dans ce cas l'«eiségèse»[13].

Cette ultime manière de considérer la recherche herméneutique sur la concertation est l'option à laquelle j'attache tout particulièrement mon apport théorique au champ de la recherche en Sciences de l'Information et de la Communication. Cet apport s'inscrit résolument dans la «voie solidaire

---

13 Eisegèse du gr. εισήγηση (insertion) démarche d'interprétation contraire à la démarche exégétique.

entre la sémiotique et la communication» procédant des «acquis herméneu-tiques» issus de l'articulation d'une philosophie herméneutique – Ernst Cassirer – avec une philosophie de l'herméneutique – Paul Ricœur (Bou-taud, 1998, p. 58). Certes, les chercheurs en Sciences de l'Information et de la Communication ne se bousculent pas dans cette voie. Sans doute parce que, d'une manière générale, le développement d'un réel intérêt pour les travaux de Cassirer et de Ricœur dans le domaine des sciences humaines et sociales est relativement récent. Mais cela ne veut pas dire que cette voie est une voie déserte dans le champ des Sciences de l'Information et de la Communication. Jean Caune (Caune, 1997), Bernard Lamizet, (Lamizet, 1999), Jean-François Tétu (Tétu, 1999), Lucien Sfez (Sfez, Coutlée, 1990), Claude Jamet et Anne-Marie Jannet (Jamet, Jannet, 1999), pour ne citer que quelques noms, ont accueilli déjà, d'une manière ou d'une autre, dans leurs recherches et travaux les propositions théoriques de Cassirer et de Ricœur. Ces approches montrent chaque fois que l'appropriation des apports théo-riques de Cassirer ou/et de Ricœur peut enrichir considérablement la ré-flexion et le débat sur les objets de recherche en Sciences de l'Information et de la Communication.

Pourtant, cette articulation entre la philosophie des formes symboliques de Cassirer et l'herméneutique de Ricœur est encore peu explorée et exploi-tée dans le domaine des Sciences de l'Information et de la Communication. Peut-être, justement, parce que cette articulation n'est, pour l'instant, qu'une nouvelle «délinquance» aux frontières du savoir dont participe le champ des Sciences de l'Information et de la Communication. En tout cas, elle est au cœur de la proposition méthodologique présentée dans cet ou-vrage en trois parties portant respectivement sur a) le cadre d'intelligibilité, b) les conditions d'interprétation et c) le contexte pratique de l'étude de la concertation dans le paradigme du mythe.

Première partie

Cadre d'intelligibilité

Les mythes sont les mythes, mais nous en avons besoin.
(Eco, 1990, p. 306)

Introduction à la première partie

Le mythe est un phénomène complexe avec de multiples facettes dont les reflets sont démultipliés par une diversité impressionnante d'interprétations. Les sens prêtés au mythe par cette multitude d'interprétations se révèlent être – comme observait Hermann Hochegger (Hochegger, 2006) – presque aussi riches que le monde mythologique lui-même: «philosophie de l'homme du premier temps» (Frazer, 1981), «rêves d'enfance d'un peuple» (Abraham, 1965), «first forme of intellectual explanation of religious apprehensions» (Wach, 1954), «forme des sciences naturelles populaires» (Strehlow, 1907-1921), «visions de rêve et autres phénomènes subconscients apparentés» (Hauer, 1958), «objectivation d'un domaine d'idées générales» (Durkheim, 1990), «objective *Wahrnehmungsinhalte*, perçues à l'aide de la perception transcendantale» (Wundt 1905-1909), «réminiscences d'événements réels» (Thalbitzer, 1930), «force vigoureuse et agissante de la culture humaine» (Malinowski, 1975), «source de vie qui justifie et sanctifie les rites et les coutumes» (Hocart, 1973), «Gestaltete Welterkenntnis» (Jensen, 1951), «compréhension plus profonde que celle du raisonnement logique» (Eliade, 1957), «objectivation de la conception du monde enracinée dans l'esprit de la communauté» (Baumann, 1936), «expression du subconscient collectif» (Jung, 1989), «Non favola, ma storia: *storia vera* e non *storia falsa*» (Pettazoni, 1953), «pensée objectivée... l'esprit, livré au tête-à-tête avec lui-même» (Lévi-Strauss, 1949), «expression d'une réalité inobservable en termes de phénomène observable» (Schniewind, 1952), etc.

Dès lors, l'hypothèse du mythe comme cadre d'intelligibilité de la concertation (Bratosin, 2001) appelle inévitablement au moins trois questions fondamentales concernant le sens du mythe, questions dont les réponses sont naturellement litigieuses car elles relèvent immanquablement de l'interprétation.

La première question problématique est celle du sens donné au mythe dans la sphère des sciences humaines et sociales. En effet, lorsqu'il est question de mythe comme référence théorique pour l'étude de la concertation, il faut immédiatement admettre que dans les sciences humaines et sociales cette référence – le mythe – présente l'inconvénient – ou peut-être l'avantage encombrant – d'être extrêmement mouvante d'un domaine à l'autre, fortement différente d'une discipline à l'autre et à l'intérieur de chaque discipline, vigoureusement nuancée d'un auteur à l'autre. Il s'agit d'une multitude hétérogène d'interprétations données à la pensée mythique où les tentatives mutuelles d'approchement théorique sont aléatoires, instables et superficielles, c'est-à-dire que ces interprétations ne se déduisent pas nécessairement l'une de l'autre, partiellement et occasionnellement. Certes, organiser la diversité d'interprétations de la pensée mythique n'est pas l'objectif de cet ouvrage. Néanmoins, ne pas indiquer une distinction théorique préalable dans cette masse hétérogène d'interprétations posera rapidement le problème de la pertinence et de la cohérence du dispositif d'argumentation mis en place dans l'analyse livrée ici. D'où le besoin concret primordial de considérer et d'établir des repères opérationnels afin de donner à ma proposition un point de départ clairement indentifiable.

La seconde question problématique est celle du sens rattaché au mythe dans le cadre théorique dans lequel j'entends inscrire cette proposition. Le choix d'un appareil conceptuel constitue, sans doute, une délimitation déterminante et indispensable pour toute recherche. Mais cette délimitation peut s'avérer rapidement illusoire. La simple indication du cadre conceptuel camoufle toujours un piège épistémologique considérable qui induit finalement, entre autres, une difficulté méthodologique majeure. En effet, afin de revêtir le caractère d'universalité le moins contestable, tout concept requiert à être défini avant tout par d'autres concepts qui, à leur tour, ont été définis par rapport à et avec des concepts et ainsi de suite, dans une chaîne sans fin, à tel point que ce qui pouvait paraître initialement comme une délimitation devient un élargissement sans bornes. Par conséquent, il faut admettre dès le départ la nécessité de distinguer ici, non seulement entre les multiples facettes du concept de «mythe», mais aussi préciser le sens dans lequel sont entendus les concepts clés qui rentrent dans la définition du mythe retenue.

La troisième question problématique est celle du sens du mythe octroyé à la concertation. Il s'agit, d'une part, de distinguer entre le sens péjoratif du mythe et son sens complètement non préjudiciable en tant qu'«énergie de l'esprit» dont la manifestation s'inscrit dans des formes de communication qui, en soi, ne sont ni négatives ni positives, mais tout simplement neutres comme toute médiation considérée indépendamment de son médium (Debray, 1991). D'autre part, il faut distinguer entre le mythe politique et le mythe comme forme symbolique. Le sens de la concertation entretient des liens très étroits avec le politique et la tentation est grande de saisir l'expression de la concertation simplement comme un vécu politique.

Pourtant, mon intérêt pour la concertation tient à ce qu'elle a de plus profond, c'est-à-dire de plus irréductible, la communication. Cette distinction est essentielle car elle oriente la recherche. Enfin, il faut distinguer à l'intérieur même de la forme symbolique en considérant la fonction symbolique dans ses dimensions représentative, expressive et significative, afin de pouvoir les identifier dans la concertation. Plus exactement, il faudra mettre en évidence la forme symbolique à l'œuvre dans la concertation comme constituant du sens de la concertation.

Dès lors, cette première partie rassemble trois chapitres qui tentent de répondre à ces trois questions majeures concernant ma proposition de «cadre d'intelligibilité» pour l'étude de la concertation:

– le symbolique pour comprendre;
– l'expérience mythique chez Ernst Cassirer,
– la concertation comme forme symbolique.

Chapitre 1

Le symbolique pour comprendre

Les tentatives d'organiser théoriquement la multitude hétérogène de regards portés sur le mythe dans les sciences humaines et sociales rendent compte de la pensée mythique, en général, d'une manière dichotomique. Par exemple, dans son étude «Gândire magica si religie» (Pensée magique et religion), c'est-à-dire dans la deuxième partie de son ouvrage «Trilogia valorilor» (La trilogie des valeurs), publié pour la première fois en 1946, Blaga procède dès le départ à une typologie des approches du mythe en faisant la distinction entre: a) les démarches visant à analyser le phénomène et b) les démarches qui tentent à légitimer le mythe[1] (Blaga, 1996, p. 23). De la même manière, en défendant une épistémologie du singulier dans son approche sur «Le langage du singulier», Hess propose de considérer les interprétations du mythe en deux catégories: a) interprétations issues de la réflexion philosophique et b) interprétations participant du «savoir objectif» (Hess, 1997, p. 39). La même tendance dichotomique apparaît également dans l'essai d'épistémologie comparée consacré aux théories du mythe par Dubuisson (Dubuisson, 1993): d'une part les œuvres majeures, et d'autre part, le prolongement fonctionnaliste, nominaliste, sémiologique, etc. de ces œuvres majeures. Aussi Hübner, dans son «Die Wahrheit des Mythos» (La vérité des mythes) (Hübner, 1985), ouvrage consacré à la pensée archaïque, conçoit également une classification des théories sur le mythe en opposant deux critères: a) la visée théorique du mythe et b) la fonction pratique du mythe. Plus exactement, il partage les multiples interprétations de la pensée mythique en deux genres: a) les interprétations où cette forme de pensée intervient comme une manière de représenter ou de concevoir le réel et b) les interprétations où cette forme de pensée structure les actions individuelles et sociales des hommes.

Pour ma part, compte tenu du caractère un peu trop tranchant, à mes yeux, de cette tendance dichotomique mise quasi exclusivement au service

---

1   Pour être plus précis, parmi les démarches qui tentent de légitimer le mythe, Blaga distingue également trois points de vue différents: les démarches objectives de légitimation, les démarches subjectives de légitimation, les démarches métaphysiques de légitimation.

des perspectives épistémologiques, je me risque à proposer ici, cette fois-ci dans une perspective méthodologique, la prise en compte d'une troisième catégorie d'approches, une catégorie d'approches où la pensée mythique est considérée en tant que «direction de compréhension du monde» (Cassirer, 1972, t. 3, p. 26). Plus précisément, je pose l'hypothèse que dans le domaine des sciences humaines et sociales le mythe n'est pas considéré seulement comme une manière de concevoir le monde ou comme un objet permettant de pénétrer et de représenter le réel – c'est-à-dire non seulement comme moyen de description et de connaissance –, mais aussi comme moyen de compréhension.

Afin de situer cette troisième catégorie d'approches, celle où le mythe est considéré comme un paradigme permettant de comprendre le monde, je vais structurer mon propos en trois paragraphes. Dans le premier paragraphe, je porterai une série d'observations sur les interprétations où le mythe est considéré comme une manière de décrire la réalité. Dans le second paragraphe, je vais passer en revue les principales tentatives disciplinaires d'approcher le mythe comme objet permettant de pénétrer et de connaître différents phénomènes. Enfin, dans le troisième paragraphe, je vais exposer les grandes lignes de la perspective dans laquelle la philosophie des formes symboliques approche le mythe, c'est-à-dire comme voie permettant d'accéder à la compréhension de la réalité.

1. Le mythe: manière de décrire la réalité

Un premier genre d'interprétation du mythe dans le domaine des sciences humaines et sociales est celle qui regroupe les auteurs qui approchent la pensée mythique en tant que moyen permettant de représenter le réel. Il faut, néanmoins distinguer dans cette catégorie deux orientations. Plus exactement, si la manière d'appropriation de ce moyen par les différents auteurs n'est pas vraiment un critère particulier pour distinguer théoriquement leurs approches, des spécificités apparaissent, pourtant, nettement dans la visée en acte de leurs interprétations. Ainsi, cette visée peut être: a) allégorique, b) poétique ou c) linguistique et sémiotique.

1.1 L'interprétation allégorique

L'interprétation allégorique du mythe consiste à reconnaître dans les figures mythiques des personnifications de puissances naturelles ou des divinisations de héros, de sages, de rois.

Les fondements de l'interprétation allégorique du mythe se perdent quelque part dans le travail de Pythagore – qui a favorisé, d'une certaine manière, l'avènement de l'allégorie par le caractère secret dont il voulut entourer son message à l'aide de symboles – et dans celui d'Héraclite – qui a encouragé l'allégorie en rendant ses phrases susceptibles de plusieurs interprétations par le polysémantisme des mots employés – alors même qu'ils se sont opposés aux démarches octroyant une certaine sagesse cachée à Homère et à Hésiode (cf. Pépin, 1986). Cependant après plus de deux millénaires, période où elle a subi de nombreuses métamorphoses (voir Brisson, 1996), l'interprétation allégorique du mythe demeure originellement rattachée à l'approche chère aux épicuriens et aux stoïciens.

Sans doute – si l'on croit Diogène Laërce – Epicure a été un auteur prolifique[2]. Mais les principes de l'interprétation allégorique épicurienne ont survécu et traversé le temps grâce à d'autres auteurs, car de tous les écrits d'Epicure, seuls trois lettres et quelques fragments ont été conservés. En effet, les principales sources d'information et de discussion concernant le système d'Epicure sont les écrits de Cicéron, Sénèque, Plutarque et Lucrèce, dont le poème «De rerum natura» (De la nature) (Lucrèce, 1999) qui expose l'épicurisme. Ainsi, l'interprétation allégorique rapportée par Lucrèce consiste à redoubler le jeu de la signification par le biais du symbole afin de creuser sous la lettre du récit ou derrière la mise en scène du rituel, un espace de sens où est censée se loger la raison du mythe. Lucrèce agrège l'allégorie au compte-rendu et à la description. L'allégorie peut prétendre, ainsi, dire la vérité voilée de la fable et l'intention cachée du rite. Il s'agit de s'en servir comme d'un révélateur ou d'un analyseur (cf. Gigandet, 2002).

Quant aux stoïciens, si leur activité littéraire remonte à la fin du 4ᵉ et à la première moitié du 3ᵉ siècle av. J.-C., les principes de leur exégèse allégorique et quelques exemples de son application ont été consignés par Cicéron dans le discours fictif qu'il prête à Lucilius Balbus dans le deuxième livre de son ouvrage «De natura deorum» (Sur la nature des dieux) (Cicé-

---

2   Selon Diogène Laërce, il a laissé trois cents manuscrits, dont trente-sept traités sur la physique et de nombreux ouvrages sur l'amour, la justice, les dieux, etc.

ron, 1970-1986). On y trouve essentiellement les deux règles fondamentalement constitutives de la théorie de l'interprétation allégorique participant du stoïcisme: a) dans les récits mythiques, les dieux populaires ne doivent pas être pris à la lettre, car leur personne et leur histoire sont chargées d'une signification et b) ces dieux représentent parfois des dispositions de l'âme[3] et/ou parfois des forces élémentaires de la nature[4]. La voie privilégiée pour parvenir au «vrai» sens de ces dieux est essentiellement l'observation étymologique de leurs noms qui sont le plus souvent en rapport étroit avec la réalité psychologique ou cosmique qu'ils désignent.

En somme, l'interprétation allégorique procède à une sorte de rationalisation des mythes, mais l'effet, sans doute non recherché, de cette rationalisation est la sauvegarde de leur valeur religieuse.

1.2 L'interprétation poétique

Une seconde interprétation relevant de ce premier genre – la pensée mythique comme moyen pour concevoir et représenter le réel – c'est l'interprétation poétique d'après laquelle le mythe est essentiellement de la poésie; il est issu, tout comme la nature elle-même, de l'imagination créatrice. Il s'agit d'une interprétation qui se caractérise par l'emploi d'un langage sensible fortement anthropomorphique. Résultat d'une recherche artificielle ou témoignage d'une expérience directe, cette approche de la pensée mythique théorisée par Friedrich Wilhelm Schelling (Schelling, 1945) et reprise par Walter Friedrich Otto (Otto, 1987, 1995) trouve une des meilleures illustrations dans l'œuvre de Goethe, notamment dans des textes comme «Les Années de voyage», «Eugénie ou la Fille naturelle» ou le second «Faust» et dans les écrits de Karl Philipp Moritz, surtout dans son autobiographie romancée «Anton Reiser» qui l'a rendu célèbre.

Ce type d'interprétation de la pensée mythique est assimilé parfois, d'une manière erronée, à l'allégorie à cause du fait qu'elle repose originellement sur le jeu d'oppositions entre symbole et allégorie. Or, ce jeux institué par Goethe au début du 19e siècle (Todorov, 1977) visait, justement un éloignement de l'allégorie en postulant que «l'allégorie est transparente alors que le symbole est opaque; elle s'abolit dans sa fonction, qui est de

---

3   Allégorie morale.
4   Allégorie physique.

signifier le sens figuré, alors que le symbole conserve toujours une existence propre et indépendante; le symbole produit un effet et à travers lui, une signification, tandis que l'allégorie n'a qu'un sens conventionnel et appris; le symbole, enfin, est produit inconsciemment, il peut n'être compris qu'à retardement et provoque un travail d'interprétation infini» (Vandendorpe, 1999).

L'interprétation poétique de la pensée mythique s'empare donc de l'image sensible du symbole, moins comme d'une image reflet et davantage comme d'une image révélation. Plus exactement, dans l'interprétation poétique de la pensée mythique, le symbole n'est pas une allégorie, mais une identité du représentant et du représenté. Il s'agit ici de ne rien mettre en adéquation, mais faire émerger une signification où signifiant et signifié coïncident. Dans cette optique, la pensée mythique, avec son environnement symbolique, n'est pas uniquement un moyen, une voie pour représenter un objet à travers une allusion, un renvoi, mais aussi et primordialement, un outil pour le concevoir directement afin qu'il apparaisse comme la réalité même, présente et vive.

1.3 L'interprétation linguistique et sémiologique

Le troisième type d'interprétations du mythe où la pensée mythique est considérée comme moyen de représenter le réel est, d'une part, l'interprétation linguistique à visée théorique qui considère les productions mythiques comme le résultat de la disparition de signification pour certains mots, bref, comme une «maladie du langage» et, d'autre part, l'interprétation sémiologique où le mythe est à la fois un mode de signification et une forme.

Le plus marquant représentant de l'interprétation linguistique du mythe est l'allemand Friedrich Max Müller. Ce mythologue – l'une des figures les plus populaires de l'Université d'Oxford où il enseigna la philologie comparée durant plus de quarante ans – qui domina sa discipline durant toute la seconde moitié du 19ᵉ siècle, a initié et défendu la théorie selon laquelle «la mythologie est inévitable, elle est naturelle, elle est une nécessité inhérente au langage pour autant que nous reconnaissions dans la langue la forme externe de la pensée, la pensée dans sa manifestation: en réalité, elle est l'ombre obscure que la langue projette sur la pensée, et qui ne disparaîtra pas avant que la langue ne vienne à se confondre entièrement avec la pensée – ce qui ne se produira évidemment jamais. [...] La mythologie, au sens le plus élevé, est le pouvoir qu'exerce la langue sur la pensée dans chacune des sphères de l'activité mentale» (Müller, 1900, pp. 168-169).

L'une des applications les plus significatives faite par Müller de sa théorie porte sur les noms des dieux. Dans cette application de la théorie müllerienne, «les noms sont en effet souvent des témoins de formes archaïques de la langue, ils permirent à d'antiques *philologues sauvages*, bondissant d'une étymologie populaire à une autre, de les *expliquer* en multipliant à l'infini les récits relatifs aux aventures des dieux ainsi dénommés» (Jorion, 1990).

Cette théorie de Müller – le mythe est une maladie du langage – fondée sur l'interprétation des hymnes védiques à été rigoureusement critiquée par des indianistes, comme, par exemple, Abel Bergaigne (Bergaigne, 1963). A ce sujet Müller a été parfois critiqué entre autres par Durkheim et par Cassirer. En évoquant la théorie du mythe comme pathologie de la langue, Cassirer prenait soin d'ailleurs de s'excuser: «Il pourrait sembler vain de revenir à de telles conceptions, abandonnées depuis longtemps par la linguistique et la mythologie comparée de notre époque» (Cassirer 1973, p. 13).

Quant au versant sémiotique de ce type d'interprétation du mythe, le nom le plus marquant est celui de Roland Barthes. Cité souvent – et ce n'est pas sans raison – par les chercheurs dans le champ des Sciences de l'Information et de la Communication, Roland Barthes voit dans le mythe un système de communication. Pour lui le mythe est une sorte de message qui englobe à la fois un mode de signification et une forme: «La parole mythique est formée d'une matière déjà travaillée en vue d'une communication appropriée» (Barthes, 1957, p. 230). Par conséquent, une unité ou une synthèse «mythique» significative peut être identifiée non seulement dans une parole, un discours ou un langage, mais aussi dans un son, une image ou une photographie.

Selon Barthes la sémiologie (Barthes, 1985) permet de comprendre que le mythe a pour mission de transformer une intention historique en nature, une continuité en éternité. Barthes explique que l'homme associe des sentiments et des valeurs au mythe. Il développe la thèse que la fonction du mythe est principalement d'évacuer le réel, de faire perdre la qualité historique des choses. Cette fonction première du mythe consiste, plus exactement, à parler des choses, mais en les rendant pures, en les innocentant afin de parvenir ensuite à les fonder en nature et en éternité. Le mythe, selon Barthes, porte un éclairage sur les choses, mais cet éclairage n'est pas de l'ordre de l'explication, mais du constat: «Le mythe ne nie pas les choses, sa fonction est au contraire d'en parler: simplement, il les purifie, les innocente, les fonde en nature et en éternité, il leur donne une clarté qui n'est pas celle de l'explication, mais celle du constat» (Barthes, 1957, p. 230). Les mythes sont capables d'émouvoir en apportant des renseignements qui rappellent le passé.

2. Le mythe: objet permettant de pénétrer et de connaître les phénomènes

Un deuxième genre d'interprétations du mythe – celles qui conçoivent la pensée mythique comme sous-jacente à la vie pratique dans son ensemble ou, plus exactement, comme manière de structurer l'activité humaine – regroupe, principalement quatre perspectives: l'orientation structuraliste, la visée sociologique et ethnographique, l'optique phénoménologique au sens large et le courant psychologique et psychanalytique.

2.1 L'orientation structuraliste

L'étude structuraliste des mythes est orientée essentiellement en vue d'en faire ressortir la structure logique profonde, c'est-à-dire un système de corrélations et d'oppositions capable d'apporter une réponse concernant les contradictions inhérentes à la vie primitive dans son ensemble, pratique et théorique. Deux noms marquent fondamentalement l'orientation structuraliste: Claude Lévi-Strauss et Georges Dumézil.

La méthode structurale de Lévi-Strauss (Lévi-Strauss, 1949, 1958) consiste à montrer que tous ces mythes se renvoient les uns aux autres et qu'ils sont constitués essentiellement du même ensemble d'éléments de base, éléments qui peuvent être combinés de différentes manières. Ainsi, plutôt que de déchiffrer des symboles, d'attribuer une signification aux éléments selon une clé universelle, Lévi-Strauss met des éléments mythiques en relation et en considère les traits communs ou distinctifs, ce qui revient, finalement, à classer les mythes tout en les mettant en relation. Cette manière d'approcher les mythes permet à Lévi-Strauss de montrer que les mythes sont des jeux logiques mobilisant les structures universelles de l'esprit humain.

Dans cette optique, la pensée mythique n'est pas une pensée prélogique, mais une pensée logique au niveau du sensible, une pensée qui opère des classifications à partir des catégories empiriques (cru et cuit, frais et pourri, mouillé et brûlé, etc.). Ces catégories empiriques sont utilisées comme de véritables appareils conceptuels servant à dégager des notions abstraites et à les rattacher à des propositions. Pour Lévi-Strauss l'intérêt du mythe consiste avant tout dans ses structures sous-jacentes et non pas dans les personnages qu'il met en scène.

En somme, le structuralisme de Lévi-Strauss analyse les mythes d'une société comme discours de cette société, discours sans émetteur personnel. Il s'agit d'une analyse sans se poser la question de savoir qui a dit ou qu'est-ce qui a été dit. L'essentiel réside dans le caractère permutable de cet ensemble de mythes et d'éléments mythiques, car parvenir au sens d'un terme c'est procéder à sa permutation dans tous ses contextes. Lévi-Strauss est moins préoccupé de montrer comment peut-on interpréter les mythes que de la manière dont les mythes s'interprètent entre eux.

Pour ce qui concerne Dumézil, même si, dans ses premiers écrits il apparaît comme héritier de Michel Bréal et de James George Frazer – notamment dans «Ouranos-Varuna» (Dumézil, 1934) et «Flamen-Brahman» (Dumézil, 1940) –, son œuvre «fondée sur l'intuition d'un fait *objectif* révélé par la comparaison» (Dubuisson, 1993, p. 122) reste la principale référence en matière de mythologie comparative. En rupture avec les mythographies qui considéraient les mythes comme une expression propre aux peuples primitifs, mythographies qui portaient un regard peu valorisant sur ce type de construction mentale, Dumézil propose de faire émerger le sens des mythes par des études comparatives.

Mais, ce que je voudrais souligner ici, c'est le fait que l'approche du mythe pratiqué par Dumézil connaît également une autre dimension (Dumézil, 1959, 1968), une dimension qui advient un peu plus tard et qui consiste dans le développement d'une «claire conception et définition de la structure immanente et autonome» en privilégiant «la recherche de séries d'homologies formelles» (Dubuisson, 1993, p. 122). Par cette dimension, l'approche de Dumézil rejoint l'approche de Lévi-Strauss.

2.2 La visée sociologique et ethnographique

L'étude de la pensée mythique dans le domaine de la sociologie et de l'ethnographie a mis en évidence l'immense étendue de l'influence des formes mythiques sur l'existence humaine, limitée dans les approches antérieures à une simple manière de se représenter la réalité. S'appuyant sur des observations de plus en plus fines et abondantes de sociétés primitives, le mythe apparaît désormais étroitement lié à la vie pratique de la communauté, en particulier à cet aspect prépondérant de la vie sociale que sont les rites. Parmi les études à visée sociologique et ethnographique qui illustrent et marquent cet aspect de la recherche sur le mythe, les plus remarquables sont celles de James George Frazer, Bronislaw Malinowski, Emile Durkheim, Marcel Mauss et E.E.Evans-Pritchard.

James George Frazer, dans son œuvre principale, le «Rameau d'or» (Frazer, 1981), suggère, la relation entre mythe et rituel. Le dispositif frazerien est au fond un développement et un enrichissement de la «mythologie agraire» et vitaliste de Wilhem Mannhardt, peuplée de ses célèbres «Vegetationgeister». Ce dispositif repose sur un fort préjugé selon lequel la production mythologique se déploie autour du mystère que les cycles végétatifs et leur périodicité saisonnière, annuelle, etc. ont représenté pour l'homme au seuil de l'humanité.

Dans ce cadre, l'aspect mystérieux de la fertilité avec ses crises d'espoir et d'angoisse à la fois inquiétantes et bénéfiques, se trouve au cœur des mythes et des rites. Le roi-prêtre magicien apparaît alors comme étant l'incarnation de ce mystère. C'est une des raisons pour laquelle la mise en rapport de la fécondité avec la «puissance» de la magie qui assure le renouvellement annuel, conduit Frazer à porter un regard tout à fait particulier sur le roi-prêtre magicien et à constater, par exemple, que: «A une certaine étape de l'histoire de la société, on croit souvent que le roi ou le prêtre est possesseur des pouvoirs surnaturels, ou qu'il est l'incarnation de la divinité; on suppose, en conséquence, que le cours de la nature dépend plus ou moins de lui et on le tient responsable du mauvais temps, des mauvaises récoltes et d'autres calamités»[5] (Frazer, 1981, p. 209).

L'intérêt de cette analyse n'est pas nécessairement dans les conclusions de Frazer, mais dans le sens de sa démarche. Il s'agit là d'une des pre-

---

5   Peut-être la tendance actuelle de tenir responsable les hommes politiques des catastrophes naturelles – comme, par exemple, pour la canicule ou pour la sécheresse – n'est qu'un avatar des temps mythiques. Ce n'est qu'une hypothèse.

mières tentatives sérieuses de penser dans cette optique le pouvoir et/dans sa relation avec la fonction symbolique.

En ce qui concerne Bronislaw Malinowski, son plus marquant apport scientifique consiste dans la formulation d'un nouveau schéma d'intelligibilité: le fonctionnalisme. Il dote, ainsi, le mythe d'une fonction indispensable, celle d'exprimer, d'améliorer et de codifier les croyances. Garant de la moralité, le mythe contient le code avec les préceptes destinés à guider l'individu.

L'expression de cet apport scientifique peut être retrouvée aussi bien dans les analyses culturelles concrètes que Malinowski a menées sur place, notamment en Nouvelle-Guinée, chez les Mélanésiens des îles Trobriand, que dans la nouvelle méthode d'enquête qu'il a pratiquée et dans son interprétation des faits sociaux. Les principes de la méthode de «l'observation participante» pratiquée par Malinowski sont extrêmement clairs: l'enquêteur cherchera à réaliser son intégration en apprenant la langue, en partageant la vie quotidienne du village, en se faisant accepter comme l'un des membres de la communauté, il se fera l'anthropologue fidèle de l'existence du groupe en collectant des faits saisis en acte, etc. Mais parfois les moyens pour satisfaire aux exigences de ces principes sont enveloppés d'un certain flou. Comment, par exemple, l'enquêteur se dépouillera-t-il de ses préjugés personnels et des préconceptions résultant de sa propre formation?[6]

Ceci dit, l'intérêt de cette méthode se trouve sans doute ailleurs. Plus exactement, dans l'exigence formulée vis-à-vis de l'enquêteur afin qu'il distingue et tienne compte de plusieurs paliers du réel comme, par exemple, celui de la coutume théorique, charte officielle du groupe, celui de la pratique réellement suivie et tout particulièrement celui de l'interprétation que le groupe fait lui-même de ses différents modèles de comportement.

Du mythe à une méthode et le retour méthodologique aux mythes, c'est le parcours esquissé par la proposition ethnographique de Malinowski afin de parvenir à connaître et utiliser les codes des croyances dont participe d'une manière inéluctable la quotidienneté de l'homme.

Emile Durkheim, pour sa part, examine la relation entre mythe et société. Il analyse les cultures aborigènes d'Australie et parvient à la conclusion générale que les mythes sont la réaction des individus face au phénomène social. Plus exactement, pour Durkheim les mythes expriment la façon dont la société se représente l'humanité et le monde. Dès lors, les mythes consti-

---

6   L'œuvre de Lévy-Bruhl est une excellente illustration de cette difficulté.

tuent un système, ils reflètent la société, ils sont en tous les cas l'instance première et fondatrice, ils se trouvent à l'origine de toutes les institutions sociales, ce qui correspond à autant de raisons pour que leur étude soit entendue comme l'étude d'une chose «éminemment sociale».

Cette façon de considérer la pensée mythique peut être retrouvée clairement énoncée dans l'introduction même de l'ouvrage majeur de Durkheim, «Les formes élémentaires de la vie religieuse» (Durkheim, 1990) où il avertit le lecteur que son étude de la religion est l'étude d'un fait social sans la moindre référence à une quelconque transcendance: «La conclusion générale du livre qu'on va lire, c'est que la religion est une chose éminemment sociale. Les représentations religieuses sont des représentations collectives qui expriment des réalités collectives; les rites sont des manières d'agir qui ne prennent naissance qu'au sein des groupes assemblés et qui sont destinés à susciter, à entretenir ou à refaire certains états mentaux de ces groupes» (Durkheim, 1990).

Durkheim prône, donc, la naturalité du mythe en tant que fait social qui, par définition, préexiste aux individus et aux observateurs. Ceci dit, l'étude de la pensée mythique en tant que «chose», n'est jamais, dans la perspective durkheimienne, une démarche qui pourrait s'appliquer aux signes et aux symboles qui comportaient tous une face matérielle et sensible. Au contraire, Durkheim, convaincu que l'arbitraire des signes défiait la science, les a soumis à une herméneutique sommaire et les a réintroduits tardivement dans les formes élémentaires (Tarot, 1999).

Marcel Mauss suit la méthode de Durkheim. Il traite les mythes comme des choses à saisir de l'extérieur en les considérant en tant que faits sociaux. Il entend, plus exactement, considérer le mythe tel qu'il se présente, c'est-à-dire non pas comme un vêtement allégorique qu'aurait pu revêtir la réalité, car il est, au contraire, ce par quoi la réalité même peut s'exprimer. Dans cette optique, les symboles ont pour rôle – comme dans la magie et/ou les rites – de former un réseau de relations complexes.

Ainsi, la signification d'un rite, d'une religion, d'une culture repose sur le fait que les symboles n'existent qu'en réseaux dont l'ensemble, au niveau anthropologique, peut être appelé le symbolique. Le symbolique, dans la perspective de Mauss, traduit toujours un état affectif collectif, il est affectivement motivé. L'idée profonde rattachée à cette vision des choses est qu'il n'y a du symbole que parce qu'il y a une communion et que le fait de la communion non seulement crée l'illusion du réel mais, en même temps, est le réel.

Si Mauss insiste sur le fait que la symbolisation est à la fois un fait naturel, inhérent à chaque individu et un fait culturel qui s'exprime de manière différente selon les groupes sociaux, c'est parce que pour lui le symbolisme porte donc un paradoxe: il est un produit de la nature, mais c'est grâce à lui que l'homme se dresse au-dessus de la nature. Le symbolisme est le fait de tout groupe que l'homme glisse entre la nature et lui-même. En intériorisant et en reprenant les symbolismes qu'il produit, le groupe accède à la conscience de lui-même. Mais si les signes forment un ordre propre c'est parce qu'ils renvoient les uns aux autres et non seulement à leurs référents.

Dans les années soixante-dix E. E. Evans-Pritchard met cependant un bémol à ces approches qui tiennent le mythe comme un objet permettant d'accéder à la connaissance des phénomènes. L'essentiel du contenu de ce bémol se trouve dans l'observation que «les croyances ne s'observent pas, elles se présument» (Lenclud, 2005).

Plus exactement, en partant du fait que les croyances ne sont pas accessibles directement à l'observation, puisque les ethnologues les considèrent comme une attitude mentale qu'ils décrivent, d'ailleurs, à l'aide des rites et de coutumes, c'est-à-dire à l'aide d'objets culturels retrouvables dans toutes les sociétés, E. E. Evans-Pritchard arrive à la conclusion que l'analyse des croyances pose non seulement le problème de l'irrationalité des croyants, mais aussi celui du cadre conceptuel adopté pour l'analyse, c'est-à-dire un problème épistémologique (Evans-Pritchard, 1965).

Fondamentalement, cette observation n'a de nouveau, sans doute, que son application spécifique, en l'occurrence au domaine de l'ethnographie, car elle plante ses racines dans la philosophie kantienne qui a déjà remarqué l'impossibilité pour la science d'accéder directement à son objet.

2.3 L'optique phénoménologique

Les recherches phénoménologiques, quant à elles, ont tenté de définir précisément la particularité de l'objet tel qu'il apparaît à la conscience mythique. Il faut noter, néanmoins, que l'objectivité dans ses recherches se caractérise par le fait qu'elle n'est jamais réductible à la perception comme la synthèse des sensations produites par l'objet. Plus exactement, on retrouve ici toujours un surplus de sens qui transfigure le simple objet perçu en un être mythique, dieu, héros ou ancêtre. Les travaux de Rudolf Otto,

Mircea Eliade, Jean Pierre Vernant, Karl Kerényi ou Kurt Hübner en sont parmi les meilleures illustrations.

Ainsi, l'approche du mythe de Rudolf Otto s'inscrit dans sa tentative de valoriser l'affectivité comme mode de connaissance. Dans son ouvrage «Le Sacré» (Otto, 1995) il s'efforce de montrer que le divin est un objet particulier qui ne peut pas être saisi uniquement par la voie conceptuelle. Il s'agit, par là, de mettre en évidence l'existence d'objets exceptionnels qui se laissent plutôt «sentir», c'est-à-dire d'objets suscitant des sentiments qui sont à la mesure de ce que ces objets ont de tout à fait singulier.

C'est dans cette perspective que Rudolf Otto essaie de rendre compte du divin non pas en cherchant à le décrire ou en mettant en évidence ces multiples représentations, mais par l'analyse des états psychiques qu'il induit. Rudolf Otto isole ainsi l'aspect subjectif de la conscience religieuse et le détache de toutes ses représentations pour accéder finalement à sa plus profonde dimension qu'il identifie comme étant le sacré. Cette dimension est préconceptuelle, mystérieuse et paradoxale. Le sacré – selon Rudolf Otto – s'éprouve en dehors de tout rite, liturgie solennelle ou une quelconque tradition religieuse. Il participe fondamentalement d'expériences existentielles brutes. Le sacré est une expérience au cours de laquelle l'individu est confronté au «tout autre». Un objet, un espace, un phénomène qui se situe dans son champ visuel se trouve tout d'un coup envahi par une présence qui déchire sa conscience, le foudroie, le pétrifie. Il s'agit d'une expérience ou l'individu ne se sent plus être de chair et d'os, mais uniquement essence. Pendant cette expérience il se sent projeté hors du temps car l'ici et maintenant n'existe plus, il est dans un ailleurs. L'expérience du sacré par sa force, sa puissance, est, dès lors, une expérience à la fois terrifiante et attrayante. Le sacré revêt un caractère immédiat et primitif et c'est justement cela qui lui permet d'apparaître comme le noyau originaire, le principe vivant de toutes les religions ou la clé de voûte d'une connaissance originelle: «Faute de reconnaître dans le sacré le facteur premier, qualitativement original et irréductible et le ressort de toute l'évolution historique de la religion, toutes les explications animistes, magiques et sociologiques de la genèse de la religion s'égarent d'emblée et passent à côté du vrai problème» (Otto, 1995, pp. 30-31).

Esprit mystique comme Rudolf Otto, Mircea Eliade retient du théologien allemand sa thèse concernant l'expérience religieuse, cette expérience non assujettie aux principes rationnels de l'intellect, mais qui demeure hors de portée pour toute tentative d'explication non fondée sur des principes rationnels.

Dès lors, l'interprétation du mythe dans la version d'Eliade est à la fois rationnelle-logique et imaginative-intuitive. Selon lui, le mythe révèle une ontologie primitive – une explication de la nature de l'être: «toute religion, même la plus élémentaire, est une ontologie: elle révèle l'être des choses sacrées et des figures divines, elle montre ce qui est réellement» (Eliade, 1957, p. 16). Le mythe, par le biais des symboles, exprime, selon Eliade, un savoir complet et cohérent; malgré son apparence triviale et sans fondement, il permet un retour aux origines, une découverte ou redécouverte de la symbolique de pratiques humaines: «Moi [...] j'ai vécu parmi les païens, j'ai vécu parmi ceux qui participaient au sacré par la médiation de leurs dieux. Et leurs dieux étaient des figures ou des expressions du mystère de l'univers, de cette source inépuisable de création, de vie et de béatitude... C'est à partir de là que j'ai compris leur intérêt pour l'histoire générale des religions. En somme, il s'agissait de découvrir l'importance et la valeur spirituelle de ce qu'on appelle «paganisme» (Eliade, 1985, p. 71).

Si l'on considère uniquement la sensibilité mystique de Rudolf Otto et Mircea Eliade, on peut, sans doute, conclure que Jean Pierre Vernant (Vernant, 1965, 1974, 1999) n'aborde le mythe ni dans le même esprit, ni dans la même perspective qu'eux. Cependant, sur le fond leurs travaux sur le mythe défendent la même idée de lien inextricable qu'entretient la réalité quotidienne avec une religiosité mythique originelle.

Pour Vernant le mythe signifie avant tout «récit». Ainsi, de par sa signification même, dans la culture grecque, le mythe ne s'oppose pas fondamentalement et définitivement au logos. Tout en tenant compte que le mot «mythe» sert aujourd'hui à désigner dans l'histoire de la pensée grecque une tradition transmise oralement et qui n'est pas de l'ordre du rationnel, Vernant remarque que les mythes restent toujours dans la proximité de la science avec laquelle ils entretiennent des rapports privilégiés, notamment quand il s'agit de la construction de sens: «le big bang originel de nos savants est-il si différent du *chaos* évoqué par Hésiode, ce paysan béotien du 8ᵉ siècle av. J.-C.? Les récits d'origine transmis par les mythes demeurent tout à fait d'actualité dans la Grèce classique, car ils répondent à des enjeux identitaires: le Grec sait d'où il est parce qu'il connaît tous ces récits par cœur. Lesquels, de plus, transmettent aussi des façons d'être et de se comporter. Dans Homère, affirme Platon, on apprend à labourer, à naviguer, à faire la guerre, à mourir. La tradition mythologique définit ainsi un style exemplaire d'existence collective, aux plans moral et esthétique, qui pour les Grecs se confondent» (Vernant, 2001).

Le mythe devient, dès lors, une ouverture permettant d'interpréter et d'expliciter le phénomène religieux. Dans les mythes, la religion renvoie à des dieux auxquels des honneurs doivent être rendus, des dieux auprès desquels les humains se sentent comme des «moins que rien» et ne sont quelque chose que si l'éclat du divin parvient jusqu'à eux parce qu'ils s'en sont rendus dignes. Mais la religion ainsi entendue tient aussi, observe Vernant, à des pratiques, des rituels qui accompagnent et ordonnent tous les gestes de notre existence: «La religion, de ce fait, est partout, dans la façon de manger, d'entrer et sortir, de se réunir sur l'agora. Rien ne sépare la sphère religieuse et la sphère civile: le religieux est politique, le politique est religieux. L'irréligion, dans la vie collective, est inconcevable, mais la religion elle-même, qui ne comporte aucun corps de croyances obligatoires, n'impose rien intellectuellement, parce qu'elle n'est pas d'ordre intellectuel» (Vernant, 2001).

Peut-être un peu en décalage avec les préoccupations autour desquelles s'articulent les études dont il a été question précédemment, les travaux de Karl Kerényi s'inscrivent, pourtant, dans la même problématique. L'approche du mythe chez Karl Kerényi ne suit pas la voie du religieux, mais il revient toujours vers la quête obsédante d'une valeur universelle capable d'ouvrir une voie permettant de parvenir à la connaissance des phénomènes.

Dans cette perspective Karl Kerényi met l'accent sur l'usage des mythes. Il procède ainsi à une distinction entre les mythes qui sont une élaboration spontanée et désintéressée de la psyché et les mythes qui sont des productions orientées, c'est-à-dire des récits conçus pour atteindre un objectif précis. Dans cette deuxième catégorie il range, par exemple, les mythes conçus et manœuvrés pour atteindre des objectifs politiques. Plus exactement, les mythes participants de cette deuxième catégorie ne sont rien d'autre que des dégénérations des vrais mythes, c'est-à-dire des pseudomythes.

Karl Kerényi met l'usage du mythe en rapport avec le contexte historique, mais aussi avec les théories dominantes à un moment donné sur le plan philosophique, social, économique, etc. L'exemple le plus concluant dans ce sens est pour Karl Kerényi la technocratisation du mythe pendant la période fasciste, période où cet usage technocratique du mythe a pu bénéficier d'un fonds supplémentaire qui a promu la mythologie comme la seule véritable représentation de la vie humaine.

Dans l'usage technocratique des mythes Karl Kerényi perçoit une certaine prétention doctrinale pour l'usage social et politique de ces récits, notamment l'usage des mythes dans le but de défendre l'individu confronté à des difficultés d'ordre social et politique, de l'aider à faire face aux forces manipulatrices.

Par une autre voie et, sans doute, dans une autre perspective, Karl Kerényi rejoint ainsi l'espace «sacré» d'Eliade qui porte intrinsèquement l'abolition du profane. Autrement dit, le désir de se trouver perpétuellement dans un espace sacré qui correspond à la recherche humaine d'une vie perpétuelle, ouvre la voie à l'institution des gestes archétypaux dont la répétition laisse s'exprimer le désir paradoxal d'atteindre une forme idéale.

La réhabilitation du mythe tentée par le philosophe Kurt Hübner (Hübner, 1985) vise à montrer que le mythe est à considérer non seulement sous des aspects psychologiques mais aussi en ce qui concerne la théorie de la connaissance.

Le mythe, d'après Hübner, ne connaît pas les séparations que pratique l'ontologie scientifique, entre matériel et spirituel, entre les choses et leurs concepts, entre le tout et la partie, le but et l'explication d'un processus: tout est vivant, tout a une âme, il n'y a pas de réelle limite entre le monde physique et psychique, entre la représentation et la perception du réel, entre rêve et réalité objective. Pour Kurt Hübner, le phénomène mythique qui apparaît à la conscience archaïque est à la fois matériel et idéel. L'unité des deux dimensions est une donnée primitive qu'il faut postuler pour décrire de façon adéquate l'expérience mythique.

En interrogeant les bases ontologiques des sciences, Kurt Hübner compare dans son ouvrage sur la «critique de la raison scientifique» (Hübner, 1985) les deux formes de pensée – scientifique et mythique – et il conclut que science et mythe reposent sur des fondements *pré-rationnels* tout en représentant des ontologies et rationalités différentes, mais d'une valeur égale. Ainsi la science n'est pas l'unique interprétation et compréhension du monde possible et la seule raisonnable, mais elle n'est qu'une manière, historiquement conditionnée, de l'interpréter. Le mythe n'est pas moins que la science le point de départ d'une pensée argumentative, empirique, même s'il s'adresse à d'autres objets (Treiber-Leroy, 2002).

Le mythe, une interprétation du monde fondamentalement différente de celle de la science, ne doit pas, par conséquent, être considéré comme dépassé, irrationnel, fantastique, anthropomorphe, ou comme folie et superstition.

2.4 *Le courant psychologique et psychanalytique*

Pour les psychologues et pour les psychanalystes le mythe est un outil leur permettant de connaître la structure, l'ordre et la dynamique de la vie psychique de l'individu et de l'inconscient collectif. Ainsi les études dans le domaine de la psychologie et de la psychanalyse recourent au mythe et à ses multiples représentations comme à un symbole dont l'interprétation est censée permettre l'accès à l'inconscient, au subconscient ou encore, comme chez Paul Diel, au surconscient.

Sigmund Freud, tel que le souligne Jean-Pierre Kamieniak (Kamieniak, 2003) a recours au mythe pour expliquer les conflits et la dynamique de l'inconscient comme, par exemple, le complexe d'Œdipe. En effet, Freud parvient à l'élaboration de son étiologie sexuelle et à sa théorie de l'inconscient au moment même où il tente, au prix d'une audacieuse autoanalyse, d'interpréter l'hystérie et le fantasme. Dans le cadre de cette tentative d'interprétation il fait une rencontre décisive: «celle du mythe précisément, à travers la figure nodale d'Œdipe, ce Grec tragiquement déchiré par le destin le plus terrible et le plus ordinaire. Le concept de projection, couplé à ceux de roman familial et de souvenir-écran, permet progressivement au père de la psychanalyse de concevoir les mythes sans opposer leur origine intime et leur diffusion impersonnelle: ils ne sont rien d'autre que des projections au-dehors de fantasmes à la fois intimes et universels. Ils racontent l'histoire pulsionnelle refoulée des êtres humains, les désirs insatisfaits qui animent la part obscure de leur psyché. Ils viennent en lieu et place d'un savoir absent» (Floccari, 2004).

Dès lors, l'ordre fantasmo-mythique, ordre symbolique par définition, en opposition déclarée avec la norme, toujours excluante, est tenu par Freud comme la marque d'une caractéristique universelle, de quelque chose qui est un propre de l'homme de toujours et partout. La conséquence épistémologique de ce postulat centré sur la symbolique des mythes est ambivalente: d'une part, elle oriente et encadre la connaissance du vécu psychologique de l'individu et d'autre part, elle pose des repères pour comprendre la psychologie en tant que discipline. Dans le premier cas, les mythes sont pour l'homme une manière de s'approprier de façon médiate le matériau phantasmatique dont il est constitué sans jamais s'y réduire tout à fait, raison pour laquelle cette appropriation du symbolique mythique vaut plus que le rire, la pensée, la technique, le travail, l'art ou la religion, car c'est à travers cette appropriation que l'homme peut se définir comme un être. Dans le deuxième cas, en s'ouvrant aux problèmes les plus fondamentaux de la philosophie, la psychanalyse peut alors, en théorie comme en pratique, se comprendre et s'éprouver comme une anthropologie.

Carl Gustav Jung reprend la théorie de son maître en tentant de montrer l'évidence de l'inconscient collectif, à partir duquel il élabore sa théorie des archétypes. Comme Freud, Jung établit une analogie entre rêve et mythe, d'où l'entreprise d'une démarche comparative. Cette démarche comparative entre les mythes et les productions de l'inconscient a permis à Jung de démontrer, sur la base de matériel empirique, l'existence d'un inconscient collectif contenant des archétypes. Ces archétypes sont responsables de la réapparition au cours de l'histoire humaine des mêmes motifs symboliques qui, seuls, peuvent être objets de connaissance puisque les archétypes qui s'y inscrivent, restent inconnaissables en soi.

L'aspect d'un archétype qui se présente à la conscience sous forme d'image archaïque ou de symbole peut varier en fonction de la personne, mais sa structure est identique, quel que soit le lieu, le temps, la culture dans lesquelles il apparaît. Un mythe, comme l'«imago» serait constitué tant par l'apport subjectif de la psyché que par les données objectives du monde ambiant, qui semble être seules visées (Jung, 1989). Un exemple de la parenté des mythes et de la psyché est celui des mythes solaires, où le cours régulier du soleil est utilisé pour exprimer le dynamisme psychique de progression et de régression. On retrouve ces mythes dans des cultures différentes et éloignées tant par le temps que par l'espace.

Les mythes et les créations poétiques ont donc une origine commune avec les éléments oniriques qui proviennent de l'inconscient religieux collectif: «Que pourrait être, que pourrait signifier une religion dépourvue de mythe, alors que précisément une religion a la signification, si signification elle a, d'être la fonction qui nous relie au mythe éternel» (Jung, 1964, p. 112). Et Jung précise: «Ce n'est pas *Dieu* qui est un mythe, mais le mythe est la révélation d'une vie divine dans l'homme. Ce n'est pas nous qui inventons le mythe, c'est lui qui nous parle comme Verbe de Dieu» (Jung, 1973, p. 387).

Enfin, pour Paul Diel les mythes sont une expression du surconscient humain. Ils sont la réponse de l'homme devant l'effroi qui le saisit lorsqu'il pense au mystère de ses origines. Par conséquent, les mythes sont capables, par l'émotion qu'ils suscitent en nous et par une compréhension de leur vraie signification, de nous éclairer sur le sens de la vie (Diel, 1966).

Cette approche du mythe repose fondamentalement sur l'hypothèse selon laquelle dans la pensée mythique la signification reste toujours la même: ce que les mythes de toute les époques expriment c'est le fait essentiel de la vie, c'est-à-dire le conflit permanent entre nos motivations justes et fausses. En cela, la symbolique des mythes rejoint la théorie principale de Diel développée, notamment, dans son livre de référence «Psychologie de la motivation» (Diel, 1947), c'est-à-dire la théorie d'une symbolique universelle commune à tous les mythes et qui n'expriment rien d'autre que ce conflit permanent entre nos motivations justes et fausses:

> Le symbolisme le plus constant, le fondement même de la vision commune à tous les mythes, est la lutte entre divinités d'une part, démons et monstres d'autre part, exprimant le conflit entre les motivations justes et fausses, conflit qui n'exprime rien d'autre que la délibération humaine. [...] Le langage mythique aurait donc un vocabulaire extrêmement précis et même une grammaire commune à toutes les mythologies, du fait qu'elles sont fondées sur les lois qui régissent la valeur sensée ou la valeur insensée de la délibération intime. (Diel, 1947, p. 132)

Le symbolique qui œuvre dans la pensée mythique a une visée salutaire. Dans l'optique psychanalytique de Diel, la symbolique mythique permet à l'homme de tous les temps de porter un regard introspectif quant à sa propre destinée; il s'agit d'un moyen lui permettant d'assumer la prise de connaissance des intentions subconsciemment cachées qui sont la cause de la mort, en profitant à l'horizon d'une telle prise de connaissance la possibilité de la résurrection symbolique.

3. Le mythe: moyen de compréhension des événements

Le troisième genre d'interprétations du mythe qui s'impose distinctement dans la multitude hétérogène d'interprétations du mythe dans le domaine des sciences humaines et sociales, est celui des approches qui considèrent le mythe comme un moyen de compréhension des événements. De tendance herméneutique, en continuité avec la grande tradition allemande depuis David Strauss – auteur d'une célèbre et très controversée «Vie de

Jésus» parue en 1835 et dans laquelle il assimile le personnage du Christ au mythe, scandale suite auquel Strauss fût expulsé de l'université de Tübingen où il enseignait – ce type d'interprétation du mythe, qui a eu une influence importante sur les anthropologues allemands, est illustré par les travaux des auteurs comme Rudolf Bultmann.

Mais le plus prestigieux représentant de ce genre d'interprétations du mythe est sans aucune doute Ernst Cassirer. L'intérêt des ses travaux sur le mythe se trouve d'une part, dans le constat qu'il fait concernant l'ensemble des définitions données au mythe dans les différents domaines des sciences humaines et sociales, et d'autre part, dans sa tentative de formuler une définition capable de dépasser les limites de ces définitions. En effet, dans son ouvrage «Le mythe de l'Etat» (Cassirer, 1993), il montre que toutes les définitions du mythe pèchent par défaut, car toutes ces définitions sont réductrices. Le reproche essentiel fait par Cassirer à ces définitions est de ne pas saisir l'enjeu véritable du mythe et de se limiter à rendre compte uniquement de ce qu'il est en tant que vision primitive des choses. Or, selon lui, le mythe a une double face. Sans mettre en cause l'ordre pathologique ou primitif du mythe, Cassirer porte un regard plus attentif sur une seconde caractéristique encore plus profonde du mythe, notamment sur la contradiction majeure sur laquelle il repose, c'est-à-dire celle qui consiste à prendre l'absence de rapport pour un rapport. Transmuer cette contradiction en méthode a, dès lors, pour conséquence, observe Cassirer, le fait que tout et n'importe quoi peut devenir mythique. Pour Cassirer, le propre du mythe est de pouvoir parvenir à faire «croire au pouvoir des mots, à leur magie, à leur efficacité ensorcelante» (Vergely, 1998, p. 58).

Dans la perspective cassirerienne, le mythe est avant tout une force de la conscience qui pénètre le vécu sensible, les phénomènes en les organisant de sorte à faire sens. En s'inspirant de l'appareil conceptuel kantien, Cassirer a cherché à expliciter, notamment dans le deuxième volume de sa «Philosophie des formes symboliques», les éléments *a priori* – ceux-ci n'étant plus essentiellement catégoriels ou formels, mais assimilés à des fonctions symboliques d'une conscience mythique dont l'expérience, dans ses aspects les plus variés, présente une unité et une cohérence propre. L'expérience mythique n'est pour lui jamais arbitraire, elle manifeste tout au contraire un monde de significations, une forme symbolique, une production particulière de l'esprit.

L'intérêt de la proposition faite par la philosophie des formes symboliques vient, également, du profit théorique qu'elle tire naturellement de sa filiation à une pensée dont l'édifice est fondé sur le postulat que la réalité ne peut être saisie immédiatement. Plus précisément, son orientation est, dès le départ, fondamentalement différente de la plupart des approches précédentes: le mythe n'est pas – dit la réponse de la philosophie des formes symboliques – là où il est cherché habituellement, c'est-à-dire dans le visible, mais dans ce qui la rend visible. Dans cette perspective, le mythe n'est pas une chose, mais un acte. Pour le saisir il ne suffit donc pas de le poursuivre simplement dans la sphère du signifier et du désigner. Il faut investir la sphère originelle de la vision intuitive, c'est-à-dire la sphère du singulier: le mythe est (la) manifestation symbolique à travers laquelle est comprise la réalité. Cette démarche se construit, bien sûr, à l'aide d'un ensemble dynamique d'exigences méthodologiques: la mise en évidence d'une vie symbolique, le dépassement de la démarcation rigide et dogmatique entre le subjectif et l'objectif, la «déduction» critique de la représentation en suivant le signe dans le déploiement de ses configurations concrètes, le dépassement de la théorie du reflet.

3.1 La mise en évidence d'une vie symbolique

Le problème de la diversité des structures logiques et conceptuelles intermédiaires montre que d'une manière systématique, les démarches théoriques cherchant à saisir le mythe sont piégées à un moment ou à un autre, par l'injonction d'emprunter le chemin du singulier alors qu'elles s'efforcent de parvenir à l'universel. Ce qui est perçu comme un échec dans ces orientations méthodologiques, ne l'est pas dans celle de la philosophie des formes symboliques pour la simple raison qu'elle n'exclut pas que le monde du singulier soit capable de conduire à la connaissance, même si ses voies sont différentes. A ce stade, certes, l'option de la philosophie des formes symboliques n'est nullement plus enviable aux autres démarches. Le problème de l'unité du savoir demeure toujours sans solution. Mais dans un deuxième temps, la méthodologie de la philosophie des formes symboliques relève la difficulté et, contrairement aux autres options méthodologiques, elle conçoit une issue théorique originale qui réhabilite le singulier sans porter atteinte pour autant à l'universel: «Si nous nous tenons à l'exigence de l'unité logique, la particularité de chaque domaine propre et la singularité de son principe courent le risque de se dissoudre en fin de compte dans l'universalité de la forme logique; si en revanche nous nous immergeons dans cette individualité et nous en restons à l'examen de celle-ci, nous sommes menacés de nous perdre en elle et de ne pas retrouver le chemin vers l'universel. Le seul moyen de sortir de ce dilemme méthodologique serait de déceler et de saisir un moment qui se retrouve dans chacune de ces formes spirituelles fondamentales, mais qui n'ait dans aucune de ces formes une figure proprement identique» (Cassirer, 1972, t. 1, p. 25). Il s'agit d'observer et d'analyser le mythe comme participant de la vie symbolique de l'humanité, c'est-à-dire de la culture, car les humains ne se contentent pas de vivre uniquement dans une organisation, ils se représentent, également, cette organisation. Cela n'enlève rien à la démarche critique requise par la recherche. Le rôle primordial accordé à la fonction par rapport à l'objet est d'ailleurs le principe fondamental de la pensée critique. Au fond, critiquer la culture et critiquer la raison ne sont pas deux choses différentes, car il s'agit toujours de mettre en évidence la fonction vitale du mythe, la fonction symbolique. Regardée dans l'autre sens, la mise en évidence de la vie symbolique instaure toujours les contours du territoire du mythe par des ruptures, des discontinuités, des bornes marquées par des processus de désymbolisation. Dès lors, saisir le champ du mythe revient à produire le langage pour le faire parler.

3.2 Dépassement d'une démarcation rigide et dogmatique

Une autre difficulté constituante du problème de la diversité des structures logiques et conceptuelles intermédiaires est celle du traçage de la frontière entre le *mundus intelligibilis* et le *mundus sensibilis*. La recherche d'une solution à cette difficulté a conduit à l'exigence méthodologique d'une démarcation rigide, devenue naturellement dogmatique entre le subjectif et l'objectif. En octroyant au concept seul l'aptitude de rendre possible la connaissance et la description du mythe, la pensée scientifique visait à parvenir à un savoir purement objectif. Mais cette solution est une sorte de cheval de Troie. Elle aggrave le problème par son propre contenu, car la logique des contenus conceptuels et des relations fondamentales sur lesquels se construit un savoir, ne se laisse séparer de la logique des signes. Le signe n'est jamais neutre. Le signe n'est pas seulement le produit de la pensée, mais il en est également son agent nécessaire et essentiel. Le signe ne sert pas uniquement aux fins d'un mythe donné, mais il est l'instrument unique par lequel le mythe est *in-formé* dans un environnement et par lequel il fait sens. La détermination conceptuelle du mythe ne pourra donc pas être détachée de son encrage dans le signe.

Dans le droit chemin de la «fonction symbolique», l'approche méthodologique proposée par la philosophie des formes symboliques affirme la prégnance symbolique: «la détermination conceptuelle d'un contenu va de pair avec sa fixation dans un signe caractéristique. Ainsi toute pensée véritablement rigoureuse et exacte ne trouve de soutien que dans la symbolique et la sémiotique sur lesquelles elle s'appuie. Toute *loi* de la nature prend pour notre pensée la forme d'une *formule* universelle, mais toute formule ne se laisse représenter que par un enchaînement de symboles universels et spécifiques. [...] La connaissance en général veut que l'universel ne se laisse *intuitionner* que dans le particulier, et que le particulier ne se laisse jamais penser que dans la perspective de l'universel» (Cassirer, 1972, t. 1, p. 27). Dans cette orientation dont la méthodologie de la philosophie des formes symboliques est tributaire de la méthode proposée par l'étude du langage de Wilhelm von Humboldt (Humboldt, 2000), le champ du mythe, est, donc, celui des conditions du voir et de l'agir organisationnel. Il s'arrête là où commence la configuration visible de ces conditions. Il s'agit, d'une part, d'abandonner les diverses spéculations qui s'entrechoquent en se mouvant entre le subjectif et l'objectif, puisqu'elles n'arrivent pas à pénétrer au cœur du mythe, et, d'autre part, prendre appui sur les manifestations symboliques où la démarcation entre le subjectif et l'objectif est posée par le processus même dans lequel ces formes se reconnaissent l'une dans l'autre afin de délimiter et de constituer mutuellement leur domaine.

3.3 *«Déduction» critique de la représentation en suivant le signe*

Les tentatives de saisir le mythe en tant qu'objet sont fondées sur l'observation que son identité se réalise quelque part à l'arrière plan d'un concept dont le signifiant porte la trace. Ainsi puisque cette trace, signe/identité, est reconnue comme explicitation d'un concept, c'est-à-dire d'une *forme générale*, ces démarches l'associent à la forme générale et se laissent séduire par l'hypothèse qu'il y a un rapport de dépendance rationnelle entre l'un et l'autre. Mais cette association ne participe pas d'une démonstration. Elle relève d'une *monstration*, c'est-à-dire de tout autre chose qu'un cheminement logique. L'ambiguïté des résultats en est sans doute une des conséquences.

La philosophie des formes symboliques, au contraire, postule que le phénomène originel de représentation doit être supposé avant tout acte logique de contiguïté entre deux contenus. Il est possible de parvenir à une connaissance médiate grâce à une fonction de renvoi immédiat du sens dans et par une représentation. C'est-à-dire, l'acte logique de contiguïté est possible justement parce que le phénomène de représentation le précède: «le phénomène de représentation, pris dans sa forme première et authentique et dans sa détermination originelle, se laisse aussi peu réduire à une trame de raisonnements logiques que la simple expression vécue. [...] La forme de l'induction ou de la déduction passe donc nécessairement à côté du phénomène et du problème de représentation, qui n'appartiennent nullement à la sphère de la pensée *abstraite*, mais nous placent au cœur de l'appréhension intuitive de la réalité» (Cassirer, 1972, t. 3, pp. 144-145). Il s'agit d'une ouverture qui exploite la perception, les discriminations, les alternatives – le constant et le variable, le nécessaire et l'accidentel, le général et l'individuel – ou l'organisation différentielle des sensations «dont nous disons qu'elles nous représentent la forme réelle de l'objet» (Cassirer, 1972, t. 3, p. 180). Dans cette perspective, la fondation et la légitimation, dans le sens critique du terme, du concept de représentation ne vise plus la mise en scène d'un contenu dans un autre. La symbolique «artificielle» repose dans cette nouvelle optique sur la mise en scène de la symbolique «naturelle» dans les différentes configurations de l'esprit. La configuration du réel participe ainsi, d'une démarche en sens inverse: «il ne s'agira plus de suivre de manière régressive le problème de signe vers ses *raisons* dernières, mais de le poursuivre dans le déploiement de ses configurations concrètes, tel qu'il s'accomplit dans la pluralité des divers domaines culturels» (Cassirer, 1972, t. 1, p. 49). L'accueil d'une telle option dans le mythe équivaut à ne plus chercher à appréhender son champ comme une construction imposée à l'être, mais comme un ensemble de manifestations de l'esprit qui construisent et instituent l'être. Le champ du mythe ne sera pas ainsi la simple copie d'une réalité donnée, un objet saisi par le moyen de son image, mais un ensemble de principes du processus par lequel le réel s'organise en vue de l'être humain – non seulement comme unité, mais aussi comme pluralité –, principes dont l'unité tient en dernière instance de l'activité symbolique de l'esprit.

3.4 Le dépassement de la théorie du reflet

Enfin, un quatrième obstacle qui rend problématique l'approche du champ du mythe et que la méthode proposée par la philosophie des formes symboliques permet de dépasser est celui de la substantialité du mythe. Il se présente toujours dans les démarches qui tentent de saisir le mythe immédiatement. Ce sont ces méthodologies même qui ont érigé leur propre obstacle en vertu de l'hypothèse – avancée par le substrat mythique de la pensée scientifique – que dans la mesure où le mythe n'échappe pas à la perception, il ne peut ne pas prendre forme dans des objets ou en tout cas dans des supports physiques. Or cette option, même si elle peut donner la satisfaction de toucher à quelque chose et l'impression d'avoir une perspective sur les délimitations du mythe, elle ne contient pas une ouverture, mais au contraire, un renfermement, une impasse méthodologique. Elle ne parvient pas à dépasser le reflet, c'est-à-dire, l'image du mythe. La prétention d'opposer un entendement scientifique à l'entendement intuitif et de saisir immédiatement au lieu de médiatement le mythe est donc minée et vidée de sens par la logique même du processus qui la revendique, car la connaissance humaine ne trouve pas les moyens pour se passer des signes et des images.

La méthodologie de la philosophie des formes symboliques fait une option différente. Elle relève l'impasse dans laquelle conduit la théorie du reflet et se donne pour tâche son dépassement: «la richesse des images ne désigne pas, elle recouvre et occulte… Ce n'est qu'en dépassant toute détermination par l'image [...] que nous pouvons retrouver le véritable fond originaire et essentiel» (Cassirer, 1972, t. 1, p. 57). Son choix est, dès lors, de ne faire de la sphère de la description et de la désignation qu'un lieu de passage vers la sphère de l'intuition. Elle propose d'entendre les phénomènes au-delà des constructions données, au-delà de la vision passive des produits *finis* proposés à l'esprit. Il s'agit de se placer au milieu de l'activité de l'esprit et d'observer les phénomènes non pas comme *une donnée,* mais en les considérant comme des fonctions et actualisations de l'imaginaire: «si au lieu de poursuivre l'idéal d'une vision passive des réalités de l'esprit, on se place au milieu de leur activité même, et si, au lieu d'en faire la considération tranquille d'un étant, on le définit comme des fonctions et des actualisations de l'imaginaire, il sera possible, quelles que diverses et hétérogènes que soient les figures qui résultent de cette construction, d'en détacher certains traits communs, caractéristiques de la figuration elle-même» (Cassirer, 1972, t. 1, p. 58).

Dans cette optique, le champ du mythe pourra être détaché et explicité dans la mesure où il est vu dans son sujet, c'est-à-dire dans ce qui constitue la pensée en acte de cette forme de communication. C'est ici la mutation clé apportée par la méthodologie de la philosophie des formes symboliques: le retour de l'objet au sujet. Pour comprendre le mythe, mais aussi l'évolution de sa «logique», il faut partir non pas de son objet, mais de son sujet, en suivant l'hypothèse qu'il y a mythe au regard de l'homme quand il y a mythe dans l'homme parce que l'homme est devenu à un moment donné mythe. Alors le mythe apparaît avec son sujet. L'extérieur du mythe est donné quand l'intérieur se donne, «parce qu'il n'y a de monde que quand il y a un monde faisant sens, un monde symbolisé» (Vergely, 1998, p. 48).

Chapitre 2

L'expérience mythique
chez Ernst Cassirer

La position originale de l'approche cassirerienne du mythe est tributaire conjointement à une triple contextualité dont participe, d'ailleurs, l'œuvre entière de Cassirer.

D'abord, il faut se souvenir que l'œuvre de Cassirer participe de l'Ecole de Marbourg (Cassirer, Cohen, Natorp, 1998). Dans ce cadre intellectuel, dont l'histoire commence en 1871 avec la publication par Hermann Cohen de la «Théorie kantienne de l'expérience» (Cohen, 1987) pour durer jusqu'au seuil des années vingt du siècle passé, comme le souligne Paul Natorp, Cassirer va développer une philosophie générale de la culture orientée vers une interprétation des formes symboliques en tant qu'«énergie» de l'esprit. Cette démarche de Cassirer tient originellement à une lecture «opérationnelle» du complexe édifice théorique érigé par Cohen, édifice où la revendication de la pensée pure s'épuise «dans le fait de postuler le principe selon lequel à la pensée rien ne peut être donné, d'où la pensée se présente comme le principe formateur de l'objectivité et du monde culturel de l'homme» (Ferrari, 1998, p. xviii). Il s'agit d'un principe dont les directions manifestes sont multiples: langage, mythe, art, etc. Ainsi, en retrouvant au départ dans le langage une direction fondamentale de l'objectivation, Cassirer tente, dans sa «Philosophie des formes symboliques», de fournir aux sciences de l'esprit un fondement organique et par la même occasion de réaliser le pari théorique de conjuguer le transcendantalisme de Marbourg avec la riche multiplicité morphologique de la compréhension du monde. Cette tentative de Cassirer a attiré les critiques de Heidegger qui considérait comme un échec, par exemple, la fondation, étayée sur un point de vue transcendantal, de la pensée mythique comme forme symbolique (Heidegger, 1972).

En second lieu, l'œuvre de Cassirer s'inscrit dans une logique des sciences de la culture, logique sur laquelle Cassirer n'a jamais cessé de s'interroger, pour finir en rendre compte vers la fin de sa vie dans l'ouvrage «Logique des sciences de la culture» (Cassier, 1991) paru en 1942. Il tâche de répondre par une réflexion complexe à la fois ontologique, épistémolo-

gique et historique. Cette complexité est amplifiée par une double détermination de chacun de ces trois niveaux qui se conditionnent, dans sa vision,
constamment. Plus exactement, ce conditionnement dans lequel se joue
l'objectivité dans les sciences de la culture est traité à la fois d'un point de
vue herméneutique et d'un point de vue critique: «ainsi l'homme est-il conçu en même temps comme un attachement et arrachement au monde, la
connaissance qu'il prend de lui-même comme phénoménologiquement
donnée et méthodologiquement élaborée, et son histoire comme transmission d'un sens commun déjà là et création individuelle d'œuvres émancipa-
trices» (Gaubert, 1991, pp. 11-12).

Enfin, le contexte historique dans lequel se situe l'œuvre de Cassirer est
marqué sur le plan scientifique par l'éclatement de l'objet de connaissance
et sur le plan politique par l'avènement du pouvoir du non-sens qui a terni
la première moitié du 20ᵉ siècle. En effet, l'avènement de la biologie, de la
physique, de la chimie, l'apparition de la psychologie comme discipline
scientifique ont produit un découpage de l'objet de connaissance perçue dès
lors par des points de vue différents. Cassirer observe que chaque science
opère une construction symbolique qui est, chaque fois, constitutive de son
objet. Il en conclut que la science doit renoncer à prétendre vouloir ou pouvoir saisir la réalité dans son immédiateté. Aussi, il observe que la crise
politique et sociale d'entre les deux guerres a produit un changement radical sur le plan de la pensée politique. Il constate ainsi «l'apparition d'un
nouveau pouvoir: celui de la pensée mythique» (Cassirer, 1993, p. 17).

Dès lors, l'expérience mythique dans l'œuvre de Cassirer apparaît d'une
manière inéluctable en rapport étroit avec l'appareil conceptuel de la philosophie de formes symboliques, avec la portée sociale du mythe dans un
contexte donné et avec l'enjeu politique du mythe dont l'existence même
de Cassirer a été profondément marquée. Il s'agit des trois sphères qui
s'entrecroisent largement, mais pour mieux les distinguer, je vais en rendre
compte ici successivement.

1. L'appareil conceptuel: encrage théorique et définitions

La compréhension du mythe dans sa version cassirerienne passe inéluctablement par la compréhension du concept de «forme symbolique» et,

puisque ce concept participe fondamentalement du sens avec lequel Cassirer a investi dans ses travaux le «symbolique», par la compréhension du concept de «symbolique». Dans cette perspective, je propose de considérer ici trois «fonds d'informations» capables, à mes yeux, de fournir des renseignements pertinents quant au sens du symbolique chez Cassirer. Ces trois fonds à explorer sont: a) les sources d'inspiration de Cassirer, b) les définitions données par Cassirer lui-même et c) les critiques du symbole cassirerien.

1.1 Sources du symbole chez Cassirer

Par son attachement à l'Ecole de Marbourg, Cassirer est considéré comme un néo-kantien. Cet étiquetage peut, cependant, s'avérer un peu restrictif et par la même occasion un peu handicapant pour la compréhension de sa démarche. Mais en considérant le néokantisme comme un phénomène d'Ecole – le retour à Kant entendu comme caractéristique commune aux membres du mouvement marbourgeois – et le kantisme comme une influence ou une reprise tout à fait personnelle de Kant, on peut distinguer chez Cassirer: a) un côté néo-kantien, en l'occurrence l'orientation transcendantale de la connaissance partagée avec Cohen et Natorp et b) un côté kantien, notamment la reprise du concept de «symbole» et la modification du «schématisme».

Ainsi, Cassirer va reprendre et reformuler ou réaménager le symbole kantien sous quatre aspects. Premièrement, pour Kant le symbole est le produit de la raison. La reformulation de Cassirer est un peu différente, mais en tout cas pas très éloignée, car la symbolique est pour lui une création de l'esprit. En second lieu, selon Kant, le symbole est un outil permettant d'éclairer les liens entre les concepts purs et l'intuition que l'homme peut en avoir. Cassirer ne refuse pas cette proposition kantienne, mais il entend l'élargir, car pour lui l'emploi du symbole ne doit pas se limiter à la seule science. Troisièmement, dans la vision kantienne, le principe d'analogie relie le symbole au symbolisé. Ce principe est retrouvable, également, chez Cassirer qui considère que le symbole se forme en trois étapes: mimétiques, analogiques et symboliques. Ceci dit, contrairement à Kant pour lequel l'analogie a lieu lorsqu'il n'y a pas d'intuition sensible adéquate, Cassirer rattache l'analogie à des symboles qui sont encore liés partiellement au monde sensible. Quatrièmement, il faut noter l'inscription kantienne de l'hypothèse symbolique dans la langue retrouvable, également, chez Cassirer (Cassirer, 1991b).

Mais, la théorie cassirerienne du symbole n'est pas construite uniquement par référence à la philosophie kantienne du symbole. D'autres influences venant aussi bien de la philosophie que des sciences ou de la linguistique ont marqué le sens du «symbolique» dans l'acception de Cassirer. Parmi ces influences, les principales références dans la théorie cassirerienne du symbole relève des travaux de Leibniz, Vico, Goethe, Helmholtz, Hertz et von Humboldt[1].

L'intérêt de Cassirer pour la pensée de Leibniz est manifeste: Cassirer lui a consacré en 1902 son deuxième livre «Leibniz's System in sienen wissenschaftlichen Grundlagen» (Cassirer, 1962). D'abord, Cassirer est séduit par le fait que Leibniz considère les signes comme «l'organe nécessaire et essentiel» de la pensée. Deuxièmement, Cassirer rejoint Leibniz sur l'idée de la relation inextricable entre la pensée et le signe, c'est-à-dire sur l'idée de l'impossibilité à séparer la logique des choses de la logique des signes. Un troisième point sur lequel Cassirer s'accorde avec Leibniz est celui du rôle essentiellement de médiateur joué par le symbole. Enfin, la quatrième remarque de Leibniz qui intéresse Cassirer est l'opposition qu'il fait entre la connaissance symbolique et la connaissance intuitive (cf. Cassirer, 1972; Leibniz, 1972).

Pour ce qui concerne Vico, Cassirer a trouvé une source d'inspiration dans le principe général de sa théorie de la culture. Les trois âges – l'âge des dieux, l'âge des héros et l'âge des hommes – de la science nouvelle de Vico, âges correspondants aux trois moments de la connaissance – sensation, imagination et raison – correspond au découpage cassirerien de la philosophie des formes symboliques. L'originalité que Cassirer trouve chez Vico est le fait de considérer les sciences de l'intuition et de la probabilité au même titre que les sciences du raisonnement. Comme Vico, Cassirer définit le symbole à partir du principe qu'il n'est pas possible de connaître les choses en soi, mais seulement les façons dont on les symbolise. Plus exactement, tous les deux s'accordent pour voir dans les symboles des créations de l'esprit qu'on emploie afin d'acquérir ou de transmettre des connaissances (cf. Cassirer, 1972; Vico, 1983).

---

1   Bien que des liens peuvent être établis entre la philosophie des formes symboliques et la théorie de Pierce (Krois, 1987), il faut noter que Cassirer ne cite pas le pragmaticien américain.

Goethe est une autre référence dont le poids est considérable dans l'œuvre de Cassier. La définition du symbolique proposée par Goethe contient au moins trois idées retrouvables dans la théorie cassirerienne. La première idée concerne le rôle central joué par la représentation dans la théorie goethienne du symbole, rôle de convergence pour le général et le particulier. Dans la théorie de Cassier la représentation est également un élément central dont la fonction symbolique émerge de son positionnement intermédiaire entre l'expression et la signification. La deuxième idée de Goethe qui semble avoir retenu l'attention de Cassier est l'accent particulier à poser sur la dimension relationnelle et dynamique du symbole. Enfin, la troisième idée est celle du symbole entendu comme révélation de l'impénétrable (Cassirer, 1991a).

La théorie de Cassier est redevable, également, à la théorie du signe de Helmholtz (Helmholtz, 1896) et à la théorie du symbole de Hertz (Hertz, 1894). Chez le premier, Cassier a apprécié l'apport théorique au concept d'image. Plus exactement, Cassier est séduit par l'idée de l'absence de ressemblance ou de rapport de modèle à copie, c'est-à-dire entre la nature et les concepts de la physique. En somme, Cassier s'accorde avec Helmholtz pour dire que les concepts ne sont que des signes d'objets réels et en aucun cas leur reproduction dans le sens d'un décalque de l'impression sensible: «En effet, là où l'on exigeait de quelque manière qu'il y ait similitude de contenu entre l'image et la chose, apparaît l'expression hautement complexe d'une relation logique posée comme condition intellectuelle générale, à laquelle devront satisfaire tous les grands concepts de la physique. Si ces concepts ont une valeur ce n'est pas parce qu'ils reflètent une donnée préalable, mais bien en vertu de l'unité que d'eux-mêmes, ces outils de connaissance produisent entre les phénomènes» (Cassirer, 1972, t. 1, p. 16). Dans la théorie du symbole développé par Hertz, Cassirer voit une véritable révolution, notamment lorsqu'il s'agit de considérer des concepts clés de la mécanique – comme, par exemple, les concepts de «masse» ou de «force» – comme des «simulacres ou des symboles» (Cassirer, 1972, t. 3, p. 33).

Enfin, il faut se rappeler que la réflexion cassirerienne sur le symbolique participe d'un important et déterminant héritage venant des études linguistiques de Wilhelm von Humboldt. Cet héritage qui recouvre plusieurs thèmes – de la fameuse dichotomie *ergon-energia* jusqu'à la méthode comparative, de la question de la forme interne de la langue jusqu'à la méthode génétique, etc. – est le cadre qui révèle à Cassirer que le symbole n'est pas un simple signe, un produit, mais également un processus de formation de sens, c'est-à-dire une action de l'esprit. C'est à partir de là que Cassirer commence à ériger son concept de «forme symbolique» en termes d'«énergie de l'esprit» (Cassirer, 1997, p. 13) en empruntant directement chez Humboldt la notion d'«énergies purement spirituelles» (Humboldt, 1974, p. 229).

1.2 Définitions cassireriennes du symbole

La définition étymologique du symbole – celle rattachée à la pratique de la Grèce antique qui visait une identification par la réunion de deux parties – peut être entrevue dans l'œuvre de Cassirer, mais elle n'y est pas mentionnée expressément. En effet, on peut observer que le symbole, dans l'optique de Cassirer, est une mise en relation de deux mondes, celui de l'esprit humain et celui du réel. Ces deux mondes ne sont pas séparés l'un de l'autre. Au contraire, l'un est inclus dans l'autre, c'est-à-dire l'esprit fait partie du réel. Mais si ces deux mondes sont distincts, c'est parce qu'ils sont dans une relation fonctionnelle. Ainsi, la fonction symbolique, selon Cassirer, est triple: a) d'abord elle est «expressive» dans le sens qu'elle offre la possibilité de saisir la manière dont l'esprit est sensible au monde, b) ensuite, elle est «représentative» dans le sens qu'elle est une représentation de la perception et c) enfin, elle est significative, dans le sens qu'elle confère une signification à cette perception.

En plus de cette acception étymologique, les définitions du symbole renvoient souvent à deux dimensions différentes, voire opposées, l'allégorie et le signe. Pour ce qui est de sa théorie du symbole, Cassirer ne prend pas en compte la dimension allégorique, même si à un moment donné, dans le deuxième volume de sa philosophie des formes symboliques, il en fait usage. Quant à la deuxième dimension, l'attitude de Cassirer est un peu déconcertante, car il emploie parfois le terme «symbole» comme synonyme de «signe» alors que dans son «Essai sur l'homme» (Cassirer, 1975) il distingue le symbole du signe. Ceci dit, il ne faut pas conclure hâtivement que le symbole cassirerien fonctionne d'une manière complètement différente du symbole-allégorie, du signe mathématique. L'un comme l'autre satisfont au même principe, c'est-à-dire de permettre de concrétiser ou d'abstraire des réalités.

Tout comme les définitions traditionnelles du symbole, le symbolique cassirerien est marqué par deux axes sémiques – immédiateté / abstrait, mimétique / conventionnel – auxquelles Cassirer rajoute un troisième supplémentaire – une division kantienne –, naturel / artificiel: «il nous faut revenir à la symbolique *naturelle*, à cette mise en scène de tout de la conscience nécessairement contenue ou du moins virtuelle à chaque moment et dans chaque fragment de la conscience, si nous voulons former le concept de la symbolique artificielle des signes *arbitraires* que la conscience a créée pour elle-même dans le langage, dans l'art et dans le mythe» (Cassirer, 1972, t. 1, p. 49). En somme, Cassirer non seulement qu'il repère le rapport qui peut exister entre la symbolique naturelle et la symbolique artificielle, mais il rattache ces deux symboliques au processus spirituel qui les a engendrées.

Le problème posé par le symbolique de Cassirer réside dans la dispersion sémique du concept. La meilleure illustration de cette dispersion est la manière dont différents auteurs rendent compte dans leurs travaux du symbolique cassirerien. Janz (Janz, 2001, pp. 153-155) nous en propose un remarquable échantillon:

> Das symbolische ist – wie Cassirer sagt – ‹Immanenz und Transzendenz in Einem: sofern in ihm ein prinzipiell überanschaulicher Gehalt in anschaulicher Form sich äußert›. (Marc-Wogau, 1936, p. 331)

> Und damit ist im Begriff des Symbols zugleich jene andere ‹Einheit geistigem gegeben, die jeden metaphysischen Dualismus von vornherein unmöglich machen soll›. (Kalbeck, 1951, p. 119)

> Symbols are not to be taken as ‹mere figures which refer to some given reality by means of forces, each of which produces and posits a world of its own›. (Hambourg, 1956, p. 40)

> The symbol, Cassirer maintains, is not an accidental instrument of thought; it is the medium thought; it is the medium through which all thought occurs. (Verene, 1966, p. 555)

> Del simbolo avevamo dato una definizone minimale considerando il rapporto tra stimolo e risposta e il suo ruolo di mediazone come strumento per l'instituzione della cultura. Ora si tratta di riprendere la questione in un ambitio più complicato perché il simbolo si è rivelato in definitiva l'elemento che permette l'elaborazione di una strttura delle strutture. (Veca, 1969, p. 54)

> Cassirer gives the concept symbol a broa meaning, to ‹... encompass the totality of those phenomena in which the sensuous is in any way filed with meaning, in which a sensuous content, while preserving the mode of its existence and facticity, represents a

particularization and embodiment, a manifestation and incarnation of a meaning...›. (Van Roo, 1972, p. 500)

[Das] gemeinsame Prinzip [des Symbols] ist die produktive Fähigkeit des menschlichen Geistes. (Marx, 1975, p. 307)

Il concetto di simbolo [...] è presentato [...] come lo strumento adeguato per compiere la necessaria mediazione tra essere e divenire. (Poma, 1977, p. 399)

The symbol is the fundamental unit of mind present in all cultural life. (Verene, 1978, p. 25)

Symbol encompasses all theoretical, practical and emotional levels of man's ‹ordered reality›. (Lipton, 1978, p. 92)

Symbole bestehen daher aus Kenzeichnungen, die durch ‹Raum› und ‹Zeit› gebildet werden, und ein großer Teil der ‹Symbole› besteht sogar aus ‹Blindern› im hier beschriebenen Sinne. (Peters, 1983, p. 89)

Symbols [...] transcend pure flux, they fix the object in a duration, in a network of stable relations that constitute their characteristics and determine the objective world. (Feretti, 1984, p. 102)

Symbolism permits holding the world ‹at a distance› and this objectification ‹liberates› man from the narrowness of existence. (Krois, 1987, p. 175)

In dem Essay on Man nennt Cassirer das Symbol ‹the way to civilisation›. (Krois, 1988, p. 29)

A la fixation univoque des contenus empiriques dans une forme conceptuelle, [Cassirer] préfère le symbole considéré comme la forme la plus générale à l'intérieur de laquelle la conscience intègre les différentes modalités de détermination de la réalité. (Feron, 1997, p. 159)

Cette dispersion sémique correspond, dans l'œuvre de Cassirer, à une évolution de la notion de «symbole» entre deux autres concepts, celui de «signe» et celui de «concept». Au début de sa philosophie des formes symboliques les notions de «symbole» et de «signe» sont peu distinctes l'une de l'autre. Une distinction d'usage – le signe est employé plutôt pour désigner et le symbole pour signifier – indique une acception différenciée. Vers la fin de son œuvre capitale, cependant, la notion de «symbole» apparaît très proche de la notion de «concept».

Dans l'extension symbole/signe, Cassirer introduit une précision, peut-être sous l'influence de Husserl, en différenciant deux types de signes, notamment les simples «signes d'indication» (Cassirer, 1972, t. 3, p. 357) ou les «signaux» (Cassirer, 1972, t. 3, p. 376) et les «vrais signes symboliques» (Cassirer, 1972, t. 3, p. 357), c'est-à-dire les signes qui «signifient». A l'intérieur de cette distinction Cassirer observe que la notion de symbole recouvre un double sens. Ainsi le symbole, remarque Cassirer, peut avoir, comme d'ailleurs la forme, un aspect passif et un aspect actif, c'est-à-dire le symbole peut être le produit, la trace matérielle, la marque physique qui renvoie à une idée ou à un objet, mais le symbole peut être également un processus par lequel la pensée met en forme des impressions, les organise dans un signifiant. C'est plutôt dans ce sens que Cassirer s'intéresse au symbole. Le syntagme qui indique le plus exactement cette idée dans la philosophie de Cassirer est celui de «symbolisation». Pour lui le symbole est un processus créateur (Cassirer, 1975, p. 107) un processus de structuration des données sensibles: «notre analyse a cherché à montrer dans sa démarche que derrière chaque ensemble de symboles et de signes, qu'il s'agisse de signes linguistiques, mythiques, artistiques, intellectuels, il y a toujours en même temps certaines énergies de mise en image» (Cassirer, 1972, t. 1, p. 36).

C'est dans cette orientation de la pensée cassirerienne que se situe la distinction entre le signe et le symbole. Dans cette orientation le signe va se révéler comme produit, comme œuvre, comme ouvrage sensible et matériel dont le rôle est de fixer un contenu spirituel. Cassirer attribue ainsi au signe une place de médiateur entre le sensible et le sens puisqu'il est, avant tout, le porteur d'une signification, il est signifiant. Par son rôle et par sa place, le signe, d'une manière conventionnelle constante, demeure rattaché à son référant. Quant au symbole, il apparaît comme une activité, une énergie. Le symbole est une activité de nature spirituelle, idéelle, qui consiste à remplir par le sens. Il n'est pas un produit, il produit. Il produit une signification et par conséquent il est lié, d'une manière universelle mais mobile, à ce qu'il symbolise.

Cette distinction entre signe et symbole est un pas décisif dans la philosophie cassirerienne qui rapproche la notion de «symbole» de la notion de «concept». A ce sujet, il faut remarquer et retenir principalement trois idées. D'abord, pour Cassirer le concept est une étape dans le développement de chaque forme symbolique. Plus exactement, chaque forme symbolique recouvre trois moments qui correspondent respectivement au vécu sensible, à l'approche intuitive et à la production des concepts: «une connaissance intuitive se trouve nécessairement au principe de toute connaissance conceptuelle, une connaissance perceptive au principe de connaissance intuitive» (Cassirer, 1972, t. 3, p. 61). Il s'agit d'une optique constante dont les indices sont récurrents: «car à la construction d'un monde quel qu'il soit, ensemble d'objets sensibles ou logiques, réels ou idéaux, se posent toujours certains principes d'organisation et de formation. Or le concept ne fait rien de plus que dégager pour eux-mêmes ces moments formateurs et les fixer pour la pensée [...] il indique le point de vue qui permet d'appréhender et d'embrasser une multitude de contenus, qu'ils appartiennent à la perception, à l'intuition ou à la pensée pure» (Cassirer, 1972, t. 3, p. 333). En second lieu, le concept de symbole chez Cassirer relève de la complexité, car sa nature est double. Le symbole chez Cassirer est à la fois *forme* et *matière*. Cette double polarité du symbole est absolument inéluctable pour en faire l'expérience. Ce qui caractérise la perspective cassirerienne dans ce sens, c'est moins la distinction qui peut être opérée entre ces deux pôles et davantage leur caractère inséparable. Pour lui, il n'est pas possible de comprendre le contenu matériel de la connaissance autrement que dans un rapport de détermination réciproque avec sa mise en forme. En troisième lieu, ce qui sert comme fondement à la logique cassirerienne du concept de symbole est le rapport à la vérité. Pour Cassirer, dans ce rapport, la définition de la vérité doit être entendue en prenant en compte les différents types de vérité spécifiques, à chaque forme symbolique. Pour lui, il est inconcevable de considérer, par exemple, le mythe dont le monde est dominé par affectivité et la science qui vise l'objectivité comme participant des niveaux de vérité réductibles.

Enfin, une dernière remarque quant au concept de «symbole» chez Cassirer: s'il y a un concept clé dans la théorie cassirerienne du symbole, alors ce concept est un concept dont le domaine des mathématiques a inspiré le sens à Cassirer, notamment le concept de «fonction»: «s'il est vrai que le concept a pour fonction, non pas de *décalquer*, sur un mode abstrait et schématique, un divers donné, mais de déterminer une loi de relation produisant un enchaînement nouveau et original du divers, il faut dire aussi que la forme de connexion des expériences se définit comme la fonction qui transforme les *impressions* changeantes pour introduire des *objets* constants» (Cassirer, 1977, p. 324). En somme, Cassirer définit le symbole par trois fonctions: a) la fonction expressive, b) la fonction représentative et c) la fonction significative. L'ensemble de ces trois fonctions à l'œuvre constitue la fonction symbolique de la forme comme «énergie» de l'esprit. Ceci dit, je ne développerai pas ici la fonction symbolique, car j'y reviendrai dans le chapitre suivant.

1.3 Critique ricœurienne du symbole cassirerien

La théorie cassirerienne du symbole a été critiquée à plusieurs titres. Parmi les critiques formulées, je retiens ici, en vue de la deuxième partie de cet ouvrage, celles de Paul Ricœur (Ricœur, 1975, pp. 19-21). L'objection de Ricœur comporte principalement quatre griefs. D'abord, la largeur de la définition cassirerienne de la forme symbolique est trop englobante pour correspondre à la fonction générale de médiation par laquelle l'esprit construit ses univers de perception et de discours. Ensuite, le fait de considérer comme symboliques ces formes de synthèse qui produisent et posent chacune une monde, pour Ricœur, manque de légitimité. Troisième grief fait par Ricœur est la difficulté d'appeler «symbolique» la fonction de donner de la réalité, alors que le symbolique, par définition, désigne le dénominateur commun de toutes les manières d'objectiver. Enfin, Ricœur considère que la notion de signe ou de fonction signifiante est plus en adéquation avec le problème du symbolique.

Ces critiques ont le mérite de mettre l'accent sur quelques points sensibles de la théorie cassirerienne du symbole. Cependant, leur justesse, au moins dans certains cas, est discutable. Comment, par exemple, peut-on substituer le problème symbolique par la fonction signifiante sans porter atteinte, voire exclure par la même occasion, de l'analyse le champ de la magie rattaché au mythe, champ où la principale fonction à l'œuvre est la fonction expressive.

2.   La portée sociale: fonction et normativité

La théorie cassirerienne du symbolique n'est pas un simple exercice purement intellectuel dont les limites deviennent infranchissables si l'on tente de passer dans le domaine de la pratique. A partir de sa théorie, Cassirer conçoit des ouvertures et même inaugure lui-même des extensions de sa philosophie dans d'autres champs disciplinaires. Ainsi, pour ce qui est du mythe, Cassirer prolonge sa réflexion tout particulièrement sur un plan social et politique.

En ce qui concerne le rapport entre l'expérience mythique et la vie sociale, Cassirer raisonne toujours en termes de fonction. Il tente de répondre à quoi sert le mythe dans la société ou pourquoi le fonctionnement des sociétés engage-t-il l'usage des mythes. La réponse à laquelle il parvient rassemble deux raisons: a) le mythe est une manière, un outil dont la société a besoin afin de régulariser les conduites et b) le mythe est une voie permettant à la société d'objectiver l'expérience collective.

2.1 Régularisation des conduites

D'une manière générale, l'action symbolique est entendue comme le cas particulier d'une catégorie universelle, cas particulier ayant la capacité de rendre manifeste cette catégorie universelle. Le rituel, par exemple, est considéré la plupart du temps comme le signe ou la représentation d'un quelconque secteur d'activité, de l'activité elle-même ou encore, tout simplement, de l'activité symbolique. Cette manière d'appréhender l'action symbolique a une conséquence directe sur l'interprétation donnée par la suite à l'action symbolique, car son sens, dans une telle optique, est fortement estompé, voire même effacé, par le statut de signe ou de représentation qu'on lui a conféré précédemment. Il s'agit là d'un problème observé et souligné par Cassirer, problème qui contient en lui-même les prémices d'un principe fondamental pouvant même, comme remarque Jean Lassègue, être un possible point de départ pour le développement d'une sociologie: «Notons que Cassirer, dans la *Philosophie des formes symboliques*, avait prévenu [...] que le sens, dans la forme symbolique, ne peut pas se réduire à quelque chose d'extérieur à lui et qu'il faut donc partir de lui sans chercher à le faire reposer sur autre chose que lui-même pour en dégager la forme propre. Cette option théorique a d'ailleurs un répondant en anthropologie puisqu'il me semble que c'est aussi à partir de cet axiome de non-réduction de principe que Durkheim, dans *Les formes élémentaires de la vie religieuse*, fonde la possibilité même d'une sociologie» (Lassègue, 2003).

Par conséquent, il ne faut pas s'attendre, lorsqu'il s'agit de la portée sociale du mythe, à retrouver chez Cassirer les indices pouvant placer son approche d'une manière claire et définitive dans une catégorie de théories, car sa démarche est à la fois «intellectualisante» et «fonctionnalisante». Plus exactement, Cassirer, tout en opérant la distinction entre le rôle psychologique et le rôle social du mythe, considère ces deux rôles inséparables puisqu'ils se définissent mutuellement. C'est justement dans l'articulation des délimitations produites par ces deux fonctions du mythe qu'apparaissent les effets de ce dernier en tant que régulation des conduites des différentes catégories d'individus membres de la société.

Cassirer prend pour point de départ, dans sa réflexion sur la fonction du mythe dans la vie sociale, l'observation que le mythe est la «chose» la plus déconcertante qui peut exister dans le monde, car il est totalement incohérent et inconsistant. En effet, en le considérant, par exemple, sur le plan des valeurs, le mythe apparaît comme quelque chose de confus, non structuré, sans rapport et qui n'inspire pas l'idée d'une quelconque organisation: «quel lien y a-t-il, en effet, entre les rites barbares et le monde d'Homère – peut-on dériver d'une même source, les cultes orgiaques des tribus sauvages, les pratiques magiques des chamans d'Asie, le tourbillon délirant des derviches tourneurs et la sérénité ainsi que la profondeur émanant de la sérénité des Upanishads?» (Cassirer, 1993, p. 59).

Cependant, en se retournant vers sa théorie du symbolique Cassirer fait remarquer que les mythes, dans la perspective de sa proposition, participent tout de même d'une unité spécifique: «On trouve dans toutes les activités humaines comme dans toutes les formes de culture une *vérité au sein du multiple*. L'art nous offre une unité de l'intuition; la science, l'unité de la pensée; la religion et le mythe, l'unité du sentiment. L'art nous ouvre à l'univers des *formes vivantes*; la science nous montre celui des lois et des principes; la religion et le mythe se fondent sur la conscience de l'universalité et de l'identité fondamentale de la vie» (Cassirer, 1993, p. 59). Dès lors, le mythe, parce qu'il porte en tant que formation symbolique la vérité subjective d'une culture, d'un groupe social, d'un pays et de ses habitants, Cassirer conclut, qu'il agit comme révélateur.

Mais lorsque Cassirer montre que dans le fonctionnement social, le mythe est saisi par une communauté humaine non seulement comme objet, mais aussi comme moyen de prise de conscience, comme un élément qui active l'intelligence, il pense le mythe en tant que catégorie du symbolique, c'est-à-dire dans la bipolarité insécable faite du «pensé» et du «vécu». Cela veut dire, par exemple, qu'au-delà de l'aspect «sauvage, hallucinant, fou et irrationnel» de l'expérience mythique, tous les mythes remplissent, également, un rôle d'inscription normative dans la vie communautaire dont la mise en forme des cultes est, peut-être, l'indice le plus marquant. Or c'est justement en accomplissant cette fonction de mises en forme des cultes et par la même occasion de rites, que le mythe confère aux pratiques les plus incompréhensibles une explication sociale, il les émancipe en quelque sorte, en les *in-formant*, c'est-à-dire en réorientant leur sens: «Loin d'un rationalisme nous imposant le morcellement des phénomènes sociaux et culturels alors que tous les domaines qui les concernent sont liés, chaque expérience de la vie collective peut, dés lors, être lue comme ce que Mauss appelait *un fait social total*. C'est justement l'atout majeur de la pensée symbolique-mythique que de pouvoir, dans l'ordre du spéculatif, combiner les éléments qu'elle accumule en leur donnant une suite significative» (Bertin, 2001).

Cette manière d'exposer le mythe dans le plan social n'est pas sans conséquences pour la théorie de Cassirer. D'abord, en accomplissant cette fonction d'*in-formation* du vécu, le mythe se dévoile comme étant non seulement une émotion, mais l'expression même de cette émotion, c'est-à-dire l'enchaînement causal performatif de cette émotion: «L'expression d'un sentiment n'est pas le sentiment proprement dit – c'est une émotion transformée en image. Ce simple fait implique un changement radical. Ce qui n'était que vaguement et confusément senti, se met à acquérir un contour défini; ce qui n'était que passif, devient un processus actif» (Cassirer, 1998, p. 67). Ensuite, comme sous-jacente à cette première remarque Cassirer formule une deuxième afin d'indiquer le plus exactement possible la nature du vécu dont participe cette fonction de mise en image des émotions: «il importe de faire une nette distinction entre deux types d'expression: l'expression matérielle et l'expression symbolique» (Cassirer, 1998, p. 67). C'est dans cette distinction que Cassirer trouve, alors, l'une des différences majeures entre l'animal et l'homme. Le mythe n'est pas une simple impression, mémoire de l'organisme, mais aussi et surtout un agissement réflexif – avec tout ce que la réflexivité engage comme transmission et donc comme organisation – sur cette impression: «le développement humain fait franchir une nouvelle étape. Les émotions y sont avant tout mieux définies. Elles cessent d'être des sensations vagues et confuses, pour se référer à une classe d'objets déterminés [...] l'homme est par définition celui qui découvre un nouveau mode d'expression: l'expression symbolique» (Cassirer, 1993, p. 69).

L'expression symbolique, dans la perspective cassirerienne prend donc sens non seulement *comme* activité symbolique, mais aussi *dans* l'activité symbolique par le fait de rendre possible l'organisation des conduites collectives et leur anticipation grâce à un processus transactionnel de transmission des valeurs, processus matérialisé dans des formes partagées. Cette transmission mythique à l'œuvre dans l'organisation des activités symboliques, est introuvable dans les sociétés animales, leurs interactions sociales ne donnant pas lieu à une capitalisation temporelle sur le long terme. Cette transmission est propre aux sociétés humaines et elle se manifeste par une mise à profit de la mémoire, par la construction de normes, c'est-à-dire par la production d'un cadre permettant de distinguer une situation de fait d'une situation dont la valeur est estimée selon une règle. L'intérêt social de cette règle se trouve, certes, dans une certaine mesure, dans son contenu. Cependant, principalement, ce n'est pas le contenu de cette règle qui a un impact décisif dans le fonctionnement social, mais le sens que la société donne à la règle: «Cette norme intervient en tant qu'intercesseur absent, censé donner les moyens de juger de la situation présente à partir d'une position intemporelle. L'intercesseur peut être matérialisé sous des aspects multiples (un dieu, un pouvoir, un roi, une institution, un objet socialement précieux) et il est généralement doué d'une vie propre de nature mythique[2]» (Lassègue, 2005b).

Pour Cassirer, le mythe est mêlé à l'activité sociale qu'il régule. Il est une forme symbolique permettant d'assurer dans la société la régulation des conduites.

2.2 Objectivation de l'expérience collective

Le second rôle social majeur octroyé par Cassirer au mythe est l'objectivation de l'expérience collective. Il s'agit d'un rôle qui consiste à rendre les émotions d'une communauté «vivables» collectivement en les élevant au rang de ce que la communauté tient pour universel.

Cassirer observe, toujours en cohérence avec sa théorie du symbolique, que l'expression symbolique des émotions est distincte de la manifestation des réactions physiques. La manifestation des réactions physiques correspond à une explosion soudaine qui est suivie par un état de relâchement sans laisser de traces durables. Elle participe en quelque sorte de l'éphémère. Mais, la situation est tout à fait différente quand il s'agit de l'expression des émotions par des actions symboliques. L'expression des émotions

---

2   Par «mythique», il faut entendre ici que son statut de médiateur, détaché de la situation présente, lui donne le pouvoir de distribuer des rôles et de décider de la manière dont doit se dérouler l'activité. Il faut donc entendre ici mythique au sens large dans la mesure où ce type de construction se retrouve aussi bien dans le mythe proprement dit que dans le rite.

par des actions symboliques n'aboutit pas à un relâchement, mais au contraire à la focalisation d'un double pouvoir, «celui de lier et de délier». En plaçant ces agissements entre ces deux pouvoirs, l'homme pose sa confrontation avec le réel dans un contexte symbolique, ce qui équivaut à se donner une explication quant à la signification universelle des ses actes les plus ordinaires. Cette démarche qui marque une étape dans le développement de leur conscience humaine, est aussi le dépassement de l'instinct pour s'emparer du pouvoir d'objectivation: «Un nouvel élément apparaît néanmoins dès que ces actes rituels prennent la forme d'un mythe. L'homme cesse de se contenter d'agir – il se pose la question de savoir ce que ces actes peuvent bien *signifier*, s'interroge sur le pourquoi et le comment en cherchant à comprendre d'où ils viennent et où ils vont. La réponse qu'il apporte à ces questions peut sembler incongrue et absurde, mais ce n'est pas cette réponse qui importe véritablement. Dès que l'homme commence à s'étonner s'agissant de ses propres actions, il franchit là une étape décisive; il s'engage dans une voie nouvelle qui le conduit bien au-delà de la vie inconsciente et instinctive» (Cassirer, 1993, p. 70).

Le caractère social de cette objectivation repose sur deux caractéristiques essentielles du mythe. La première est la dimension collective de l'expérience mythique. L'activité symbolique rattachée au mythe concerne toujours une action collective. Le mythe n'est jamais l'affaire d'une personne isolée. L'expérience mythique perd sa charge symbolique originelle dès que son lien avec le fonctionnement social est aliéné. Hors du cadre social, le rôle objectivant du mythe est inconcevable. C'est ici l'une des observations clé de Cassirer:

> On ne rencontre pas de confessions individuelles dans la pensée et l'imagination mythique. Le mythe est l'objectivation de l'expérience sociale de l'humanité et non celle de son expérience individuelle. Il est vrai qu'il existe des mythes tardifs produits par des individus, comme par exemple les grands mythes de Platon. Il y manque toutefois un des traits caractéristiques qui fait toute la vérité du mythe authentique. Platon n'était pas dans l'état d'esprit du mythe. Il n'en a pas subi l'influence et ne l'a utilisé que pour réaliser son but d'une pensée dialectique éthique. Le véritable mythe ne possède pas cette liberté philosophique; les images au sein desquels il évolue ne sont jamais tenues pour des images. (Cassirer, 1993, p. 72)

La deuxième caractéristique du mythe sur laquelle repose le caractère social de cette objectivation est sa capacité d'organiser la réalité sociale. Il est un outil permettant d'organiser la cité, mais aussi les impulsions et les sentiments dont s'empare la société à certains moments par un vécu collectif ou dans certaines occasions où l'expérience de l'individu – par exemple, la mort – a atteint un tel degré d'objectivation dans la conscience collective qu'elle est tenue pour une forme de l'universel:

> Si le mythe est apparenté aux émotions les plus violentes ainsi qu'aux visions les plus terrifiantes, il est aussi ce avec quoi l'humanité se met à apprendre un art étrange et nouveau: l'art d'exprimer et d'organiser ses instincts les plus profondément enracinés ainsi que ses espoirs et ses craintes. Ce pouvoir d'organisation apparaît dans toute sa force, lorsque l'humanité est confrontée aux questions majeures – comme celle de la mort. (Cassirer, 1993, p. 73)

La manière dont le mythe exerce son pouvoir d'objectivation de l'expérience collective ne doit jamais être confondue avec le processus d'objectivation scientifique. Cassirer entend distinguer ces deux types d'objectivation, mais ce n'est pas leur visée, ni la nature de leurs moyens qui relèvent, dans les deux cas, du symbolique que Cassirer veut présenter comme différenciés. Ce qui distingue profondément les deux types d'objectivation est le chemin que la pensée emprunte pour y arriver. Pour ce qui concerne le mythe, il emprunte la voie de la perpétuelle négociation dans laquelle se trouve l'homme – en tant qu'individu membre d'un groupe, comme collectivité – avec la réalité. Le mythe porte à la fois ce qui a toujours été caché aux sociétés et que pourtant elles ont toujours su, c'est-à-dire ce qu'il les a toujours amenées à mettre en jeu dans leur affrontement quotidien avec le réel. Le mythe est présent dans l'imaginaire de tous les peuples, et c'est si vrai que les peuples ne cessent de le réinventer tant il est vrai qu'il constitue le miroir dans lequel ils ne finissent de se regarder pour que leur expérience quotidienne puisse le réunir dans «un phénomène tolérable et sensé» (Cassirer, 1993, p. 73).

2.3 L'enjeu politique: histoire et conséquences

La mise en perspective politique du mythe relève principalement, en ce qui concerne Cassirer, de son ouvrage posthume «Le mythe de l'Etat» (Cassirer, 1993) et tout particulièrement du dernier chapitre de cet ouvrage «La technique des mythes politiques modernes» (Cassirer, 1993, pp. 374-400) où les mythes à l'œuvre dans la vie politique sont semblables à des machines ou à des armes qu'on invente et qu'on met en place dans un conflit militaire: «Des mythes ont été inventés et fabriqués avec le même sens et selon les mêmes méthodes que des mitrailleuses ou des avions. Et ils ont été employés pour le même but, pour la guerre interne et externe. C'était un fait tout à fait sans précédent, un fait qui a changé le visage entier de notre vie politique moderne» (Cassirer, 1993, p. 381). Dès lors, certains ont vu dans cette violence politique l'enjeu majeur d'une confrontation entre le mythe et le symbole: «Cassirer a vu, dans la victoire du mythe sur le symbole, la clé de la violence politique» (Vergely, 1998, p. 56).

Cela peut être juste, dans la mesure où la réponse à laquelle Cassirer parvient, lorsqu'il interroge la fonction du mythe dans la perspective historique de la théorie politique, rend compte rigoureusement des aléas et des conséquences de l'affrontement symbolique millénaire qui oppose le mythe et la politique. Mais cette fois-ci ce n'est pas le concept de mythe que Cassirer vise à définir, mais le concept de mythe politique, concept qu'il entend déduire et distinguer comme catégorie orientée d'usage d'une forme symbolique. C'est dans cet ordre, donc, que je vais exposer ici: a) la fonction du mythe dans la fondation philosophique du politique et b) le concept cassirerien de mythe politique.

2.4 Aléas et conséquences d'une coexistence tendue

La philosophie du politique chez Cassirer est étroitement liée au mythe produit à des fins politiques. L'hypothèse développée par Cassirer dans «Le mythe de l'Etat» est celle de la coexistence tendue – tout au long de l'histoire – de la philosophie, du mythe et du politique.

Sans jouer nécessairement un rôle important dans la vie politique, les grands philosophes, constate Cassirer, ont tous élaboré des théories de l'Etat. Mais, le passage de la théorie à la pratique politique des idées philosophiques a toujours été un point sensible dont le dépassement a été marqué par des aléas et des conséquences qui n'ont fait que distinguer davantage le monde des idées du monde politique: «Tous les grands philosophes [...] ont proposé des théories de l'Etat qui ont influencé le sens général de la pensée politique, sans toutefois jouer un très grand rôle dans sa vie même, car elles appartenaient au monde des idées ou des idéaux, mais jamais au monde politique actuel» (Cassirer, 1993, p. 336). C'est là, sur ce point sensible et stratégique que le mythe devient l'obstacle majeur à dépasser. La preuve de ses difficultés, selon Cassirer, est l'incessante tentative, à bien des égards échouée, de la philosophie de prendre des distances par rapport au mythe pour parvenir à une pensée rationnelle du politique. C'est le cas des Grecs qui, dans leurs efforts de connaître la nature, ont ramené la réflexion au sujet et à la pratique et ont mis les bases de la raison politique en proposant à la place d'une vision mythique du monde, une perspective éthique du monde: «Les Grecs se sont mis à vouloir connaître la Nature avant de vouloir comprendre la politique. Ils se sont mis à pratiquer un certain nombre de découvertes dans ce domaine. C'est ce progrès qui leur a donné les moyens de s'attaquer à la pensée mythique. Grâce à leur nouvelle représentation de la nature, il leur est devenu possible d'élaborer une approche neuve de la vie individuelle et collective» (Cassirer, 1998, pp. 79-80). C'est le cas, également, de Socrate, de Platon et de bien d'autres. L'attitude de Socrate par rapport à celle des sophistes est, pour Cassirer, la première tentative critique de la métaphysique ou, plus exactement, de l'orientation théorique de dépasser les limites humaines dans l'espoir, toujours inassouvi, d'atteindre l'absolu au lieu de chercher les raisons pour vivre la vie en visant l'humanité à l'œuvre dans sa plénitude: «La différence fondamentale entre Socrate et les sophistes apparut dans leur attitude envers la pensée mythique [...] Les sophistes inventèrent une nouvelle méthode qui permettait d'avoir une explication rationnelle des récits mythiques [...] Selon cet art, chaque mythe, si étrange et grotesque qu'il puisse paraître, pouvait se transformer en vérité [...] Selon Socrate, le mythe pouvait apprendre beaucoup de choses aux hommes, mais il ne possédait aucune réponse à la seule question qu'importait: celle du bien et du mal. Seul le logos socratique, seule la méthode d'introspection introduite par Socrate en personne pouvait apporter une réponse à la solution de ce problème fondamental et essentiel» (Cassirer, 1993, pp. 86-88). Platon à la suite de Socrate, observe Cassirer, a réaffirmé la nécessité de dépasser la pensée mythique dans le domaine politique, faute de quoi les grands problèmes politiques ne pouvaient trouver que des solutions relevant d'une humanité frappée de cécité: «Au fur et à mesure de son étude, il se mit à réaliser que l'exigence socratique de connaissance de soi ne pourrait pas se réaliser tant que l'humanité continuerait de s'aveugler au sujet des grandes questions politiques» (Cassirer, 1993, p. 91). Les deux grandes avancées platoniciennes dans la lutte contre la pensée mythique sont l'une d'ordre théorique, l'autre d'ordre pratique. D'abord, Platon pose comme point de départ de la connaissance non pas la connaissance métaphysique, mais la connaissance de soi. La conséquence d'une telle manière d'approcher la connaissance est la mise en exergue de la volonté humaine. Penser l'organisation du monde non pas en termes mythiques, mais en rapport avec la volonté de l'homme relèvera d'une véritable révolution intellectuelle. En second lieu, la pensée de Platon a un apport pratique, car elle met en évidence l'importance de l'Etat. Platon a compris que la volonté de l'homme et la volonté des institutions sont vouées à une coexistence interdépendante inextricable: «L'individu ne sera pas le seul à devoir choisir son démon, il y aura aussi l'Etat. Ce sera là le grand principe révolutionnaire de *La République*» (Cassirer, 1993, p. 110).

Mais, malgré tous ces pas en avant, malgré tout le progrès de la pensée philosophique, le mythe a toujours trouvé le moyen de subsister et, si l'on analyse profondément tous ces dépassements historiques de la pensée mythique, on constate qu'au fond elle ne s'est jamais détachée complètement du mythe. Tout ce qui a changé a été le lieu des confrontations, les manières de poser la question du mythe dans le politique, les perspectives et les angles de vue. Si les Grecs se sont efforcés de montrer ce qui se passe ou peut se passer en l'absence de l'Etat, les médiévaux se sont demandés à quelles conditions l'Etat doit obéir afin que son pouvoir ne dégénère en violence. Ce n'est pas uniquement l'idée de soumettre l'ordre des choses à loi de l'Etat qui compte désormais, mais aussi l'idée qu'il faut soumettre l'Etat lui-même également à une loi. Augustin et Thomas d'Aquin sont les penseurs qui ont développé cette idée en croisant la réflexion horizontale des Grecs avec une autre réflexion disposée dans un plan vertical, c'est-à-dire en croisant la volonté humaine avec la volonté divine: «Le passage du Logos grec au Logos chrétien sera la grande transformation apportée par la pensée chrétienne. Augustin aura soif d'un nouveau monde – éloigné du monde de la culture intellectuelle grecque – et il n'arrivera pas à trouver un quelconque ancrage dans l'Etat idéal décrit par Platon. Aucun Etat, même le plus perfectionné, ne parviendra à satisfaire ses désirs. Il n'existera qu'un seul repos pour l'homme: le repos en Dieu» (Cassirer, 1993, p. 114). Thomas d'Aquin pour sa part, s'il réhabilite la raison – «A travers la devise de Thomas d'Aquin, *ratio confortata fide*, la raison sera rétablie, note Cassirer, dans tous ses droits ainsi que toute sa dignité et elle récupérera une totale influence sur le monde de la nature et des hommes» (Cassirer, 1993, p. 138) – c'est pour pouvoir démontrer le lien entre la Cité céleste et l'Etat qui, loin d'être en opposition, selon lui, se complètent mutuellement: «La vie politique acquerra une dignité nouvelle grâce à cette conception. L'Etat terrestre et la Cité de Dieu cesseront d'être des pôles opposés; ils se relieront l'un à l'autre et se compléteront réciproquement» (Cassirer, 1993, p. 163). La conséquence pratique d'une telle complémentarité dépasse l'imagination de Platon pour lequel l'autorité de l'Etat été incontestable. Avec Thomas d'Aquin, de nouvelles perspectives se présentent à la pensée politique. Désormais, non seulement la révolte devient légitime, mais dans les conditions d'un Etat despotique, elle devient un devoir. Mais a-t-on échappé pour autant au mythe?

Le Machiavel de la Renaissance, pour Cassirer, a été mal lu. Dans la lutte contre le mythe, l'effort de rationalité fait par Machiavel constitue l'originalité même de sa pensée. En tentant de comprendre la rationalité du champ politique de l'intérieur de ce champ, c'est-à-dire en partant des rapports de force déployés dans ce champ, il «a été le premier penseur à réaliser complètement ce que signifiait exactement cette nouvelle structure politique il a su en comprendre l'origine et en anticiper les conséquences. Il a été capable de prévoir dans sa pensée toute la trajectoire de la future vie politique européenne et c'est cette compréhension globale qui l'a incité à étudier la forme des nouvelles principautés de la façon la plus rigoureuse et la plus complète (Cassirer, 1993, p. 188). Mais, ce n'est pas pour autant, observe également Cassirer, que Machiavel a dépassé le mythe. Lui aussi n'a pas mené au bout son projet de sécularisation de la vie politique. Il trouve dans le mythe de la Fortune le moyen de justifier le pouvoir du Prince.

L'Etat platonicien, l'Etat médiéval, l'Etat machiavélien se sont repliés à un moment ou à un autre sous le mythe. Tous les efforts de la philosophie d'émanciper la pensée politique de son attachement au mythe ont été, selon Cassirer, vaines. Ce constat ne concerne pas uniquement l'Antiquité et le Moyen Age. Les Lumières ne se sont pas davantage montrées plus inventifs dans le domaine de la pensée politique: «Malgré toutefois un vif intérêt pour tous les problèmes politiques, les Lumières n'inventeront pas en matière de philosophie politique» (Cassirer, 1993, p. 91).

Quant aux romantiques – Carlyle, Gobineau, Hegel, Heidegger, Spengler – la critique de Cassirer est mise en rapport avec le désastre politique qui a ébranlé l'Allemagne et l'Europe au 20e siècle. Le mythe de l'histoire fondée sur l'idée de Savigny, le mythe du héros développé par Carlyle, le mythe de la morale mis en exergue par Gobineau, le mythe de l'Etat en version hegelienne, le culte du mythe dans la pensée de Heidegger et de Spengler sont autant d'arguments pour Cassirer en faveur de sa thèse concernant la persistance du mythe dans le politique malgré les efforts de la philosophie, mais aussi des arguments quant au renversement toujours possible des positions de force, c'est-à-dire de la possibilité du mythe de l'emporter sur la pensée philosophique en devenant non reconnaissable et retourner d'une manière inattendue et dévastatrice dans l'action politique.

2.5 Vers le concept de mythe politique

Cette manière de présenter l'enjeu politique du mythe chez Cassirer est pourtant problématique, car elle met en question non seulement la théorie du mythe dans la théorie cassirerienne du symbolique, mais, en même temps, la théorie cassirerienne du symbolique dans son ensemble, compte tenu de l'architecture unitaire de cette théorie. La question est de savoir si Cassirer a vraiment changé d'avis quant au mythe après l'achèvement de sa *Philosophie des formes symboliques* ou, au contraire, si ce ne sont pas les interprétations données *a posteriori* au diagnostic cassirerien de la crise allemande d'entre les deux guerres qui ne saisissent la cohérence et la continuité de Cassirer, peut-être, justement, puisque sous le choc de l'histoire, elles, ces interprétations, n'arrivent pas encore à s'arracher à leurs déterminations mythiques.

Pour ma part, je ne trouve pas de raisons suffisantes pour admettre que Cassirer a changé d'avis sur le plan théorique. La vision cassirerienne du mythe présentée dans la philosophie des formes symboliques est une référence permanente pour Cassirer dans l'ensemble de ses travaux, y compris lorsqu'il traite des rapports du mythe au politique. Ce qui est inédit ici, c'est la réflexion sur la transmutation, sur la méthamorphose d'une forme symbolique en forme de pouvoir symbolique: «l'apparition d'un nouveau pouvoir: celui de la pensée mythique, est probablement le trait le plus marquant et le plus préoccupant dans ce développement de la pensée politique moderne» (Cassirer, 1993, p. 17). Les études sémiotiques sur l'œuvre de Cassirer confirment la distinction entre le mythe comme forme symbolique dont il est question dans sa philosophie des formes symboliques et le mythe comme forme de pouvoir symbolique dont il est question notamment dans «Le mythe de l'Etat», forme de pouvoir symbolique qui ne peut être assimilée complètement à une forme symbolique générale: «on peut penser que le concept romantique du mythe, dont Cassirer décrit le développement depuis Schelling, n'était pas qu'une notion illusoire. La technique des mythes des années 1932 à 1945 en Allemagne fut continuée dans l'après-guerre (sous le nom de stratégie psychologique) et il semble très probable que les mythes des civilisations anciennes, par exemple en Egypte, avaient des fonctions politiques comparables et furent créés par des spécialistes de la sémiotique des masses. Le mythe en tant que phénomène empiriquement accessible serait [...] le produit d'une sémiotique différentielle; c'est-à-dire il est élaboré par une minorité et instrumentalisé pour le contrôle d'une majorité. En ce sens il ne s'agirait guère d'une forme symbolique générale» (Stand, 2001). Cette observation est confirmée par d'autres recherches qui vont jusqu'à qualifier le mythe dont il est question dans «*Le mythe de l'Etat*» de pseudo-forme symbolique:

> Le constat que Cassirer fera après coup, en 1945, dans ‹Le mythe de l'Etat›, est simple: la crise vient de ce que l'archaïque mythico-linguistico-rituel a été artificiellement réveillé en tant que tel par les nazis au moyen de techniques appropriées, et non en tant que matériau à élaborer par le biais du processus de la culture. Les techniques auxquelles pense Cassirer sont évidemment celles que l'on appellera plus tard les médias, qui s'emparent des objets sémiotiques collectivement construits en vue de les ramener à leur fonction originelle – canaliser les émotions collectives –, mais reconstruits selon une finalité toute différente – faire artificiellement porter les émotions collectives sur des emblèmes préalablement choisis par le groupe restreint des manipulateurs – l'artifice consiste donc à mettre le technique au service d'un magique artificiellement élaboré. Le mythico-linguistico-rituel reprend donc vie en tant que pseudo-forme simple (Lassègue, 2005a).

En somme, trois observations conclusives me semblent nécessaires pour ouvrir une réflexion plus profonde sur le concept de mythe politique chez Cassirer, approfondissement qui n'est pas, tout de même, l'objectif de cet ouvrage.

D'abord, il faut noter qu'entre la «Philosophie des formes symboliques» et «Le mythe de l'Etat» Cassirer n'abandonne pas sa conception théorique du mythe comme forme symbolique. D'ailleurs, c'est justement cette théorie du mythe comme forme symbolique qui lui permet, par son appareil théorique, d'analyser et de critiquer le mythe politique tel qu'il l'a vécu en Allemagne et aux Etats-Unis.

En second lieu, il faut remarquer que le point sensible qui fait basculer le mythe comme manifestation générale de l'esprit en mythe politique est, dans la vision de Cassirer, la rencontre orientée du mythe avec la technique. Faire du mythe un outil politique et élaborer des actions dans lesquelles le mythe est l'élément clé dynamique, relève d'une pratique d'usage extérieur au mythe comme forme symbolique. Le mythe politique est fondamentalement une manière de s'emparer, à des fins politiques, de l'énergie formatrice qu'est le mythe comme forme symbolique.

Enfin, il faut noter que le mythe politique et le mythe comme forme symbolique n'ont pas le même impact sur le fonctionnement de la société. Autant le mythe politique est source de confusion et de fusion qui mènent au totalitarisme et à toutes sortes d'agissements contre l'humanité, autant le mythe comme forme symbolique est une énergie de l'esprit humain, une composante non détachable de la vie spirituelle de l'homme, comme l'art, la connaissance scientifique, etc., dont participe inéluctablement la culture. Ceci explique, d'ailleurs, pourquoi fondamentalement j'envisage ici la concertation, non comme un mythe politique, mais comme forme symbolique.

Chapitre 3

La concertation comme forme symbolique

La troisième observation sur laquelle je fonde ce cadre d'intelligibilité est celle de la concertation comme forme symbolique entendue dans le sens cassirerien de la fonction symbolique du mythe. Plus exactement, par «forme symbolique» Cassirer entend «toute énergie de l'esprit par laquelle un contenu de signification spirituelle est accolé à un signe sensible concret et intrinsèquement adapté à ce signe» (Cassirer, 1997, p. 13). Pour être encore plus précis, il faut noter qu'il s'agit d'une définition qui réunit deux termes clés qui, à l'origine, ne sont pas de Cassirer. Le syntagme «forme symbolique» Cassirer l'emprunte à la théorie physique de Pierre Duhem (Duhem, 1902, 1906). Pour ce qui concerne le terme «énergie», il est une référence à Wilhelm von Humboldt qui considère le langage non pas comme un produit fini, mais comme une activité (Humboldt, 2000). C'est-à-dire, que le concept de «forme symbolique» ne revêt pas chez Cassirer uniquement le sens d'avoir une forme, mais avant tout le sens de donner une forme à ce qui est perçu comme participer à sa structuration, le modeler. La forme symbolique est *formatrice*.

L'objectif de Cassirer n'est pas d'expliciter comment l'«énergie» de l'esprit parvient à transformer la matière sensible en réalité interprétable. Il constate seulement le phénomène et il le «pose comme un axiome de la rationalité qui n'est dérivable de rien d'autre, suivant en cela l'exemple de la science rationnelle par excellence, la mathématique, dont la démarche, appelée précisément *formelle*, consiste à poser des définitions» (Lassègue, 2002). Ensuite, il illustre le concept de forme symbolique en développant principalement trois formes symboliques: le langage, le mythe et la science. Vers la fin de sa vie, il abordera brièvement quatre autres formes: l'art, la technique, le droit et l'économie. Pour Cassirer chaque forme symbolique est comparable aux autres quant à sa structure, mais en même temps chaque forme symbolique a une spécificité qui la distingue des autres. Cela veut dire que la forme symbolique, dans l'acception cassirerienne, n'est pas simplement un quelconque système de signes, mais un système de signes capables de répondre à un critère d'applicabilité universelle.

Par conséquent, dans la perspective de la concertation comme forme symbolique, il ne faut pas entendre immédiatement *stricto sensu* que la

73

concertation est une forme symbolique dans l'acception cassirerienne du terme – car rien ne prouve l'applicabilité universelle de la concertation[1] –, comme il ne faut pas entendre non plus qu'elle n'a rien de commun avec la forme symbolique cassirerienne puisqu'elle emprunte la spécificité symbolique du mythe, donc d'un système de signes qui répond, selon Cassirer, aux critères d'applicabilité universelle. Dès lors, même si la concertation n'est pas une *forme* symbolique dans le sens immédiat du terme cassirerien, on peut, néanmoins, observer qu'elle participe de la *fonction* symbolique dans le sens cassirerien développé dans la philosophie des formes symboliques.

A ce titre, il faut remarquer que chez Cassirer la fonction symbolique recouvre principalement trois manières de saisir le sens du sensible. Il s'agit de trois dimensions de la forme symbolique, sans que ces trois dimensions soient pour autant des moments du processus de développement de la forme symbolique. Pour Cassirer, ces trois dimensions sont des «couches» de sens ou des «modes» de compréhension de la réalité (Cassirer, 1972, t. 3, p. 113). Ces trois dimensions sont: la représentation, l'expression et la signification. Elles correspondent respectivement à trois actions communicationnelles – donner une figuration, créer un (des) monde(s) et construire des symboles – retrouvables dans toutes les formes symboliques, mais dans des degrés et avec des caractéristiques spécifiques à chacune des formes symboliques.

Afin de mettre en évidence la fonction symbolique de la concertation, je vais considérer successivement les trois fonctions du symbole – représentation, expression, signification – dans le mythe entendu selon la perspective cassirerienne des formes symboliques.

1. Donner une figuration ou représenter

D'une manière générale, dans la philosophie des formes symboliques, la dimension représentative de la fonction symbolique correspond à une action d'extériorisation qui fixe et rend visible un contenu de conscience. En même temps, Cassirer considère la représentation non seulement comme

---

1 Sinon pourquoi l'envisager ici comme contexte pratique du sens et non pas tout simplement comme mythe?

une composante, mais aussi comme une condition préalable *sine qua non* pour l'édification de la conscience et pour son unité formelle (Cassirer, 1972, t. 1, p. 49). Ainsi, la représentation apparaît chez Cassirer comme un concept défini en lien extrêmement étroit avec l'intuition et l'intuition avec la représentation. Cette définition, par renvoi répété d'un concept à l'autre, induit une certaine difficulté dans la compréhension de ces concepts. Cette difficulté est aggravée pour le reste, d'une part, par l'absence d'une définition claire du concept d'intuition auquel Cassirer fait référence et, d'autre part, par l'issue en termes métaphoriques indiquée par Cassirer lui-même à cette détermination mutuelle des deux concepts (cf. Cassirer, 1972, t. 3, pp. 143-144).

Mais cette difficulté n'est pas un obstacle absolu, car il est possible de distinguer les contours de la logique de Cassirer quant à la représentation. Selon lui, les phénomènes sensibles, afin d'être représentés, doivent être préalablement organisés. Cette organisation préalable est le produit de l'intuition. Cela veut dire que dans la perspective cassirerienne la représentation est complètement assujettie à l'intuition et qu'au fur et à mesure que l'intuition s'affine, la représentation également s'améliore (Cassirer, 1972, t. 3, p. 163). D'où quelques traits caractéristiques de cette dimension de la fonction symbolique – la représentation – qui la rend identifiable dans le processus communicationnel: a) elle est principalement à l'œuvre dans la réalité intuitivo-empirique, b) elle synthétise le sensible et le spirituel, c) elle organise les éléments de la perception selon la forme de l'intuition, d) le symbole est distinct de ce qu'il symbolise, il en est le représentant et f) elle est distinctive, fixative, personnalisante (Janz, 2001, p. 288).

La spécificité de la pensée mythique, lorsqu'il s'agit de donner une figuration à la réalité, spécificité retrouvable dans la concertation, devient tout particulièrement évidente si l'on observe l'espace, le temps et le nombre, c'est-à-dire les médiums par lesquels la conscience mythique acquiert, selon Cassirer, la cohérence.

1.1 Entre l'espace sensible et l'espace de la connaissance pure

L'espace avec lequel la pensée mythique donne une figuration à la réalité se caractérise par sa *position intermédiaire* entre l'espace perçu et l'espace de la connaissance pure. Cette fois-ci Cassirer n'est absolument pas du tout ambigu: «l'espace mythique occupe une position intermédiaire entre l'espace [...] de la perception et l'espace de la connaissance pure, l'espace de l'intuition géométrique» (Cassirer, 1972, t. 2, pp. 120-121). Et c'est ici tout ce qui marque et différencie l'espace de la concertation – espace sensible – de l'espace perçu et de l'espace mathématique des études, c'est-à-dire cette position à mi-chemin entre la perception quotidienne, subjective, particulière, capricieuse, etc. de l'espace et la théorie universelle, objective, sans concession, de l'espace des techniciens et des experts. Dans les réunions de concertation, par exemple, l'espace perçu est muet car il est trop personnel, trop difficile à montrer ou peut-être trop intime pour qu'il soit étalé devant l'ensemble des participants. Aussi, l'espace mathématique des techniciens est trop hermétique, trop inflexible, trop effrayant à tel point qu'il sombre, dans les réunions des concertations, dans l'incompréhension. Dès lors, l'espace où tous les acteurs «se donnent rendez-vous» dans la concertation est l'espace vécu, l'espace sensible.

Dans la logique de la pensée scientifique ce lieu de «rencontre» – l'espace sensible – apparaît comme une erreur, comme un dysfonctionnement. Ceci explique pourquoi, souvent, dans les études sur la concertation, on peut trouver des remarques critiques sur la diversité des descriptions de l'espace faites par les acteurs. Ces remarques portent alors les traces d'un certain étonnement car, comment peut-on distinguer tant d'espaces différents lorsque la concertation ne porte que sur un seul espace. Aussi ces remarques portent également les marques d'une désorientation soudaine car l'unique espace dont il était question dans la concertation semble avoir disparu en s'échappant à travers les différentes interventions des acteurs. Ainsi, les rapports de recherche contiendront des textes du genre: «Des périmètres à géométrie très variable: d'où parle-t-on et de quel espace? Nous avons remarqué, en dépouillant exhaustivement les documents du débat (plus de 40 documents en plus du dossier initial) que les périmètres (territoires ou aires géographiques) et les schémas d'infrastructures présentés dans ces divers documents sont très hétérogènes» (Chevallier, 2002, p. 23).

Certes, on peut émettre l'objection, tout à fait recevable, que l'espace sensible n'est pas nécessairement espace mythique. Cependant cette objection n'a pas beaucoup d'intérêt dans ce cadre car dès le départ, je ne me suis pas proposé de considérer la concertation comme mythe politique, mais comme forme symbolique et cela uniquement par le truchement de sa fonction symbolique dans sa spécificité mythique. Or, dans ce cas, il ne s'agit pas de confondre les deux espaces, mais tout simplement de les comparer, ce qui est possible, puisque Cassirer lui-même procède à cette comparaison: «ces deux espaces, l'espace du mythe et celui de la perception, sont des fonctions tout à fait concrètes de la conscience. La distinction entre la place et le contenu, qui est à la base de la construction de l'espace ‹pur› de la géométrie, n'est pas encore effectuée; il n'est même pas possible de l'effectuer. La place n'est pas ce qu'on peut détacher du contenu et ce qu'on peut lui opposer comme un élément qui aurait sa signification propre. La place n'*est* que si elle est remplie par un contenu déterminé, donnée individuellement au sens ou à l'intuition. Dans l'espace sensible mythique, par conséquent, chaque *ici* et chaque *là-bas* n'est pas un simple ici et là-bas, c'est-à-dire le terme d'une relation générale qui peut se retrouver identique avec des contenus très différents. Chaque point, chaque élément possède au contraire une coloration particulière. Le caractère distinctif qui lui est attaché n'admet plus d'être décrit par des notions générales et est immédiatement vécu en tant que telle» (Cassirer, 1972, t. 2, p. 110). L'intérêt de cette comparaison cassirerienne, par contre, est considérable car elle montre non seulement que l'espace sensible et l'espace mythique sont comparables, ce qui peut fonder l'hypothèse de leur nature commune, mais cette comparaison montre, également, leur similitude au point de les confondre. Et c'est sur cette similitude que se construit l'intuition mythique de l'espace dans la concertation.

Pour être encore plus précis, l'intuition mythique de l'espace n'est pas fondée uniquement sur le pur rapport du concept de l'espace à la réalité substantielle de l'espace, ce qui circonscrirait les comparaisons et les similitudes dans la seule sphère de l'espace. Au contraire, elle accueille et transforme en références spatiales toutes les différences qui se présentent à l'esprit: «L'intuition de l'espace est [...] un moment essentiel de la pensée mythique, dans la mesure où celle-ci est dominée par la tendance à métamorphoser toutes les différences qu'elle pose et qu'elle saisit en différence spatiale et à se les rendre ainsi immédiatement présentes à l'esprit» (Cassirer, 1972, t. 2, pp. 120-121). Ceci explique, par exemple, pourquoi dans la concertation, une différence de langue est immédiatement rattachée à une délimitation spatiale comme dans cette évaluation «externe» d'une concertation sur environnement: «Le fait de miser sur le français comme facteur de rassemblement pour les actions de concertation est évidemment pertinent; toutefois, il existe un [...] piège à éviter: [...] un espace protégé francophone qui donnerait à certains participants l'illusion que l'anglais n'est pas nécessaire pour une participation efficace aux négociations formelles et informelles, d'autre part» (Evaluation externe de la démarche de concertation francophone en environnement, 2004, p. 90).

A ceux-ci il faut rajouter une observation sur le rôle du corps et du «moi» dans l'intuition mythique de l'espace. Dans la pensée mythique, selon Cassirer, il n'est pas possible de situer le «moi» sans l'inscrire dans un espace. A cet égard, faut-il encore préciser que les participants à la concertation ne sont participants que dans la mesure où ils se situent dans l'espace. Aussi, dans la pensée mythique, le corps est le point de départ pour toute connaissance. Loin d'être la «prison» de l'âme ou de l'esprit, dans la toute première perception mythique, le corps est considéré comme un médium dont le rôle essentiel est d'ouverture permettant l'accès et la compréhension du monde extérieur pour le bénéfice du monde intérieur. Tout ce déplacement des corps exigé par la participation, n'est-il pas l'indice de ce rôle de médium assigné au corps dans la concertation? Enfin, la position cardinale du corps – c'est ici un des rares points d'entente entre Cassirer et Heidegger – joue le rôle d'indicateur pour une orientation spécifique de la connaissance aussi bien dans le mythe que dans la concertation. A titre d'illustration, ce fragment de rapport est fortement évocateur:

> Lors du récent débat public, des groupes d'opposants sont venus en nombre pour occuper la salle et plus ou moins tenter de dominer le débat, aussi bien par le nombre et la durée des interventions que par le volume sonore touchant parfois au chahut ou à la ‹manif›. Une (petite) partie du public est même allée jusqu'aux quolibets et aux injures, souvent ‹ad hominem› – visant personnellement tel ou tel intervenant de la maîtrise d'ouvrage ou (dans une réunion) un syndicaliste de la SNCF. Quelques exemples: ‹ta gueule› ‹bon à rien› (visant un des ingénieurs de l'Etat) ‹menteur!› ‹faux!› ‹vendu!›, ‹truqué!›, ‹voyou› ‹pourquoi on les paye?›. Un expert étranger, dont la présentation (vidéo) avait été qualifiée de «technique› (façon polie de prévenir de son caractère ardu) par le Président de la Commission particulière du Débat Public avait été également injurié ‹ils sont allés le chercher où çui là?!!› ‹parler pour ne rien dire› ‹il est payé ce type?› ‹y sont allés le chercher en Italie çui là!›, etc. (Chevallier, 2002, p. 162)

1.2 Temps par l'espace comme unité fonctionnelle tridimensionnelle

La première tentative d'intuition mythique du temps est l'acte même de raconter ou de réciter l'histoire des puissances divines qui jouent un rôle décisif dans telle ou telle création, car «nous n'avons affaire à des mythes, au sens exact et spécifique du terme, qu'au moment où, abandonnant la contemplation tranquille du divin, la pensée développe l'existence et la nature de ce divin dans le temps et va de la figure des dieux à leur histoire et à leur saga» (Cassirer, 1972, t. 2, p. 132). Pour ce qui concerne la concertation, cette forme primordiale d'intuition mythique du temps est richement illustrée par la «saga» du pouvoir. Ainsi, raconter, expliciter, interpréter la concertation requiert un passage quasi obligé par un discours où la concertation apparaît tributaire d'une histoire de pouvoir, histoire dont le sens est étroitement lié à l'intuition du temps, comme, par exemple, dans le fragment de récit suivant:

> Au tournant des années 1990, les organisations syndicales et les associations patronales ont manifesté un désir de se donner des lieux d'échange, avec le Forum pour l'emploi et les Rendez-vous économiques du secteur privé. Ils ont aussi exprimé une volonté de se rencontrer sans la présence des autorités gouvernementales. En fait, c'est comme si, malgré leurs échecs relatifs, la fin des grands sommets socio-économiques et l'abandon des expériences de concertation plus institutionnalisées, comme la Table nationale de l'emploi, avaient laissé un vide (Tanguay, 1982 et 1995; Jalbert, 1990, Fournier, 1986; Dion, 1981). Absent ou simple observateur de ces discussions entre acteurs socio-économiques, l'Etat a toutefois repris l'initiative lors du deuxième mandat des libéraux (1991-1994). En effet, la stratégie des groupes industriels du Ministre G. Tremblay et la mise en place de la Société québécoise de développement de la main-d'œuvre allaient relancer le projet d'une concertation entre l'Etat et les principaux acteurs socio-économiques. La première expérience, reposant sur une structure largement informelle, a été démantelée [...] en 1994. Alors que la seconde, beaucoup plus institutionnalisée, a pris un nouvel envol, bien que sa structure et son mandat soient aujourd'hui remis en question. La dure récession des années 1981-1982, couplée à un enlisement dans le chômage et à une redéfinition du rôle de l'Etat, n'est pas étrangère à cet ‹engouement› québécois pour la concertation. (Lamoureux, 1996, p. 1)

Le caractère particulier de l'action collective, où l'Etat construit son histoire sur l'histoire[2] quotidienne de l'objet de cette action, fournit à la concertation le substrat de la détermination et de la limitation décisionnelles. Ainsi, la décision est dès le départ et ensuite, continuellement dite et re-dite par les participants à la concertation dans la mise en scène d'une histoire de pouvoir dont le sens est mouvant.

Mais, si la première tentative d'intuition du temps est relative au pouvoir, cela ne veut pas dire que c'est le pouvoir qui conditionne originellement cette intuition. Contrairement à ce que l'on peut croire, dans la pensée mythique l'intuition du temps est redevable avant tout au rapport que la conscience mythique entretient avec l'espace. C'est ici une des caractéristiques de la pensée mythique qui n'a pas les moyens de représenter immé-

---

2   Selon A. Gentès, le mythe est «un récit qui implique une interprétation mais cette interprétation est liée au contexte historique» (Gentès, 1986, p. 84).

diatement l'intuition du temps: «Si nous cherchons maintenant à découvrir comment ce *temps archaïque* du mythe devient le temps *véritable*, c'est-à-dire la conscience de la *succession*, nous trouvons confirmé le fait fondamental que l'étude du langage nous avait déjà indiqué. Ici encore, l'expression des rapports de temporalité particuliers ne se développent qu'à partir de l'expression des rapports spacieux» (Cassirer, 1972, t. 2, pp. 134-135).

Cette manière de représenter l'intuition du temps on la retrouve facilement dans la concertation. Ainsi, par exemple, même les textes évaluatifs des actions de concertation rendent compte de «la durée de concertation selon leur tenue» par des tableaux où la représentation du temps – heure, jour, etc. – est entièrement tributaire aux rapports à l'espace (*Evaluation externe de la démarche de concertation francophone en environnement*, 2004, p. 47). Plus exactement, dans ces tableaux, les actions de concertation ne sont pas situées dans le passé, dans le présent ou dans l'avenir. Elles se trouvent en aval, en amont, en marge, inter, hors arène, c'est-à-dire toujours situées dans l'espace ou par rapport à l'espace.

Ce rapport indélébile conçu et entretenu par la pensée mythique entre l'espace et le temps est extrêmement fort pour qu'il puisse être dépassé dans la concertation, même s'il s'agit des éléments de la concertation qui relèvent de la connaissance scientifique. Et cela parce que la connaissance scientifique n'a pas encore réussi à s'émanciper totalement de la pensée mythique. En parlant de l'intuition du temps dans le domaine de la connaissance scientifique, Cassirer observe que:

> … la *forme* du temps n'y trouve son expression que dans la mesure où elle peut, d'une façon ou d'une autre, s'appuyer sur des déterminations spatiales et objectives [...]. La contrainte de cet appui est si forte qu'elle se maintient, par-delà la sphère du langage, dans les conceptualisations de la science exacte, qui ne semble pas d'abord avoir elle-même d'autres recours, pour une description objective du temps, que de représenter et d'en éclaircir l'essence par des images spatiales, en faisant de l'image de la droite infinie la représentation figurée externe du temps. (Cassirer, 1972, t. 3, p. 189)

Ce rapport espace/temps dans la représentation mythique n'est pas sans importance dans l'économie générale du sens donné à la concertation.

Ainsi, l'une des conséquences très importantes pour l'interprétation de la concertation est le caractère *matériel* du temps et cela dans la mesure où ici l'intuition du temps se fonde sur des étapes jalonnées empiriquement par rapport à une unité spatiale. Dans la concertation, comme dans le monde mythique, l'espace est fragmenté par certaines «barres de mesure» (Cassirer, 1972, t. 2, p. 136) plantées entre les activités effectuées ou à effectuer.

Ces fragments de temps ne sont pas, cependant, le produit d'une mesure ou d'un dénombrement. Le rituel mythique, devenu une sorte de méthodologie dans la *concertation,* attribue aux activités de concertation des *étapes*, des *époques*, des *phases*, des *délais*, des *dates critiques* etc. Cette pratique fondée sur l'intuition de *phases*, d'*époques*, d'*étapes* etc., permet aux participants à la *concertation* de détacher dans la continuité indifférenciée du temps des événements autour desquels les acteurs puissent se rassembler et se mobiliser religieusement. Elle instaure un certain rituel qui nourrit le sentiment d'unité par la rythmicité intérieure du travail collectif. Or, cette unité renferme les trois dimensions du temps – passé, présent, futur – sans leur imposer la moindre opposition. Le présent, par exemple, peut être aussi à la fois passé et futur, comme l'illustre bien cette intervention: «Pendant longtemps, on a œuvré à les délégitimer, comme *nymbistes*, comme rigides, comme *représentant qui, au juste?*, etc. Et sur le plan pratique, on est prêt à discuter, mais avec des gens sympathiques, constructifs, dont il deviendra clair au bout du compte que l'opposition n'était qu'un moment à dépasser, au pire, un mauvais moment à passer» (Mermet, 2005, pp. 85-86). Cela n'est pas forcément étonnant, car ce n'est pas la quantification, mais la qualification du temps qui préoccupe la pensée mythique. Tout au long de l'histoire des cultures primitives et des religions, les différentes approches de l'élément temporel illustrent cette entreprise mythique de configuration du temps par des sentiments, des volontés et des considérations subjectives auxquelles l'expérience immédiate de l'humanité a pu se rapporter dans tel ou tel contexte.

Détacher des moments, afin de les observer d'une manière attentive et particulière, est pour la concertation, une autre façon mythique de parvenir à la mémoire, puisque pour dépasser le temps, il ne faut pas détourner les yeux des moments fondamentaux de l'élément temporel, «il faut au contraire retenir ces moments, les poser et les accueillir positivement» (Cassirer, 1972, t. 2, p. 158). Il s'agit d'une re-présentation où la maîtrise du temps est effective dans la mesure où la formulation de la notion temporelle permet de désigner la concertation même comme produit du temps. La maîtrise du temps, par l'observation de certains moments, n'est pas une simple opération d'ordre méthodologique dans l'action collective. Cette forme d'intuition de l'élément temporel est une des chevilles de la concertation. En se focalisant sur des périodes, étapes ou échéances, les participants à la concertation sont détournés des divergences, voire même des crises qui embrassent l'ensemble du temps de l'action collective, car le sens dynamique du processus s'efface devant la description détaillée de phases ou d'étapes appréhendées de manière non diachronique (Bratosin, 2001).

1.3 *Détermination numérique affective*

La détermination du nombre dans la conscience mythique se fait par voie affective: «Le nombre est le ciment qui permet d'ajuster les différentes facultés de la conscience, dans un assemblage qui rassemble et unifie les domaines de la sensation, de l'intuition et du sentiment. Le nombre se voit alors attribué la fonction que les pythagoriciens donnaient à l'harmonie» (Cassirer, 1972, t. 2, p. 182). L'apparence est le seul moyen pour se rapporter à une identité numérique: «chaque fois que deux ensembles lui semblent de même valeur numérique, [...] il interprète cette correspondance possible, qui n'est pour la connaissance qu'un rapport purement idéel, comme une communauté réelle de leur nature mythique» (Cassirer, 1972, t. 2, p. 172). La meilleure illustration, dans la concertation, est l'expression du nombre en pourcentage. Cette rhétorique offre l'avantage de placer derrière des apparences scientifiques, des identifications numériques ambiguës car elle repose non pas sur le nombre construit, mais sur la production du nombre (cf. Bergson, 1991, p. 62). Certes, pour la pensée mathématique, le nombre déterminé par X% de A, n'est pas nécessairement identique avec le X% de B, mais l'identité de ces nombres s'exprime en terme de valeur qui ignore tout contenu: 10% de 1000 sera 100 et 10% de 30 sera 3 qu'il s'agisse de déplacements, de familles ou d'arbres. Mais dans la concertation, le raisonnement est bien plus compliqué car, comme dans la pensée mythique, il n'est pas possible ici, non plus, d'ignorer le contenu. Par exemple, 10% de 1000 déplacements signifie 100 déplacements et 10% de 30 déplacements signifie 3 déplacements. Mais si les 100 déplacements correspondent à 15 kilomètres de marche et les 3 déplacements correspondent aussi à 15 kilomètres de marche, alors il est possible d'affirmer que 100 déplacements = 3 déplacements, quoique arithmétiquement incorrect. Cette égalité de contenu peut, cependant, être mise en cause encore et encore. Par exemple, si l'analyse considère non seulement les déplacements mais aussi les personnes (leurs nombre, âge, motivations etc.) qui ont effectué ces déplacements. La complexité du calcul est davantage aggravée s'il s'agit de déterminer l'identité numérique de X% de Y% et de X% de Z%. Mais, en fait, ce qui compte dans la concertation, ce n'est pas le nombre en soi, mais le sentiment que les participants lui attachent ou tentent d'y attacher. Ils sont moins soucieux de savoir, par exemple, si 30% des déplacements équivalent à tel nombre précis de kilomètres et davantage appliqués pour susciter le sentiment de suffisance, de contentement, d'urgence, etc. En fin de compte, la concertation est moins déterminée par le nombre en soi que par le sentiment attaché à la valeur du nombre.

Mais le pourcentage n'est pas la seule illustration de l'intuition affective du nombre dans la concertation. Dans leurs échanges, les participants à la *concertation* attribuent aux nombres des caractéristiques de nature affective, comme, par exemple, des couleurs, des formes, des fonctions plastiques, etc. L'explication de cette figuration intuitive des nombres se trouve dans la nature mythique de la pensée de ceux qui participent à la concertation: «la pensée mythique ne peut pas [...] de par sa nature, se contenter de saisir ces relations et ces attributions en tant que telles et de les considérer d'une certaine manière *in abstracto*: il faut, pour qu'elle s'assure vraiment de ces relations, qu'elle les rassemble dans une figure intuitive et qu'elle les place devant elle [...], de façon sensible et plastique» (Cassirer, 1972, t. 2, p. 178). La figuration du nombre assujettit la concertation aux sensations visuelles qui relèvent de codes encore plus ambigus, comme par exemple, celui de l'image. C'est ici le paradoxe d'une démarche qui s'efforce de paraître scientifique. En accueillant l'approche du nombre comme valeur abstraite, la concertation se retrouve sous la puissance du sens d'un contexte – celui de l'image – bien plus complexe. Elle est, alors, livrée à la subjectivité des participants. Elle s'effectue ainsi comme charnière entre le monde empirique fluctuant et l'organisation spirituelle stable, en figurant certains traits pour que le symbole puisse jouer le rôle de représentant. Ce représentant renvoie en tout lieu et en tout temps au représenté. L'effectif met à l'œuvre le *tenir lieu*, le *renvoie à,* propre au langage, la référence.

2. Créer un (des) monde(s): l'expression

Acte de formation et d'organisation des données sensibles, selon Cassirer, l'expression correspond, parmi les couches de la connaissance, au pôle empirique. L'expression est une sorte de connaissance perceptive qui relève d'une approche directe de la vie par le sentiment. Le vécu d'expression est donc un phénomène irréductible qui rend compte d'une «sorte *d'expérience ou d'épreuve de la réalité qui reste tout à fait étrangère à la forme d'explication et d'interprétation scientifique, et qu'on trouve partout où l'être atteint dans la perception, au lieu de consister en choses ou en simples objets, nous aborde sur le mode de l'existence d'un sujet vivant»* (Cassirer, 1972, t. 3, p. 78). Ceci dit, la fonction d'expression, en vertu de ses caractéristiques, forme un présupposé aux autres fonctions et reste active, même dans l'appréhension scientifique de la réalité. Les principales caractéristiques de la dimension expressive dans la pensée cassirerienne sur la fonction symbolique sont les suivantes: a) elle est tout particulièrement à l'œuvre dans le mythe, b) elle est en rapport direct avec le monde sensible et avec le monde des sentiments, c) elle prône l'identité entre le symbole et ce qu'il symbolise d) elle est pré-logique, pré-classifiante, pré-personnalisante, pré-distinctive, pré-référentielle (Janz, 2001, p. 279). Pour mieux mettre en évidence la fonction expressive dans la concertation, je vais limiter mon analyse ici à un seul aspect de la concertation et, plus précisément, de la concertation en aménagement.

2.1 *«Faire» la concertation*

Dans la concertation en aménagement, le besoin de repères méthodologiques a suscité l'émergence manifeste d'une production d'études, de guides et d'autres textes décrivant l'art de «faire» la concertation, les expériences et les pratiques de concertation etc.[3] L'objectif de ces textes est d'une part de montrer comment la concertation appose sur un projet le sceau d'un contexte socio-politique de légitimation et le pourquoi du recours à la concertation. L'explicitation s'articule alors autour de trois centres d'argumentation: l'injonction normative, l'intérêt du «metteur en concertation»[4] et la demande sociale. En termes d'injonction normative, le plus souvent sont rappelées les exigences des différentes lois et circulaires, les risques juridiques encourus et la jurisprudence en la matière. Pour ce qui

---

3   Par exemple: *La concertation en aménagement. Eléments méthodologiques*, 2000; *Concertation / débat public. Quelques leçons de l'expérience*, 2002; Fourniau (dir.), 1998; Galland (dir.), 2001; *Démocratie participative et aménagement régional*, 2000-2001; *Evaluer, débattre ou négocier l'utilité publique? Conflits d'aménagement et pratiques de conduite des projets*, 2001; etc.

4   J'emploie le syntagme «metteur en concertation» pour désigner l'ensemble des personnes impliquées dans la concertation sans distinguer leurs divers positionnements.

concerne l'intérêt du «metteur en concertation» sont exposées les vertus du travail collectif et solidaire censé éviter les contestations futures du projet. Quant à la demande sociale, elle porte sur «la participation de la société civile à l'élaboration des décisions» (Concertation / débat public. Quelques leçons de l'expérience, 2002, p. 5). D'autre part l'objectif de ces textes est de mettre en exergue «les modalités pratiques d'organisation d'une concertation» (La concertation en aménagement. Eléments méthodologiques, 2000, p. 56). Il s'agit, par exemple, des conseils pour: a) instaurer une continuité du lien entre le maître d'ouvrage et les acteurs en faisant ressortir les différentes étapes de la concertation et leur intégration au processus de décision, b) élaborer les règles du jeu en termes d'objectifs, modalités d'échange, durée, périmètre, bilan etc., c) faire preuve d'une véritable qualité d'écoute en intégrant les motivations et le non dit, d) garantir la place de la controverse, élaborer des arguments, permettre le débat, e) ouvrir le projet à l'expérimentation sociale, f) utiliser les nouveaux moyens de dialogue etc. (Concertation / débat public. Quelques leçons de l'expérience, 2002, pp. 43-45).

En suivant ces différentes prescriptions méthodologiques les «metteurs en concertation» de l'aménagement parviennent au sentiment de pouvoir même mesurer la concertation. Ainsi, la concertation est appréciée à partir du nombre de réunions, du nombre de personnes ayant participé, du nombre de courriers reçus et/ou envoyés, de la durée des expositions etc. Dans certains cas, l'évaluation dépasse le simple bilan des données quantifiables et déborde dans le domaine de l'efficacité, c'est-à-dire des résultats et des effets de la concertation. Il s'agit alors de savoir si les objectifs de départ correspondant respectivement aux différents camps participant aux échanges ont été atteints, en quoi ont-ils été atteints et pourquoi ont-ils ou n'ont-ils pas été atteints. Il est question également de savoir quel a été l'impact de la concertation sur le projet qui a occasionné la concertation. A-t-il connu des modifications, des nouvelles orientations, des prises en compte des nouvelles contraintes environnementales etc.? La concertation a-t-elle prolongé les délais de décision ou a-t-elle raccourci ces délais? Il est aussi tentant de mettre en évidence les effets de la concertation sur les comportements et sur les perceptions des participants. Quelles évolutions ont été remarquées dans le partenariat institutionnel, dans l'implication des acteurs, dans le travail collectif, dans la qualité de l'association du public? Cependant, en dépit de tous ces efforts faits par les techniciens pour «saisir» la concertation, elle semble continuer à rester toujours insaisissable, à tel point que même après le déploiement des «meilleurs» moyens et l'engagement des plus «performantes» méthodes, deux refrains reviennent quasi systématiquement parmi les participants: «il n'y a pas eu de concertation» et «il faut continuer la concertation». Ceux-ci ne sont pas forcément l'expression désabusée de l'échec du processus de concertation. Ils expriment plutôt l'état fâcheux d'une perception problématique de la concertation: malgré tous les échanges, les procédures et les autres dispositifs mis en place, la concertation n'a pas eu lieu ou dans le meilleur des cas, elle n'a pas eu lieu là où elle était censée avoir lieu et par conséquent il faut la poursuivre ailleurs, sans avoir la certitude qu'une fois arrivée «ailleurs» elle y sera.

Conclure hâtivement, à partir de cette absence de lieu, que la concertation est une utopie, serait une entreprise peu pertinente. Effectivement, le sens premier de l'utopie – un lieu qui est un autre lieu, un ailleurs qui est un nulle part – peut être identifié dans l'expérience même de la concertation. Certes, non seulement l'apparence de l'utopie, mais aussi celle de l'uchronie peut être associée à la concertation, car il n'est pas question, ici uniquement, d'une extériorité fuyante dans l'espace (un autre lieu), mais aussi dans le temps (un autre moment). Sans aucun doute, la concertation peut paraître une utopie car elle fait croire qu'elle «joue son destin au plan même où s'exerce le pouvoir» (Ricœur, 1986, p. 428) et qu'elle peut remettre en question dans les différents aspects de la vie sociale, la manière d'exercer le pouvoir (Ricœur, 1986, p. 428). Cependant, l'utopie est en rupture avec l'action, ce qui n'est pas le cas de la concertation. L'utopie est, dans une certaine mesure, la rupture même: «ce qui empêche l'horizon d'attente de fusionner avec le champ de l'expérience» (Ricœur, 1986, p. 428). S'il y a la tentation de reconnaître une dimension utopique dans la concertation, ce n'est pas parce que la concertation serait un écart entre l'imaginaire et le réel (Mannheim, 1956), parce qu'elle serait sans effet sur le processus d'élaboration d'un projet, mais en raison de la nature mythique de la concertation, nature qui «produit» la similitude du non-lieu sans cesse. Il faut se rappeler que le mythe est «un discours relatif au lieu/non-lieu de l'existence concrète, un récit bricolé avec des éléments tirés de lieu-dits communs, une histoire allusive et fragmentaire dont les trous s'emboîtent sur les pratiques sociales qu'elle symbolise» (Certeau, 1990, p. 154). Concrètement, la concertation ne vise pas le blocage du projet, mais son avancement. Ce qui est mythique, contrairement à ce qui est utopique,»fait marcher» (Certeau, 1990, p. 154). Or, «marcher c'est manquer de lieu. C'est le processus indéfini d'être absent et en quête d'un propre [...], expérience sociale de la privation de lieu» (Certeau, 1990, p. 154). La concertation n'est donc pas utopie, «exercice de l'imagination pour penser un autrement qu'être du social» (Ricœur, 1986, p. 428), mais une façon de «faire marcher» en utilisant «des reliques de sens, et parfois leurs déchets, les restes inversés de grandes ambitions» que le monde de la concertation s'efforce de transmuer en méthode de «faire passer». De cette rencontre de la connaissance scientifique et de la pensée mythique il en résulte alors un»art de faire» de la concertation où rien n'est mieux que d'autres sinon parce que «mieux accepté».

2.2 «Topoi» de la construction discursive du monde de la concertation

Pour «faire marcher», l'ingénierie de la concertation utilise trois dispositifs symboliques. Ces dispositifs sont les mêmes qui organisent les relations entre les pratiques spatiales et les pratiques signifiantes, les *topoi* du discours mythique sur l'espace: le croyable, le mémorable et le primitif (Certeau, 1990, p. 158).

Dans la concertation, ce n'est pas l'exactitude des calculs, ni l'exactitude mathématique des données, ni la justesse des raisonnements qui comptent, mais ce qui est tout simplement croyable et par conséquent instaure un espace. Pour la concertation «le croyable» n'est ni péjoratif, ni paradoxal, mais constitutif: «le discours qui fait croire est celui qui prive de ce qu'il enjoint, ou qui jamais ne donne ce qu'il promet. Bien loin d'exprimer un vide, de décrire un manque, il le crée. Il fait place à du vide. [...] Il *autorise* la production d'un espace» (Certeau, 1990, p. 159). Le croyable dans les méthodes de concertation ne s'attache pas directement à l'argument, mais au positionnement dans la construction du discours dans le monde de la concertation. Le croyable dans ces textes concerne tous les «metteurs en concertation». Ce sont leurs agissements qui doivent être croyables. Ainsi ils doivent apprendre à montrer leur attachement au monde crée comme acte politique, social, économique etc., alors que leur compétence – la raison première justifiant leur implication dans le projet – est de mettre en concertation. Les agissements croyables reposent par conséquent sur la production d'un monde qui se construit avec des perceptions aléatoires.

Un deuxième «lieu» mythique du discours méthodologique sur la concertation est «le mémorable», c'est-à-dire celui des histoires de l'espace, celui des narrations bricolées par l'antériorité des frontières, celui des récits rassemblant des fragments de cheminements passés. Il s'agit de l'ensemble des opérations de délimitation qui «éclairent la formation des mythes» et qui ont aussi «la fonction de fonder et d'articuler des espaces» (Certeau, 1990, p. 181). La fonction expressive d'une concertation qui «fait marcher» doit assurer l'avancement. Or, l'avancement n'a de sens que dans la mesure où le passé peut servir de référence. Dans les méthodes de concertation, par exemple, autour des projets publiques apparaissent deux axes du *mémorable* qui polarisent les préoccupations: l'axe institutionnel et l'axe public. L'axe institutionnel porte sur l'historique des projets: la genèse des projets, les enjeux de départ, les intentions des acteurs, les programmes et les orientations de référence, les étapes franchies, les blocages, les procédures, les partenaires etc. Les récits qui rappellent l'antériorité des projets ont pour source les responsables précédents, les bureaux et les services d'études, les documents divers etc. L'axe public porte sur l'histoire de l'espace à aménager: les luttes pour la défense de l'environnement, les acquis et les revendications des usagers, les narrations des riverains, les estimations des valeurs archéologiques etc. Ces récits sont produits ou reproduits par les citoyens, par les élus, par les responsables associatifs, par les usagers etc.

Le troisième *topos* mythique de la fonction expressive de la concertation est «le primitif». Dans le monde mythique l'espace n'a de sens que dans la mesure où il, cet espace, peut être «accroché» à des rituels et des cultes, à des manières de rassembler et de disperser, à une structure-cadre d'émergence d'actes magiques, lieu intercalaire entre l'instance originelle et la composition descriptive ou enchanteresse de cet espace. Dans la fonction expressive de la concertation, le primitif permet d'être croyable, provoque l'émergence et assure la subsistance du «mémorable», délimite et donne forme aux agissements, engendre et soutient le monde de la concertation, c'est-à-dire le monde qui aménage symboliquement le monde de la concertation, l'ensemble des réunions, des procédures, des expositions, des textes, des rencontres virtuelles etc. Il s'agit des efforts faits pour déterminer et concevoir les meilleurs plans, modalités, conditions afin d'accueillir et transmuer en «mondes», des objets et des objectifs non seulement divers, complexes et désespérément spécifiques, mais aussi instables, chaotiques et inattendus, car la participation, le débat public, le partenariat etc. ne se décrètent pas, même si parfois les textes normatifs s'y attachent. L'une des visées majeures de la fonction expressive de la concertation est donc de réaliser un support, une trame à tisser, un «ordre» permettant au «désordre» de surgir et d'instaurer un agencement des retours sur les problèmes avant d'aborder les solutions, des présentations des options en ligne de mire des objections, des conditions donnant sens à la production des études, des étalages médiatiques des schémas, plans, programmes, des explicitations parcellaires car de circonstance, des adaptations problématiques, des acceptations et des refus en équilibre précaire etc. C'est dans ce cadre structurant les interactivités et les tâtonnements aléatoires que la fonction expressive de la concertation s'efforce de satisfaire aux demandes de la médiatisation. C'est ici qu'elle s'emploie à faciliter la confrontation des connaissances, à faire émerger les enjeux, à intégrer des perspectives. Construire des mondes, ce n'est pas seulement «faire marcher», mais aussi ne pas «perdre la face» (Goffman, 1974).

2.3 Eruption du «pré-logique»

Deux formes de pensée sont engagées dans la fonction expressive de la concertation: la pensée rationaliste qui s'illustre par l'approche scientifique et la pensée mythique qui est essentiellement pré-logique et qui a pour principe la participation. Rencontrer ces deux formes de pensée à l'œuvre dans un même domaine n'a rien d'extraordinaire, ni de troublant. D'ailleurs il sera très difficile, voire même impossible, d'attribuer à chacune de ces formes de pensée des domaines exclusifs. La difficulté vient de leur besoin interne de s'accueillir réciproquement afin de se composer et se délimiter mutuellement. Se proposer de parvenir à la connaissance par le seul effort de la pensée abstraite sera une entreprise qui, faute de pouvoir tourner au moins en rond, tournera dans le vide, car l'attitude rationnelle sombrera dans l'obscurantisme d'une foi aveugle en l'usage inconditionnel de la pensée formelle. Cette structure composite est retrouvable aussi dans la pensée mythique, car emprunter cette voie déterminée par les représentations collectives n'est nullement synonyme de l'héritage sûr d'un cheminement vers la connaissance indifférente aux contradictions. Autant dire que le «metteur en concertation» n'est pas vraiment surpris dans la concertation par l'irruption d'une pensée inconnue et étrangère à son esprit. Le domaine de la concertation technique n'est pas plus affranchi que d'autres domaines de cette ambivalence de pensée. Le rituel de l'enquête publique

(Bratosin, 2001, pp. 234-238), par exemple, participe déjà depuis long-temps du domaine technique. Ce qui est troublant pour le technicien et crée le besoin d'une ingénierie de la concertation est la mise en cause du rapport stable et sécurisant jusqu'ici de ces deux pensées dans son champ profes-sionnel, champ où «traditionnellement» le rationnel domine pour lui l'expé-rimental, même si en pratique il constate que «la pensée scientifique doit changer devant une expérience nouvelle» (Bachelard, 1975, p. 139). Mais cette mise en cause ne saurait produire directement et à elle seule ni les arguments, ni les motivations pour l'émergence de la fonction expressive de la concertation. Elle réactive, néanmoins, des craintes qui appellent et défendent des rapports de pouvoir. Elle se présente comme la menace d'un possible retranchement tout azimut dans la technicité et comme justification pragmatique capable de rassembler contre la crainte d'un pouvoir politique renforcé: «pour éviter les possibles dérives de la pensée technicienne, pour mettre en place des contrepoids aux pouvoirs fortement accrus des élus depuis la décentralisation, pour atteindre progressivement une véritable maîtrise sociale et politique des choix sociotechniques [...], il n'est pas d'autre voie que d'organiser des débats publics, des débats démocratiques» (Martinand, 2002, p. 47). Il s'agit, certes, de rendre «inutiles» les rites de-venus thèmes techniques par injonction des textes normatifs successifs, les vider de sens et instaurer à l'attention des participants des ouvertures, des accès quasi permanents et interactifs issus d'une concertation revisitée par la technique qui permettrait ainsi à la pensée rationnelle d'«étouffer» la pensée mythique. L'entreprise est pourtant illusoire, car «la mort du rite n'est pas celle du mythe, au contraire» (Auge, 1997, p. 111).

Les deux formes de pensée engagée dans la fonction expressive de la concertation se trouvent en rapport concurrentiel. Leur rivalité ne doit pas être entendue cependant comme une «technique alternative», même si cette concurrence peut concevoir certaines facilités pour renvoyer vers un mo-dèle pragmatique (Habermas, 1978, pp. 97-132), notamment parce qu'elle semble illustrer une solution différente aux modèles «décisionniste» et «technocratique». Ce rapport concurrentiel ne désigne pas un processus d'interaction entre différents décideurs afin de donner un sens à certains choix. Ce n'est pas le spectacle de la concertation[5]. Il s'agit de deux formes de pensée qui s'opposent dans la production d'une décision: un ensemble de plans et d'études qui permettent de «réaliser» la concertation dans des

---

5   La concertation en termes de théâtre, de scène, d'acteurs (voir, par exemple, Carré, Valenduc, 1991).

conditions optimales. La spécificité de cette production par rapport aux restes des productions des mondes est l'issu incertaine de la confrontation des deux formes de pensée à l'œuvre. Alors que la connaissance scientifique a depuis toujours les faveurs de la technique, dans ce cas précis, la concertation technique doit se résoudre à mettre en valeur la pensée intuitive et participative, faute de quoi elle risquerait d'induire le rejet même d'un projet irréprochable scientifiquement. Mais cette «concession» ne garantit pas pour autant une situation stable et sans danger. Au contraire, le mythe risquerait de devenir une technique dans le même temps où la maîtrise d'ouvrage est contrainte de demeurer attachée à la technique.

L'objectif de l'engagement concurrentiel de ces deux formes de pensée dans la fonction expressive de la concertation n'est pas le déploiement définitif et complet d'une d'entre elles au détriment de l'autre. Certes, ces deux formes de pensée tentent de se dominer mutuellement, mais ce n'est pas l'emprise de l'une sur l'autre qui est recherchée, mais l'émergence et le développement d'une tension capable de pré-indiquer et éventuellement réduire les risques de l'impact d'une décision. La perspective idéelle de cet état concurrentiel est l'ouverture d'une voie «moyenne» entre celle qui entreprend à établir un culte à la science, affectionnée tout particulièrement par le pouvoir technologique, et celle qui entreprend d'élever un culte au mythe, affectionnée par le pouvoir individualiste. Cette nouvelle voie suppose d'abord que le «metteur en concertation» prenne conscience qu'il se soumet à la règle de la raison en faisant l'effort de se plier à des règles de raisonnement, à des règles d'observation, à des règles de vérification, mais aussi à des règles de langage. Plus exactement, cette nouvelle voie exige que le «metteur en concertation» prenne en compte, d'une manière explicite, la nécessité de passer par le langage afin d'accéder à son projet. Cela lui demande, sans aucun doute, qu'il n'atteigne pas directement, ni immédiatement son objectif. Il accède à cet objectif en lui donnant un langage, c'est-à-dire en intégrant le monde du langage. Ceci dit, ce langage donné à l'objectif, ne vit pas simplement en le répétant. Le faire vivre veut dire interpréter, symboliser, penser. Mais interpréter, symboliser, penser constituent des rapports à quelque chose, en l'occurrence à l'espace. Ainsi l'espace à aménager n'est plus pour le «metteur en concertation» un objet donné, mais quelque chose de construit en se construisant. Il s'agit dès lors, de satisfaire à l'exigence de comprendre le rapport du monde réel au symbole dont le travail est d'élever la pensée à la hauteur de la raison et la raison à la hauteur du sens (Vergely, 1998, pp. 112-113).

3. Construire des symboles: vers le concept

Opération de mise à distance, de rupture avec l'immédiateté de l'existence, la signification, dans l'optique cassirerienne, enrichie la fonction symbolique des caractéristiques suivantes: a) elle est à l'œuvre essentiellement dans la réalité scientifique, b) elle met à distance les objets et le sentiment subjectif du monde c) elle offre une conception critique et théorique du réel, d) elle est classifiante et conceptualisante. Cette observation soulève plusieurs questions. Ainsi, la première question qui se pose est de savoir si la fonction de signification est à l'œuvre aussi dans la réalité mythique. Ensuite, il faudra voir, dans la mesure où cette fonction est présente dans le mythe, en quoi consiste la mise à distance mythique et comment est dépassée la subjectivité de la pensée mythique. Aussi faut-il se demander si la pensée mythique peut accueillir la critique. Enfin, est-il pertinent de parler d'une fonction de signification en ce qui concerne le mythe? Les réponses à toutes ces questions sont attachées à la réponse à une autre question: la pensée mythique peut-elle concevoir des concepts? Car si la réponse à cette dernière question est positive, alors il y a effectivement une fonction de signification à l'œuvre dans la pensée mythique et par conséquent dans le mythe.

La meilleure façon pour dégager quelques éléments de réponse est de considérer la théorie cassirerienne du concept. Effectivement, Cassirer souligne d'une part que «la théorie [...] n'atteint la proximité du réel à laquelle elle aspire qu'en instituant une certaine distance entre elle et la réalité, en apprenant à faire toujours plus abstraction de cette dernière» (Cassirer, 1972, t. 3, p. 317). D'autre part, Cassirer affirme que «la construction théorique de l'image du monde commence au moment où la conscience effectue pour la première fois une séparation claire entre l'apparence et la vérité, entre ce qui est simplement perçu, et représenté, et ce qui *est* véritablement, entre le subjectif et l'objectif» (Cassirer, 1972, t. 2, p. 99), tout en précisant que cette manière de faire est «étrangère à la conscience mythique». Ceci étant dit, il ne faut pas conclure, cependant, trop hâtivement que Cassirer envisage la pensée mythique dépourvue de toute trace d'effort conceptuel. D'abord, il ne dit pas que le concept est complètement absent dans la pensée mythique, mais seulement qu'il est étranger à cette pensée. Ensuite, il faut remarquer que dans le développement de sa théorie du concept Cassirer prend, ce qu'il appelle «un exemple classique», le cas de la naissance des mathématiques grecques et souligne qu'à ce moment-là «le mythe avait déjà promu le nombre à une signification universelle et véritablement cosmique; il avait su exprimer son règne sur le tout de l'être, sa toute-puissance démoniaque. Les premiers dans la découverte scientifique du nombre, les pythagoriciens restent encore, au départ, entièrement pris dans le cercle enchanté de cette conception magique mythique» (Cassirer, 1972, t. 3, p. 317). Cela veut dire que Cassirer n'exclut pas la présence du concept dans la pensée mythique, même s'il la délimite et il la situe uniquement à la frontière qui sépare la connaissance mythique de la connaissance scientifique. Plus précisément, Cassirer indique le rôle du concept dans l'existence intuitive, notamment dans la reconnaissance de la signification spécifique des moments essentiels du monde de l'intuition, comme par exemple, celui de l'organisation et de l'ordre: «le premier rôle du concept consiste justement à saisir comme tels, en reconnaissant leur signification spécifique, les moments sur lesquels reposent leur organisation et de l'ordre du monde de l'intuition. Il explicite les relations posées implicitement dans l'existence intuitive sous la forme d'un simple être-donné-avec pour les délivrer et les exposer dans le pur en-soi de leur validité» (Cassirer, 1972, t. 3, p. 318). Autrement dit, pour Cassirer il y a dans le mythe davantage de rudiments de concept, car pour lui «le concept est bien moins abstractif que perspectif: il ne se borne pas à fixer du déjà connu pour en arrêter le contour général, mais débouche en permanence sur de nouvelles liaisons inconnues» (Cassirer, 1972, t. 3, p. 341). Mais si la pensée mythique est capable de parvenir à ce que la pensée scientifique appelle «concept», alors nous avons ici l'indice d'une manifestation de l'esprit humain qui sait faire des choix, c'est-à-dire qui est capable de mettre en œuvre des processus d'évaluation et de validation, mais aussi d'une certaine capacité d'expliquer les phénomènes, ce qui requiert un minimum d'éléments théoriques.

Ainsi, même si la fonction symbolique de signification ne se manifeste pas principalement dans le mythe, il n'est pas étonnant de retrouver dans la concertation des éléments de nature conceptuelle et tout particulièrement des composants conceptuels qualifiants, classifiant et relationnels. Par exemple, la définition de tel ou tel objet de l'action collective comme objet de la concertation repose sur plusieurs types d'actes de perception. Il s'agit d'une participation humaine aux significations de la situation qui sont réalisées dans ce que l'homme fait, ainsi que d'une connaissance de la signification des significations – de l'être, de l'apparence, de la forme des choses, etc. – sur lesquelles reposent ses actes. L'interprétation donnée à ces actes, c'est-à-dire la projection qui en résulte, se construit à partir des significations dont les participants chargent leurs propres rapports avec l'objet de l'action collective et les rapports entre eux à partir de l'objet de l'action collective. De ce fait, ces actes sont les premiers à participer à l'*in-formation* de l'objet de la concertation. Il s'agit d'actes d'identification, de différenciation, de comparaison, d'attribution et d'estimation.

3.1 Les actes d'identification

Les actes d'identification délimitent l'objet de la concertation. Ces actes marquent nécessairement le commencement du processus collectif de production intellectuelle de l'objet de la concertation et par conséquent le sens de la discussion sur cet objet dans la concertation. Ainsi, dans un premier temps, l'objet de la concertation est délimité par un ensemble de rapports d'interdépendances propres au technicien en général et tout particulièrement au spécialiste qui bénéficie du meilleur positionnement stratégique. Mais les actes d'identification s'accomplissent également, tout au long de la concertation. Ils correspondent à des opérations cognitives qui prennent la forme d'une étude, mais aussi d'une consultation publique avec des questions qui incitent ouvertement les participants à être subjectifs, comme par exemple, les questions introduites par des formules du genre «selon vous, que faudrait-il faire pour…».

Les actes d'identification de l'objet de la concertation induisent, dans un second plan, l'identification des organisations et des acteurs participant à la discussion à des niveaux parfois très éloignés et qui devancent, dans le temps, le cadre strictement officiel de la concertation. Par exemple, un pré-diagnostic est réalisé en s'appuyant sur les études existantes et les associations invitées à s'exprimer dans le cadre d'une consultation publique sont choisies justement en raison de leurs activités et réflexions antérieures.

3.2 Les actes de différenciation

L'objet de la concertation, dans l'action collective, est défini également par des actes de différenciation. Les actes de différenciation mettent en évidence les formes caractéristiques de l'objet de l'action collective et en font ressortir les principaux thèmes de débat. A l'origine, ces actes sont propres aux participants à la concertation technique, mais ensuite ils s'étendent à l'ensemble des participants. Ces actes sont illustrés par la mise en place lors de réunions publiques, d'ateliers de discussion distincts pour les différentes formes de l'objet de la concertation. Les actes de différenciation sont également à l'origine de l'établissement de chartes différentes pour telle ou telle forme de l'objet de la concertation, pour la réalisation de fiches techniques de toutes sortes etc. Les images des différents aspects de l'objet de la concertation, insérées dans les textes produits par ou pour la concertation, en sont une expression récurrente.

3.3 Les actes de comparaison

Dans l'action collective, l'objet de la concertation se construit et ensuite se recompose continuellement par des actes de comparaison. Les actes de comparaison correspondent à des *superpositions* ponctuelles des lectures différentes de l'objet de la concertation. Par exemple, dans le cas d'un projet public les propositions des techniciens, c'est-à-dire des spécialistes, sont confrontées avec les propositions des associations. Les responsables techniques présentent l'état d'avancement des travaux qu'ils ont effectués pour préparer l'action et le maître d'ouvrage organise un débat sur ces propositions que les associations ont eu le temps d'examiner au sein de leurs assemblées. Les validations successives du projet, à différents moments de son élaboration – vote des décideurs politiques pour l'adoption de l'avant-projet, vote des décideurs politiques pour l'adoption du projet, l'enquête publique etc. – relèvent également des formes de confrontation des différentes lectures de l'objet de l'action collective, notamment entre la lecture faite par ceux qui ne décident pas et la lecture des décideurs.

3.4 Les actes d'attribution

Les actes d'attribution correspondent à des opérations d'appropriation des résultats qui ne sont pas issus d'une démarche concertée, ainsi que des opérations d'affectation des résultats de la concertation portant sur l'objet d'une action à d'autres actions. L'attestation la plus formelle de ces actes d'attribution se trouve souvent dans les textes mêmes produits dans la concertation. Par exemple, les textes d'une concertation reprennent les objectifs et les orientations d'une autre concertation.

Les actes d'attribution reposent sur la nécessité inéluctable d'établir des liens, des ponts, des lieux de passage, de certaines «délinquances» (Certeau, 1990, pp. 189-191) entre les différents plans élaborés par les pouvoirs publics sur leur territoire.

3.5 Les actes d'estimation

Les actes d'estimation dans la construction de l'objet de concertation correspondent à des opérations de mesure des opinions et des pratiques liées à l'objet de l'action. Il s'agit de mesures effectuées sur des échantillons, mais considérées ensuite comme valables pour les ensembles dont ont été tirés préalablement les échantillons en question. Les meilleures illustrations des actes d'estimation sont les sondages et les enquêtes.

Conclusions à la première partie

L'hypothèse que la concertation participe du mythe suppose inéluctablement au moins trois précisions.

D'abord, il faut remarquer qu'elle correspond à un choix qui n'est ni de *décrire* ni de *connaître* la concertation en utilisant le mythe. La visée de mon hypothèse est de *comprendre* la concertation. Dans cette optique, la philosophie des formes symboliques de Cassirer apparaît comme la théorie du mythe qui apporte les définitions et l'appareil conceptuel les plus adéquats à mon objectif.

Ensuite, il faut noter, également, que la notion de «mythe» dont il est question dans mon hypothèse n'a pas un sens péjoratif. Plus exactement, le mythe qui constitue le cadre d'intelligibilité de la concertation proposé ici doit être entendu comme forme symbolique dans le sens cassirerien du terme, la fonction symbolique étant au cœur du rapport entre le mythe et la concertation.

Enfin, il faut observer que la forme symbolique comme cadre d'intelligibilité pour la concertation n'épuise pas la problématique de la compréhension de la concertation. D'une part, puisqu'il ne fait que relever en quoi la concertation est une interprétation. D'autre part, puisque lui-même n'est autre chose qu'une interprétation.

Par conséquent, il apparaît absolument nécessaire de faire une seconde délimitation théorique permettant d'indiquer les conditions d'interprétation de la concertation dans le paradigme du mythe retenu ici comme cadre d'intelligibilité. Cette délimitation ferra l'objet de la seconde partie de cet ouvrage.

Conditions d'interprétation

… l'herméneutique est, comme méthode,
l'interprétation seconde d'une première interprétation…
(Resweber, 1988, p. 12)

Introduction à la deuxième partie

Le «cadre d'intelligibilité» – dont il a été question dans la première partie de cet ouvrage – ouvre l'accès à la compréhension de la concertation. L'interprétation – qui fera l'objet de cette deuxième partie –, «n'accomplit rien d'autre que l'inversion de ce processus d'accès à l'intelligibilité» (Grondin, 1993a, p. 12). Il s'agit d'une tentative de «remonter» les interprétations faites auparavant, ce qui est le propre d'une démarche herméneutique visant la surcompréhension. Dans le cas de l'herméneutique de la concertation, surcomprendre revient à soulever les questions que la concertation ne pose pas au chercheur, alors que comprendre, au contraire, consiste à poser les questions et à trouver les réponses sur lesquelles la concertation insiste (cf. Eco, 1990; Booth, 1979)

L'herméneutique présente, pour l'étude de la concertation dans le paradigme du mythe, un triple intérêt. D'abord, l'herméneutique offre l'avantage méthodologique de permettre et favoriser dans le travail d'investigation sur le terrain l'émergence de la subjectivité des participants. Ensuite, s'intéresser à la signification de l'expérience vécue par les acteurs de la concertation appelle, de la manière la plus directe, l'utilisation d'une approche phénoménologico-herméneutique. Les objectifs de cette dernière étant précisément de décrypter les structures qui gouvernent l'expérience. Enfin, l'approche herméneutique découle d'une vision du monde qui valorise la co-construction de la réalité et la subjectivité de l'expérience vécue par chaque acteur. Mais tous ces avantages théoriques présentés par l'approche herméneutique de la concertation deviennent tangibles uniquement à la condition de pouvoir assumer les déterminations internes propres à l'herméneutique.

Une de ces déterminations majeures est celle du positionnement du chercheur, c'est-à-dire celle du lieu d'où le chercheur parle. Plus exactement, contrairement à d'autres approches méthodologiques, l'approche herméneutique n'est pas moins assujettie au lieu d'observation qu'au lieu d'où l'herméneute s'exprime. Cela veut dire que la démarche herméneutique requiert non seulement le respect des règles d'interprétation par rapport à l'objet interprété, mais aussi et en même temps une réflexion sur elle-même. Or, la conséquence de cet incessant retour sur elle-même est un débat permanent qui, paradoxalement, au lieu de l'affaiblir, l'ouvre toujours davantage vers différentes sciences, y compris vers les sciences formelles et les sciences de la nature. Ainsi, dans un contexte où l'herméneutique s'universalise en se régionalisant, la question des conditions dans lesquelles l'interprète s'empare de l'herméneutique pour rendre intelligible l'objet de sa recherche devient primordiale.

Une autre détermination à dépasser toujours à l'intérieur même de l'herméneutique est celle de l'objet de recherche en tant que construction à expliciter. Une construction extrêmement polémique qui n'est pas sans conséquences sur les résultats de la recherche. Elle soulève le problème de l'héritage historique et de la validation des choix, de la tradition et de la critique des idéologies, du passage du texte à l'action. La question qui se pose ici est de savoir dans quelles conditions l'herméneutique transmue une réalité communicationnelle en «action sensée».

La présence dans l'herméneutique des formes d'interprétation qui sont autant constitutives et modélisatrices de la méthode est aussi une détermination importante dont il va falloir inéluctablement tenir compte. Dans l'approche herméneutique de la concertation le problème se pose d'autant plus que la participation est une forme d'interprétation aussi bien de l'herméneutique que de la concertation. Il s'agit d'une situation qui peut se révéler encore plus problématique si on admet que la participation est également un mythe. Ceci dit, il ne faut pas comprendre que le problème est l'imbrication en soi de ces interprétations. Le véritable problème est ailleurs. Il est dans le fait que cette interprétation multiple, c'est la même qui met en évidence la multiplicité des interprétations. D'où la question des conditions dans lesquelles la nouvelle interprétation va intégrer les interprétations antérieures mais toujours à l'œuvre dans l'objet de recherche.

Pour rendre compte de ces déterminations herméneutiques et pour apporter des éléments de réponse aux questions qui y sont associées, les trois chapitres de cette deuxième partie porteront respectivement sur:

– l'interprétation pour rendre intelligible;
– l'interprétation de l'«action sensée» chez Paul Ricœur;
– la participation comme forme d'interprétation.

Chapitre 4

L'herméneutique pour rendre intelligibile

L'espace conceptuel sur lequel domine la notion d'«herméneutique» est extrêmement étendu, car ses frontières se déploient de la «technè» de la compréhension des signes – perdue dans une Antiquité lointaine, mais dont l'environnement mystérieux[1] ne cesse d'hanter certains esprits même au 21ᵉ siècle – jusqu'à la justification et/ou la mise en cause du sens actuel des sciences humaines et sociales.

En effet, l'incessante tentation naturelle de parvenir au sens des choses, tentation dont le passé se perd dans la nuit de l'histoire de l'humanité (voir, Grondin, 1993a), tout en faisant, selon les temps et les lieux, office d'outil de travail, notamment pour les théologiens et les juristes[2], occupe depuis quelques décennies une place extrêmement importante non seulement dans le domaine de la philosophie, mais aussi dans le domaine des sciences, qu'elles soient de la «nature» ou de l'«esprit» (cf. Dilthey, 1942). Revendiquée, depuis toujours, comme *praxis* – celle de l'interprétation –, ou comme *théoria* – celle de la compréhension[3], herméneutique connaît aujourd'hui, en dépit des critiques qu'elle peut subir (Elissalde, 2000) – une remarquable vitalité. Ce qui témoigne de cette vitalité n'est pas uniquement

---

1   Par exemple, lors de séances d'oracle, les augures se contentaient d'observer certains signes dégagés par les entrailles de quelques animaux sacrifiés afin d'en tirer des présages. Le messager des dieux, Hermès, est aussi à l'origine étymologique du terme herméneutique {*herméneutiké* et *herméneia*}: il s'agit plus fondamentalement de l'art de comprendre et d'interpréter les signes et les phénomènes.

2   Lors de la christianisation de la pensée grecque, l'herméneutique devient théologique: il s'agit de concilier la Parole de l'Ancien Testament avec Celle du Nouveau Testament. Ce n'est qu'au 18ᵉ siècle que cette discipline glisse depuis le droit et la théologie pour se constituer peu à peu en science philosophique dont les réflexions se concentrent autour des mécanismes de compréhension et d'interprétation.

3   Friedrich Schleiermacher (début 19ᵉ siècle) et Wilhelm Dilthey (fin 19ᵉ et début 20ᵉ siècles) sont les pères fondateurs de l'herméneutique contemporaine, le premier dans le domaine de la critique littéraire où il développe la notion d'*intropathie*, le suivant, dans le domaine de l'histoire où il thématise la scission épistémologique de l'*expliquer* et du *comprendre*. L'herméneutique ne prendra un tournant décisif qu'avec Martin Heidegger et Hans-Georg Gadamer: elle se constitue dès lors comme discours philosophique sur l'universalité de la situation d'être-comprenant et d'être-interprétant propres à l'homme et au monde qui l'entoure.

le grand nombre d'ouvrages qui y sont consacrés, mais aussi la diversité des disciplines – mathématiques, informatique, droit, sociologie, littérature, histoire, etc.[4] – qui lui empruntent, tout en la dépassant, des concepts, des questions et des manières de penser. Autant dire qu'une approche herméneutique de la concertation n'est pas une démarche isolée ou singulière, mais une entreprise qui s'inscrit dans la dynamique d'une histoire déjà existante et dont elle doit tenir compte.

Cette dynamique est, ni plus ni moins, la réflexion même de l'herméneutique sur elle-même, son cheminement de l'interprétation à la surcompréhension. Il s'agit d'une dynamique qui est inscrite aussi bien dans a) l'histoire même de l'herméneutique, que dans b) les contenus constitutifs et structurants dont elle participe, comme d'ailleurs dans c) l'étendue disciplinaire dans laquelle elle est appelée à œuvrer.

1. L'histoire d'un débat

L'histoire du débat herméneutique est marqué par plusieurs étapes: a) une longue «préhistoire» (Grondin, 1993a) qui dure jusqu'au 19ᵉ siècle, b) l'émergence d'une théorie des sciences humaines, c) le développement d'une phénoménologie de l'existence, d) l'apparition d'une théorie sur le rôle social des sciences humaines, f) les mutations de l'herméneutique philosophique à la «philosophie herméneutique».

1.1 Jusqu'au 19ᵉ siècle

Si l'on veut toucher aux «commencements» de l'herméneutique, Jean Grondin considère qu'il faut «revenir sur ses origines soi-disant provinciales, alors qu'elle n'était encore qu'une procédure technicienne» (Grondin, 1993a, p. 3). En faisant cette démarche on peut se rendre compte que la tentative humaine de parvenir à la compréhension – des textes, des actions, des manifestations de l'esprit, etc. – a traversé des moments de transition,

---

4   A titre indicatif, en sciences «dures», Ginev, 1997; en droit, Rabault, 1997; en sociologie, Quere, 1999; en littérature, Jauss, 1988; en histoire, Rose, dir., 2002. Mais sur ce point je vais revenir plus largement à la fin de ce chapitre.

des périodes où les questions d'interprétation se sont retrouvées au centre des grandes orientations qui ont marqué, par la suite, l'évolution de l'humanité. Ces moments sont notamment les moments de *rupture de tradition*, c'est-à-dire les moments qui ont suscité plus que jamais la médiation herméneutique.

Le moment de l'élaboration de la philosophie postaristotélicienne qui se distingue par l'interprétation strictement allégorique du mythe, en est l'un de ces moments-clés de rupture par rapport à une tradition. Il s'agissait à ce moment-là, de prendre le dessus sur une tradition mythique qui commençait à devenir quelque chose d'étrange et difficilement conciliable avec les normes de la raison. En promouvant l'allégorie les stoïciens ont entrepris d'actualiser, de rendre intelligible un sens qui devenait étranger. Mais, en même temps, il faut remarquer que la violence interprétative des stoïciens n'a pas été uniquement la marque transfiguratrice mise sur un sens afin de le rendre accessible, mais aussi le risque pris par toute une société, par toute une culture.

L'avènement de Jésus qui a marqué une rupture dans la continuation de la tradition judaïque est un autre moment de l'histoire où la question de l'interprétation s'est posée avec autant de violence non seulement pour la société hébraïque, mais aussi pour celles grecque et romaine. Sous le fond du développement du christianisme s'est développée également toute une réflexion sur les principes d'interprétation, du retour d'Origène vers l'allégorie stoïcienne – qu'il transmettra ensuite via Philon d'Alexandrie aux premiers théologiens chrétiens – et jusqu'à la *sola scriptura* de Luther, après avoir traversé le Moyen Age où le problème de l'interprétation était d'une importance capitale car l'ensemble du savoir relevait de l'interprétation des textes sacrés et des auteurs anciens.

Lors de ces ruptures de tradition, à force de revenir sur son rôle et finalement sur son sens, la société tachera de saisir la spécificité de l'herméneutique et de marquer le champ de son intervention. Ainsi, l'herméneutique se verra assigner le domaine du sacré, du profane et du droit. Plus exactement, la démarche d'interprétation sera soit a) l'*hermeneutica sacra,* c'est-à-dire l'interprétation des textes sacrés[5], soit b) l'*hermeneutica juris,*

---

5 Les théologiens chrétiens se posent un problème décisif pour le développement de leur discours: comment concilier l'Ancien Testament d'obédience hébraïque avec le Nouveau Testament d'obédience Christique. On parle aussi d'exégèse des quatre sens (littéral, allégorique, anagogique et eschatologique). La réforme apportée cependant par les Protestants se propose de rompre avec de telles interprétations. Il s'agit de revenir à

c'est-à-dire l'interprétation des textes juridiques[6], soit c) l'*hermeneutica profona* dont la tâche est plutôt dirigée vers une approche philologique et explicative des textes anciens et modernes.

Mais, bien que le débat sur le sens et le rôle de l'herméneutique ne cesse d'agiter les protagonistes dans chacune de ses «régions» de l'interprétation, c'est l'*hermeneutica profona* qui va ouvrir véritablement la voie vers un statut disciplinaire à part entière de l'herméneutique. La philologie de type herméneutique va se donner comme tâche, par exemple, de copier, de déchiffrer, de corriger et d'expliquer les textes d'Homère. Il s'agit, d'une part de faire un travail de restitution des textes originels et d'autre part de réactualiser les textes d'Homère afin qu'ils conservent une autorité morale.

1.2 *Pour une théorie des sciences humaines*

A l'époque moderne, au croisement du romantisme allemand et des Lumières, est apparu le projet d'une herméneutique générale comme art et science visant la compréhension de toute expression de sens. C'est dans le sillage d'Ast (Ast, 1808), de Wolf (Wolf, 1831), de Chladenius (Chladenius, 1742) et de Meier (Meier, 1757) que Schleiermacher (Schleiermacher, 1987) revendique alors un statut universel pour l'herméneutique et propose la première version d'un projet d'unification des herméneutiques régionales – celle philologique et celle biblique – à partir d'une réflexion sur le langage comme médium universel et mémoire de l'humanité. Ainsi, une double visée de l'herméneutique semble apparaître: *critique*, car il faut éviter la mécompréhension des sources obscurcies par la densité de l'histoire; *romantique*, car il faut s'efforcer de mieux comprendre l'autre que lui-même ne s'est compris. Quant à l'art de comprendre, il est une activité critique qui rassemble deux interprétations distinctes: l'interprétation grammaticale et l'interprétation technique. La démarche de Schleiermacher n'est plus, comme chez ses prédécesseurs, d'envisager l'herméneutique comme un moyen pour éliminer l'incompréhensible mais comme une tentative de

---

la lettre des Ecritures Saintes pour retrouver le Texte tel qu'il a été réellement rédigé et pensé. Le principe posé est que tout chrétien peut avoir accès à la vérité des Textes sans avoir recours aux interprètes ecclésiastiques.

6   Mais aussi celle qui s'interroge sur la dimension proprement interprétative de l'homme de loi face aux textes juridiques, au douloureux problème de l'*applicatio*, celle de l'universalité de la loi face à la singularité de l'individu ou de la situation jugés.

comprendre l'autre dans son altérité. Pour réussir dans cette tentative, l'interprète, selon les termes de Denis Thouard, «doit déconstruire dans la langue pour remonter aux règles qui ont été utilisées pour la production du discours qu'il examine et construire dans la pensée en recomposant la signification de ce discours à travers l'usage singulier du langage qu'il exprime» (Thouard, 1997, p. 49).

Ce projet de Schleiermacher est repris par Dilthey qui pose l'herméneutique aux fondements des Geisteswissenchaften, les sciences de l'esprit. La visée de cette démarche – où l'historicité caractérise les œuvres de la vie de l'esprit – est de parvenir à une méthodologie spécifique aux sciences de l'esprit, une méthodologie distincte par rapport à celle des sciences de la nature. L'enjeu pour Dilthey est de donner aux sciences de l'esprit une validité épistémologique comparable à celle des sciences de la nature. Dès lors, il s'attache à montrer que les sciences de l'esprit ont la capacité primordiale de se transposer dans la vie psychique d'autrui ou, autrement dit, que les sciences de l'esprit sont le prolongement d'une pratique quotidienne et d'une expérience vitale *(das Erlebnis)*, le comprendre qu'une psychologie descriptive doit mettre en relief. La compréhension d'autrui n'étant jamais immédiate, mais médiatisée par des expressions extérieures, la psychologie doit faire appel à une herméneutique ou théorie de l'interprétation qui protège de l'arbitraire subjectif et qui s'attache aux manifestations vitales fixées par un procédé d'inscription. Dans ce cadre, les objectivations sont des expressions de la vie individuelle ou collective, ce qui veut dire que c'est la vie même qui offre aux sciences de l'esprit l'objet et le but de la recherche, mais qu'en même temps elle constitue également la condition de possibilité de l'activité scientifique. L'œuvre de Dilthey a marqué tout particulièrement l'histoire de l'herméneutique à deux égards: «d'une part, les analyses de l'*Erlebnis* développées dans la psychologie descriptive ont fourni un point de départ au jeune Heidegger, qui apprécia le projet de philosophie de la vie tout en constatant son échec. D'autre part, l'impératif méthodologique qui impose de comprendre les centres d'intérêt d'autrui à partir des objectivations et des activités vitales, a marqué la théorie et la pratique des sciences humaines; ces dernières ont trouvé chez Dilthey une analyse pertinente de la réforme des compréhensions d'autrui» (Neschke-Hentschke, 2004, pp. 15-16).

Mais alors que Dilthey considère l'herméneutique comme une composante de l'épistémologique des sciences humaines, Heidegger la transforme en phénoménologie de l'existence. La contribution de Heidegger marque, ainsi, un des tournants majeurs de l'histoire de l'herméneutique. Une distinction claire est désormais posée entre le la théorie herméneutique «classique» et l'herméneutique philosophique en prenant en compte la conceptualisation même de leur projet. Ainsi, par rapport à la perspective «classique» de l'herméneutique dont le but était de guider la pratique de l'interprétation et de la compréhension correcte en créant des théories prescriptives pour régler la pratique interprétative, on va distinguer, désormais, une herméneutique philosophique profondément concernée par ce qui est constitutivement impliqué dans chaque acte d'interprétation.

La contribution principale de Heidegger à la philosophie herméneutique se trouve dans son chef d'œuvre, «Etre et temps» (Heidegger, 1986), où il développe une conception ontologique de l'herméneutique. Plus exactement, en formulant son ontologie du *Dasein,* Heidegger soulève le problème de la compréhension du statut d'une catégorie fondamentale d'existence humaine et introduit, en concurrence, deux conceptions fondamentales de l'herméneutique: «l'une analyse la compréhension du monde par le sujet humain de manière immédiate, par le truchement d'une phénoménologie des actes de compréhension; l'autre recherche dans les objets phénoménaux – signes et objectivations diverses – les traces des interprétations humaines [...], dans le but de comprendre la nature prioritairement active et créatrice de l'être humain considérée comme auteur de l'histoire collective» (Neschke-Hentschke, 2004, p. 19).

Cette phénoménologie de l'existence est prolongée par Gadamer qui va se servir de la conceptualisation compréhension/interprétation faite par Heidegger pour développer une philosophie systématique de l'herméneutique (Gadamer, 1996b). Cette philosophie, d'une part, rejette l'idée de la séparation entre l'objet de l'interprétation et le sujet engagé dans l'interprétation, ainsi que l'idée de la signification prévue de l'auteur comme but de l'interprétation et, d'autre part, souligne le rôle productif de la «tradition» et des «préjugés» dans l'acte de l'interprétation, ainsi que la nature de l'interprétation comme dialogue entre le texte et l'interprète dans un monde compréhensible, monde entendu comme communauté de communication.

Le projet de Gadamer d'une philosophie herméneutique en tant que phénoménologie herméneutique du soi a été repris et prolongé en France par Paul Ricœur et par Jean Greisch et en Allemagne par Otto Pöggler.

1.4 Théorie du rôle social des sciences humaines

Certains ont critiqué la philosophie herméneutique développée par Heidegger et Gadamer et l'ont caractérisée de subjectiviste et relativiste. Betti (Betti, 1990), par exemple, insiste sur le fait que le texte doit être considéré comme un objet autonome indépendant par rapport à la subjectivité de l'interprète et que le but de l'interprétation doit nécessairement demeurer celui de récupérer l'intention originale de l'auteur des textes. En insistant sur le fait que le but de l'interprétation est un rétablissement de l'intention originale de l'auteur des textes, Betti tente de remettre l'herméneutique en position préheideggerianne.

D'autres critiques (Apel, 1980; Habermas, 1990a, 1990b), par contre, ont contesté certains principes de l'herméneutique philosophique, soucieux d'éviter le retour de l'herméneutique à une position préheideggerianne, et cela dans une démarche qui consistait à construire sur les présupposés de l'herméneutique philosophique, une herméneutique critique et d'émancipation. Selon ces théoriciens, la tâche de l'interprétation inclut, entre autres, la nécessité de fournir une critique des aspects idéologiques de l'objet à interpréter. Cette divergence des points de vue a généré, entre autres, la fameuse polémique entre Gadamer et Habermas. Ceci dit, malgré l'intensité de la discussion herméneutique entre Gadamer et Habermas, il faut, néanmoins, remarquer que les implications épistémologiques et méthodologiques des arguments avancés par les deux philosophes sont, d'une manière générale, tous de nature interprétative et antipositiviste. Par conséquent, il n'est pas étonnant qu'en dépit de leur «conflit» public, Gadamer et Habermas ont, comme le soulignaient certains (cf. Brenkman, 1987; Howard, 1982; Hoy, 1978; Outhwaite, 1987) beaucoup de points de vue en commun. Howard (Howard, 1982, p. 121), considère même que la discussion entre Habermas et Gadamer est plutôt une «querelle de famille» qu'une polémique entre deux adversaires irréconciliables.

1.5 De l'herméneutique philosophique à la «philosophie herméneutique»

Cette complémentarité des points de vue est la raison pour laquelle, sans doute, les critiques – qui ont favorisé la naissance après 1965 de l'herméneutique générale – n'ont pas réussi pour autant à affaiblir l'herméneutique philosophique, mais, au contraire, l'ont renforcée. Face aux critiques, Gadamer d'abord et ensuite ses disciples se sont vus obligés de clarifier leurs propositions herméneutiques, ce qui a conduit à l'élaboration d'une théorie comme projet général de la philosophie. Dans ce contexte, un nouveau projet vient d'émerger récemment en Allemagne, un projet qui vise la substitution de l'herméneutique philosophique avec une «philosophie herméneutique» (Pöggeler, 1994; Greisch, 1994b). Cela ne veut pas dire, cependant, que les herméneutiques qui surgissent l'une de l'autre s'éliminent par la même occasion mutuellement. Au contraire elles coexistent et cette coexistence donne lieu à un débat qui ne cesse de s'élargir avec un développement qui suit le poids des différentes contributions, comme par exemple, en France, celle de Paul Ricœur et Jean Greisch.

La meilleure synthèse du débat dans lequel s'inscrit l'histoire de l'herméneutique moderne est l'impressionnante liste d'ouvrages[7] à travers les-

---

7   1883 Dilthey, W., *Einleitung in die Geisteswissenschaften*; 1894 Dilthey, W., *Ideen über eine beschreibende und zergliedernde Psychologie*; 1900 Dilthey, W., *Die Entstehung der Hermeneutik*; 1910 Dilthey, W., *Der Aufbau der geschichtlichen Welt in den Geisteswissenschaften*; 1920 Heidegger, M., *Phänomenologie der Anschauung und des Ausdrucks. Theorie der philosophischen Begriffsbildung*; 1925 Heidegger, M., *Die Kasseler Vorträge*; 1927 Heidegger, M., *Sein und Zeit*; 1960 Gadamer, H.-G., *Wahrheit und Methode. Grundzüge einer philosophischen Hermeneutik*; 1962 Betti, E., *Die Hermeneutik als allgemeine Theorie der Geisteswissenschaften*; 1965 Geldsetzer, L., *G. F. Meier. Versuch einer allgemeinen Auslegekunst*; 1965 Ricœur, P., *De l'interprétation. Essai sur Freud*; 1966 Tugendhat, E., *Der Wahrheitsbegriff bei Husserl und Heidegger*; 1967 Hirsch, E. D., *Validity in Interpretation*; 1967 Habermas, J., *Zur Logik der Sozialwissenschaften*; 1968 Habermas, J., *Erkenntnis und Interesse*; 1969 Ricœur, P., *Le conflit des interprétations. Essai d'herméneutique*; 1970 Jauss, H.R., *Literaturgeschichte als Provokation der Literaturwissenschaft*; 1971 Habermas, J., *Zum Universalitätsanspruch der Hermeneutik*; 1971 Habennas, J., Henrich, D. et Taubes, J., *Hermeneutik und Ideologiekritik*; 1971 Gadamer, H.-G., *Rhetorik, Hermeneutik und Ideologiekritik. Metakritische Erörterungen zu Wahrheit und Methode*; 1971 Gadamer, H.-G., *Replik*; 1973 Apel, K. O., *Szientismus und transzendentale Hermeneutik*; 1975 Szondi, P., *Einführung in die literarische Hermeneutik*; 1975 Ricœur, P., *La métaphore vive*; 1976 Hirsch, E. D., *The Aims of Interpretation*; 1978 Riedel, M., *Verstehen und Erklären. Zur Theorie und Geschichte der hermeneutischen Wissenschaften*; 1983/84/85 Ricœur, P., *Temps et récit*; 1986 Ricœur, P., *Du texte à*

quels on peut distinguer aujourd'hui trois projets herméneutiques bien distincts: celui de l'herméneutique philosophique, celui de l'herméneutique générale et celui des herméneutiques propres aux diverses disciplines des sciences humaines.

2. Les principales contributions conceptuelles à l'œuvre

L'évolution du débat herméneutique est marquée par une série de contributions conceptuelles d'une importance tout à fait particulière en vertu de leur capacité de susciter de multiples réactions. Parmi ces contributions conceptuelles, je vais souligner ici les cinq qui me semblent avoir un rapport direct avec ma proposition d'étude herméneutique de la concertation dans le paradigme du mythe. Il s'agit a) de l'idée du cercle herméneutique, b) de l'historicité de la compréhension et l'horizon herméneutique, c) de la nature dialogique de la compréhension et la fusion des «horizons», d) du rôle de l'intention de l'auteur dans l'interprétation, et e) de la signification de la critique en cours d'interprétation.

---

l'action; 1988 Riedel, M., *Für eine zweite Philosophie*; 1989 Geldsetzer, L., *Hermeneutik*; 1991 Ineichen, H., *Philosophische Hermeneutik*; 1993 Lenk, H., *Philosophie und Interpretation. Vorlesung zur Entwicklung konstruktionistischer Interpretationsansätze*; 1993 Abel, G., *Interpretationswelten*; 1993 Grondin, J., *L'universalité de l'herméneutique*; 1994 Bühler, A., *Unzeitgemässe Hermeneutik. Verstehen und Interpretation im Denken der Aufklärung*; 1994 Pöggeler, O., *Schritte zu einer hermeneutischen Philosophie*; 1994 Grondin, J., *Der Sinn für Hermeneutik*; 1994 Grondin, J., *Die Entfaltung eines hermeneutischen Wahrheitsbegriffs*; 1999 Scholz, O. R., *Verstehen und Rationalität. Untersuchungen zu den Grundlagen von Hermeneutik und Sprachphilosophie*; 2000 Greisch, J., *L'Arbre de vie et l'Arbre du savoir. Le chemin phénoménologique de l'herméneutique heideggerienne (1919-1923)*; 2000 Greisch, J., *Le cogito herméneutique. L'herméneutique philosophique et l'héritage cartésien*; 2001 Greisch, J., *Paul Ricœur. L'itinérance du sens*; 2003 Appel, K. O., *Idées régulatrices ou advenir de la vérité? A propos de la tentative gadamérienne de répondre à la question des conditions de possibilité d'une compréhension valide*; 2003 Flasch, K., *Philosophie hat Geschichte* (cf. Neschke-Hentschke, 2004).

111

2.1 Le cercle herméneutique

Une partie importante de la théorie et de la pratique de l'herméneutique a été longtemps sous l'emprise du concept du cercle herméneutique. Le philologue allemand Friedrich Ast est parmi les premiers à mentionner dans ses travaux ce fameux cercle herméneutique. Sous l'influence du romantisme allemand, il a considéré la notion d'un *Geist* culturel unitaire et a soutenu que l'impression du même *Geist* devait être retrouvable dans tous les objets produits dans une culture donnée. Il défend ainsi l'idée que les productions culturelles et textuelles d'une civilisation ont, d'une manière nécessaire à l'origine, une unité constitutive et propose, pour parvenir à la compréhension de ces productions de suivre le cercle d'une interprétation où la compréhension de la production apparaît fondée sur la compréhension globale qui est en fait la compréhension de chaque partie. En d'autres termes, la signification des différentes concertations, par exemple d'une culture donnée, peut être entièrement comprise seulement par la compréhension de la signification de l'esprit global de cette culture, et, alternativement, l'esprit global d'une culture peut être compris seulement par la compréhension de la signification des différentes concertations et d'autres objets façonnés ou produits par cette culture. Selon une telle vision des choses, la compréhension d'une concertation comporte une interprétation du processus de mise en œuvre de la concertation suivi par ces initiateurs et le principe de base permettant une telle interprétation ne peut relever que du cercle herméneutique. La même chose peut être observée à un autre niveau. Considérons, par exemple, la tâche de comprendre une réunion dans n'importe quelle concertation. La réunion en question doit, naturellement, être comprise au moyen de la compréhension des phrases des participants à cette réunion. D'autres part, c'est souvent le cas, la signification des différentes phrases dans une réunion devient claire seulement quand on a déjà une compréhension de ce que la réunion dans l'ensemble essaye de communiquer ou ce que la réunion vise dans la concertation.

L'idée du cercle herméneutique, c'est aussi l'idée de Schleiermacher qui a également insisté sur le fait que la tâche de la compréhension d'un texte exige de reproduire ou réitérer le processus créatif de l'auteur. Il s'agit dans la pensée de Schleiermacher, d'une démarche qui implique deux dimensions, une «grammaticale» et l'autre «psychologique» qui inscrivent la compréhension dans un fonctionnement qui relève également du dispositif du cercle herméneutique.

112

Bien que séduisante, l'idée du cercle herméneutique est pourtant problématique lorsqu'il s'agit de l'intégrer dans une démarche analytique. Elle est frappée fondamentalement par une contradiction logique, car si la condition pour comprendre une partie est de comprendre le tout, alors il faut admettre qu'il est impossible de comprendre quoi que ce soit (Palmer, 1969, p. 87). C'est la raison pour laquelle certains ont conclu que dans la perspective herméneutique la compréhension ne peut pas être entendue simplement comme le processus logique et analytique, d'où l'idée que le processus herméneutique de compréhension relève d'un dépassement de la logique de l'analyse et, à cet égard, elle participe de l'intuitif et du divinatoire (Palmer, 1969, p. 87). Ceci dit, l'idée de cercle herméneutique reste un des éléments-clés de l'architecture conceptuelle de l'herméneutique qui à travers les contributions de Heidegger et de Gadamer s'est vu attribuer des caractéristiques dans l'ordre du temps et de l'histoire.

2.2 L'historicité de la compréhension et de l'horizon herméneutique

La plupart du temps, l'idée du cercle herméneutique est développée par les différents auteurs afin de souligner l'importance de la compréhension du contexte lorsqu'il s'agit de comprendre le texte. Mais en s'appliquant à cette tâche, ces auteurs ont omis de prendre en compte le rôle créateur du contexte historique et culturel du lecteur ou de l'interprète – qui n'est pas exclu d'appartenir à un milieu historique et culturel différent – cherchant à comprendre le texte. C'est de cette observation que Gadamer part pour formuler ces considérations concernant l'historicité de la compréhension (Gadamer, 1996a).

Selon Gadamer (Gadamer, 1996a, p. 269), les préjugés sont l'indice de notre participation à notre propre tradition historique et culturelle alors qu'ils définissent les limites et les capacités de l'autre horizon de compréhension c'est-à-dire de notre horizon herméneutique. Par conséquent, conclut Gadamer, plutôt que de regarder les préjugés comme un obstacle pour la compréhension, ils doivent être considérés comme une condition nécessaire pour toute compréhension. Cela ne veut pas dire que Gadamer valide par là tous les préjugés. Au contraire, Gadamer distingue entre d'une part, les «préjugés légitimes» (Gadamer, 1996a, p. 246) ou les «préjugés productifs qui rendent la compréhension possible» (Gadamer, 1996a, p. 263), et d'une part, les «préjugés qui gênent la compréhension et mènent au malentendu» (Gadamer, 1996a, p. 263). Mais cette distinction soulève la question de l'identification de ces différents types de préjugés. Comment peut-on distinguer les préjudices légitimes ou productifs des préjudices non productifs qui mènent au malentendu?

Pour y répondre, Gadamer prend en considération la signification herméneutique de la distance temporelle qui sépare le texte du lecteur en tant qu'interprète et fait de cette considération la caractéristique fondamentale de l'herméneutique philosophique afin de la distinguer de l'herméneutique de ses prédécesseurs. Si jusqu'ici l'herméneutique se donnait justement comme tâche de surmonter la distance temporelle qui séparait l'œuvre de son interprète, l'herméneutique philosophique de Gadamer considère cette distance comme état de compréhension. La mise en confrontation de nos préjugés avec un texte historiquement éloigné met en évidence une distance temporelle dans laquelle les préjugés productifs peuvent être distingués des préjugés non productifs. Plus exactement, en observant l'importance de la distance temporelle dans le processus de distinction des préjugés, Gadamer souligne qu'il nous est possible de devenir conscients de nos préjugés seulement dans la mesure où nous rencontrons un texte qui défie la vérité de nos préjugés. Dans cette perspective, il est impossible pour quelqu'un d'avoir la conscience de ses préjugés tant qu'ils ne sont pas activés par la rencontre avec le texte, c'est-à-dire avec une opportunité de l'activation des préjugés. Une telle rencontre, dans laquelle la signification d'un texte se montre en opposition avec nos préjugés, est le lieu privilégié pour distinguer entre les préjugés qui facilitent la compréhension et les préjugés qui gênent la compréhension.

Dès lors, la véritable compréhension, selon Gadamer, advient alors qu'on parvient à suspendre les préjugés non productifs.

2.3 *La compréhension comme dialogue et la fusion des horizons*

Pour Gadamer (Gadamer, 1996a), l'une des principales limites de l'herméneutique développée auparavant est l'accent tout à fait particulier mis sur la dichotomie sujet-objet, où le texte était traité comme «objet» et celui qui interprétait comme «sujet». Ainsi il rejette cette dichotomie et, à partir de la philosophie de Heidegger, il tente donc la conceptualisation de l'interprétation non seulement comme une production de l'esprit, mais aussi comme une participation à la tradition dont appartient le texte. Afin de développer cette théorie il introduit la notion de dialogue. Plus exactement, dans la pensée de Gadamer cette participation à la tradition implique un dialogue entre compréhension et interprétation, car la signification d'un texte émerge, par une conversation, entre l'interprète et le texte. Comme dans toute conversation dont la structure subsiste dans un enchaînement alternatif des questions et réponses, dans la conversation herméneutique qui a lieu entre l'interprète et le texte, l'interprète pose des questions au texte, certes, mais le texte aussi pose des questions à l'interprète. Ces questions posées par le texte à l'interprète ont pour but d'interpeller les préjugés de l'interprète. Mais d'une manière générale ce dialogue entre l'interprète et le texte vise à trouver des questions auxquelles le texte constitue une réponse précise, et cela parce que seulement en découvrant de telles questions que la compréhension du texte devient possible, c'est-à-dire seulement à cette condition que le texte échappe au non-sens.

Cette condition est pourtant problématique, car découvrir des questions auxquelles le texte constitue une réponse exige que, préalablement, l'interprète suspende parmi ses préjugés, les préjugés qui l'empêcheraient de formuler de telles questions. En somme, cette condition exige qu'avant tout, l'interprète mette hors de nuire les préjugés qui peuvent l'amener à considérer le texte comme non-sens.

Mais lorsque l'interprète parvient à suspendre ses préjugés non productifs, c'est-à-dire lorsqu'il arrive avec succès à une compréhension authentique du texte, alors, selon Gadamer, il y a eu une «fusion des horizons *(Horizontverschmelzung)*» (Gadamer, 1996a, p. 273).

Dans cette «fusion», qu'est l'essence de la compréhension, l'interprète dépasse son propre horizon de préjugés pour intégrer l'horizon du texte. Pour parvenir à ce dépassement dont dépend la fusion des horizons, l'interprète doit satisfaire à l'exigence de la conscience de l'histoire de l'efficace. Cette conscience de l'histoire de l'efficace rend l'interprète conscient de la continuité historique à laquelle il appartient. Une telle conscience suppose de la part de l'interprète la capacité de prendre en compte son propre horizon herméneutique par une démarche où il s'approprie l'interprétation comme dialogue ouvert pour la tradition.

La fusion des horizons a lieu par l'intermédiaire de la langue. Cependant, pour la philosophie de Gadamer concernant l'herméneutique, la langue n'est pas simplement instrumentale; plutôt, la langue a une signification ontologique. En d'autres termes, selon la philosophie herméneutique, la langue ne devrait pas être regardée simplement comme «un instrument ou un outil» (Gadamer, 1996b, p. 62).

2.4 Interprétation et intention de l'auteur

D'une manière générale, pour Schleiermacher et Dilthey l'aboutissement de la compréhension d'un texte – et implicitement l'aboutissement du processus herméneutique lui-même – consistait à reproduire le sens originel de l'auteur. Plus exactement, pour ces théoriciens, le projet de l'herméneutique a été rattaché inextricablement à la notion de l'intention de l'auteur. Tout simplement pour ses premiers théoriciens de l'herméneutique, le but de l'interprétation textuelle se limitait uniquement à la compréhension de la signification prévue par l'auteur des textes (Bleicher, 1980; DiCenso, 1990; Gadamer, 1996a; Hoy, 1978; Ormiston et Schrift, 1990; Palmer, 1969; Warnke, 1987). Cette manière de voir l'herméneutique est radicalement bouleversée dans la philosophie herméneutique de Gadamer.

Certes, tel que je l'ai souligné précédemment, Gadamer pose comme condition pour la compréhension ce qu'il appelle «une conscience de l'histoire de l'efficace», c'est-à-dire cette capacité de l'interprète de suspendre ses préjugés non productifs afin de parvenir à la fusion des horizons. Mais Gadamer souligne également qu'une telle fusion des horizons demeure néanmoins toujours enracinée dans le présent et elle ne peut avoir lieu que dans et par l'horizon de l'interprète de préjugés. Par conséquent, dans un sens, l'interprétation ne doit pas forcer le texte d'entrer dans le cadre des propres préjugés, catégories et constructions de l'interprète et dans un autre sens l'interprétation ne doit pas contraindre l'interprète d'investir la position de l'auteur du texte. Sinon, il s'agit, dans le premier cas, de faire violence à l'intégrité du texte et, dans l'autre, de rendre hors du jeu l'inévitable historicité de l'interprète et, donc, l'herméneutique impossible à se réaliser (Gadamer, 1996a, p. 272; Howard, 1982, p. 152). Or, pour avoir lieu le processus d'interprétation repose sur la totalité du cours objectif de l'histoire celle qui se manifeste dans la situation historique de l'interprète. Et cela veut dire pour Gadamer que la signification d'un texte va toujours au-delà de son auteur ou autrement dit, le texte représente toujours davantage par rapport à ce que l'auteur a prévu, ce qui revient au fait que l'interprète doit comprendre plus que l'auteur du texte et que l'interprétation n'est pas une simple activité reproductrice, mais aussi une activité productrice (Gadamer, 1996a, p. 264).

En rejetant l'intention de l'auteur dans l'herméneutique philosophique, Gadamer va poser, certes, quelques problèmes aux théoriciens objectivistes (Betti, 1990; Hirsch, 1965, 1967) pour lesquels le texte est un objet possédant une signification fixe prévue par l'auteur et donc, la tâche qui revient à la compréhension est de déchiffrer d'une manière objective cette signification en s'appuyant sur une analyse méthodologique. Cependant, dans la mesure où les méthodes elles-mêmes sont historiquement produites et contingentes, et puisque aucune méthode ne peut jamais être conçue en enlevant complètement toutes les traces de l'histoire, de la culture et du contexte de l'interprète, l'observation de Gadamer semble être juste. La signification d'un texte émerge toujours dans le dialogue entre le texte et l'interprète, ce qui veut dire que la signification n'est pas limitée par les intentions de l'auteur.

2.5 La critique «émancipatrice» de l'interprétation

Il s'agit d'un projet qui a émergé lors de la fameuse polémique entre Habermas et Gadamer à la fin des années 1960 et au début des années 1970 et sur lequel je vais revenir plus tard. Dans son ensemble cette controverse oppose une multitude d'arguments complexes (Brenkman, 1987; Colburn, 1986; DiCenso, 1990; Hoy, 1978; McCarthy, 1978, 1982; Mendelson, 1979; Misgeld, 1976; Outhwaite, 1987; Ricœur, 1973; Thompson, 1981) dont l'analyse approfondie dépasse ici le cadre de mon propos.

Par contre, par rapport à ce projet, je tiens, néanmoins, à souligner le fait qu'en critiquant l'herméneutique philosophique de Gadamer certains théoriciens comme, par exemple, Apel et Habermas, sont parvenus à transformer l'herméneutique en support pour la critique «émancipatrice». C'est la raison pour laquelle la théorie critique apparaît aujourd'hui comme «une forme particulière d'herméneutique» ou, en tout cas, elle fait appel à ses ressources en mettant en lumière la proximité étroite entre l'anthropologie de l'aliénation (qui se dégage de la théorie habermassienne des intérêts cognitifs) et l'analytique du *Dasein*. D'un autre côté et dans la mesure où la critique des idéologies porte essentiellement sur les distorsions de la communication aliénée, l'intérêt pour l'émancipation s'inscrit sur le même plan que l'herméneutique et repose sur l'expérience inscrite dans les textes fondateurs de notre tradition culturelle de la communication. Il en résulte que l'appréhension, par le biais de l'herméneutique de cette tradition, permettant une réinterprétation du passé et l'abolition de la distance temporelle/ culturelle, est une voie obligée de la désaliénation (Deramaix, 1993).

3. Les appropriations disciplinaires d'une «œuvre ouverte»

La meilleure illustration du caractère fondamental de l'herméneutique pour l'explicitation des phénomènes est aujourd'hui la reconnaissance dont elle jouit dans les domaines disciplinaires considérés autrefois totalement hors de la portée de l'herméneutique. Les fameuses «sciences» dont le savoir était considéré comme le produit d'une démarche non seulement étrangère à l'interprétation, mais complètement fondée sur le contraire de l'interprétation, c'est-à-dire sur la démonstration logique et sur le calcul mathématique, ces sciences, les sciences de la nature, les sciences formelles comme bien d'autres sciences humaines et sociales s'approprient désormais les acquis de l'herméneutique et paradoxalement, tentent à travers eux, de mettre en valeur et de développer leur propre domaine.

3.1 Sciences de la nature

Dans le domaine des sciences de la nature par exemple, les chercheurs, d'une manière directe ou indirecte, commencent aujourd'hui à reconnaître le caractère herméneutique de leurs problématiques et l'importance pour elles de la question du sens, longtemps occultée par la vision positiviste du savoir. Ainsi l'ancienne optique scientifique postcartésienne caractérisée par son approche «naturel» totalement déconnectée du monde humain sensible, moral et social, est en train de s'éteindre au fur et à mesure que la philosophie de la nouvelle herméneutique, malgré ou peut-être justement grâce à la critique, dévoile son caractère universel.

La biologie considère aujourd'hui la vie elle-même comme une activité interprétative. Dans cette discipline, les études expérimentales sur la perception ont hérité des réflexions phénoménologiques et dialectiques de Husserl – qui voit dans le sujet perceptif, c'est-à-dire qui est dans le monde

118

par la perception, celui-là même qui construit le monde (Husserl, 1992) –, puis de Merleau-Ponty – qui considère que «le monde est ce que nous percevons» et la perception est «cet acte qui crée d'un seul coup avec la constellation des données, le sens qui les relie» (Merleau-Ponty, 1942; 1945) – et dans une certaine mesure de Piaget – qui refuse de séparer la perception de l'action, et le sujet de la connaissance de son objet (Piaget, 1937) –, ainsi que des travaux du biologiste von Uexküll[8] – qui par ses expériences perceptives-actives dans des cercles fonctionnels ni totalement prédéterminés, ni complètement arbitraires, a exprimé à son tour cette conception quasi herméneutique de ce qu'est l'Umweltrecueille (Uexküll, 1965). Ces travaux ont préparé et ouvert en biologie la voie au constructivisme interactionniste représenté aujourd'hui, notamment par Varela et Stewart. En référence au cercle herméneutique, ces auteurs reconnaissent le caractère circulaire des interactions qu'un organisme ou une espèce entretient avec son milieu (Varela, 1989; 1993), circularité déjà signalée par Darwin.

Le mode de fonctionnement de la tique mis en évidence et schématisé est l'exemple classique se trouvant au fondement de l'herméneutique du vivant. Uexküll à observé que la tique femelle adulte peut rester accrochée sur une tige longtemps sans qu'elle soit sensible aux éléments que nous les humaines percevons de notre environnement. Seule la proximité d'un mammifère peut provoquer une réaction. «C'est à ce moment – observe Uexküll – que se produit quelque chose d'étonnant: dès que les effets dégagés par le corps du mammifère, il n'y en a que trois, et dans un certain ordre, ils deviennent des excitations.» A partir de cet exemple, Uexküll va conclure que l'animal et son Umwelt sont étroitement liés et qu'ils se définissent mutuellement. Les deux sont réunis dans un cercle fonctionnel (Salanskis, Rastier, Scheps, 1997, p. 214). Dans cet exemple, le sujet est la tique, c'est-à-dire l'organe perceptif et l'organe moteur. L'objet est le mammifère, c'est-à-dire la source des stimulations perçues par le sujet et le lieu de ses actions.

Mais cette appropriation de l'herméneutique par les biologistes va bien plus loin que la simple reconnaissance dans leur domaine de l'interprétation par le truchement de la circularité de relations qu'entretient un organisme avec son milieu. Ruth Scheps affirme même «que les êtres vivants représentent chacun la manifestation d'un possible, un choix parmi les innombrables possibilités que recèle l'arrière-monde (le monde dans sa totalité

---

8   A titre d'information, von Uexküll a été contemporain avec Cassirer. Il est né en 1864 et décédé en 1944.

diachronique, inconnaissable en tant que tel par qui que ce soit). A ce titre, ils peuvent être considérés comme des interprétations de la nature qu'ils contribuent en retour à interpréter en constituant des signes (éventuellement linguistiques) identifiés comme tels à l'issue de parcours interprétatifs (Rastier, 1994). En sorte que vivre, c'est interpréter et être interprété. Et pour l'homme, son monde est comme *la résolution infinie du sens en fait et du fait en sens... l'espace de la responsabilité d'un sens* (Nancy, 1998)» (Scheps, 1997, p. 205).

L'herméneutique du vivant semblable presque calqué sur l'herméneutique des traditions. D'ailleurs, il est question de comprendre les comportements par rapport aux variations de l'Umwelt dans le cadre de la même espèce, c'est-à-dire en fonction de l'histoire particulière de chaque individu. Pierre Clément, Ruth Scheps et John Stewart prennent, sans ambiguïté, dans leur démarche comme point d'appui la pensée heideggerienne: «Avec Heidegger (in Gesamtausgabe, 1927), nous pouvons voir le Dasein comme *une implication engagée dans le monde*, mais en insistant sur l'universalité biologique de cette implication, ainsi que sur sa réversibilité (chaque monde / Umwelt étant lui aussi impliqué dans chaque être / Dasein)» (Salanskis, Rastier, Scheps, 1997, p. 229).

Ceci dit, en parlant de l'herméneutique du vivant, comme par exemple, de la tique femelle adulte avec ses trois cercles fonctionnels bien identifiés, les biologistes utilisent une rhétorique objectiviste, comme s'il s'agissait d'une réalité pré-donnée à décrire telle qu'elle est. Or, s'ils parlent d'une herméneutique du vivant c'est parce que leur propre rhétorique est une interprétation. Donc l'interprétation du vivant n'est que l'interprétation d'une interprétation. Je n'en tire pas ici les conséquences épistémologiques pour le biologiste. Mais je constate simplement qu'une telle situation est identique à celles auxquelles sont confrontées depuis toujours les sciences humaines et sociales.

Dans le domaine de la physique, l'«herméneutisation» des sciences est devenue manifeste tout particulièrement dans la physique quantique, domaine dans lequel il est question désormais de prendre en compte les conditions de l'observation et le fait de voir les mesures comme des productions herméneutiques. En effet, la physique quantique a ébranlé l'objectivisme scientifique, parce que l'objet physique, caractérisé par la physique classique selon ses propriétés réelles et objectives, ne peut l'être par la théorie des quanta que selon ce qui peut en être mesuré simultanément et qui résulte de l'interaction homme-réalité. Sans dire quoi que ce soit sur la réalité «en soi», dans des conditions d'observation déterminées, les mesures quantiques permettent, néanmoins, d'accéder à certains des aspects de la réalité. Cette manière de saisir l'objet d'étude est une réitération dans la sphère des sciences de la nature, d'une idée déjà présente dans les sciences humaines et sociales, à savoir que le phénomène dépasse toujours l'ensemble des données accumulées sur lui, car elles ne peuvent être que des approximations, réelles certes, mais nécessairement partielles. En somme, en constituant ses objets, la physique quantique «officialise» dans le domaine des science de la nature, une expérience déjà acquise dans d'autres domaines de la connaissance où le phénomène est toujours considéré plus étendu que la somme ou la synthèse des données le concernant. Mais cette «officialisation» implique également l'idée que l'homme ne peut être considéré neutre par rapport à la recherche ou en dehors du processus scientifique, même dans le domaine de la physique. Plus exactement, l'homme désormais devient partie prenante dans l'élaboration scientifique, car si «la physique... n'est plus le déchiffrement d'un texte déjà écrit, celui de la *Nature* de la science classique, elle n'est pas non plus un jeu arbitraire. En ce sens, l'homme est engagé dans les connexions qu'il choisit de faire entre les mots et les choses; de simple compte rendu du monde, l'activité scientifique devient une œuvre» (Chevalley, Bohr, 1991, p. 53). Dès lors, l'activité du physicien peut être envisagée, tout simplement, comme une interprétation du monde.

Si la biologie inscrit son discours sur l'interprétation dans le «cercle herméneutique», la physique quantique prend pour son compte un autre concept herméneutique, l'«horizon». L'argumentation de Gilles Cohen Tannoudji mérite, pour son caractère fortement illustratif, d'être cité *in extenso*:

L'idée que je défends [...] est que les concepts de la théorie quantique décrivent non pas la réalité directement mais plutôt la ligne d'horizon qui sépare l'horizon apparent (classique) de l'horizon profond (quantique). Cette «horizontalité» des concepts quantiques me semble, [...] étendre et généraliser la notion de complémentarité. Réfléchissons aux propriétés de l'horizon. Au sens classique du terme, l'horizon d'un observateur situé à une certaine altitude est la partie du monde qui lui est visible. La ligne d'horizon est la ligne de contact d'un cône dont l'œil de l'observateur est le sommet et qui est tangent à la terre. Cette ligne d'horizon n'est pas réelle.

On peut dire qu'elle est immatérielle. Elle n'existe que par rapport à l'observateur. Elle est mobile et son mouvement obéit à celui de l'observateur. Elle est inaccessible; elle fuit toujours devant l'observateur qui voudrait s'en approcher. On peut dire que la ligne d'horizon est au carrefour de nombreuses dialectiques: objectif / subjectif, actuel / potentiel, limite / ouverture. Mais, aussi immatérielle que soit la ligne d'horizon, nous avons à son propos au moins une certitude: c'est sur le monde réel que nous la traçons. A partir de cette certitude, nous pouvons élaborer une nouvelle pensée du monde: le monde réel ne nous est pas accessible immédiatement dans sa totalité (ce qui est au delà de l'horizon n'est pas visible); mais nous pouvons penser le monde réel comme le lieu géométrique de toutes les lignes d'horizon possibles. (Cohen-Tannoudji, 1997, p. 262)

Dans cette vision, la théorie quantique des champs est considérée comme une herméneutique des horizons, où le monde apparaît comme le lieu géométrique de toutes les lignes d'horizon possibles. Cette vision s'appuie sur l'idée que certains événements ne parviennent à la connaissance de l'homme que grâce aux traces qu'ils laissent dans l'horizon apparent, seul observable.

Ce rapprochement induit par l'herméneutique entre la mécanique quantique et les sciences humaines et sociales sur le terrain de l'«expérience», amène, même, Patrick Heelan à conclure que: «L'herméneutique et l'esthétique expriment l'aspect poétique (au sens aristotélicien) de la vérité dans les sciences de la nature comme dans les sciences sociales» (Heelan, 1997, p. 288).

3.2 Disciplines formelles et cognitives

Installées dans une relation intemporelle à leurs objets, à leurs méthodes, à leurs enjeux, les sciences formelles – les mathématiques, la logique, l'informatique – ne supportent pas, en principe, d'être soupçonnées de connivence avec une quelconque démarche interprétative. C'est ici un dogme largement et bien établi par un «magistère» invisible. «Par définition» les sciences formelles sont absolument incompatibles avec l'incontournable ancrage dans le temps de l'herméneutique. Les objectifs ouvertement affichés de ces sciences sont la résolution de problèmes, la législation technique du raisonnement, la prescription par programme de comportements. Etrangère à toute *explicitation,* l'activité formelle de dérivation ou de calcul oublie par principe et pour sa bonne cause la dimension du sens à laquelle l'herméneutique est profondément attachée.

Pourtant les sciences formelles ne peuvent pas non plus faire abstraction *ad libitum* de l'herméneutique. L'évolution récente des sciences cognitives a mis en évidence que la dimension herméneutique est un propre de l'intelligence humaine, chose complètement ignorée, jusqu'ici, par les modélisations cognitives. Ainsi, la tâche de l'intelligence artificielle apparaît désormais pour certains comme la «traduction» d'une double démarche herméneutique en programmes conformes à un canon logique des discours. Cette traduction est transmue en compréhension par l'approchement des horizons: «... comme il n'existe pas de traduction formelle établie, la seule manière de comprendre et de vérifier la correction des manipulations formelles du programme est de les formuler dans le langage phénoménologique qu'elles modélisent. [...] Il doit donc y avoir une fusion d'horizon entre la conception du programme et son utilisation. Il doit y avoir un dialogue dont le programme est le médium» (Bachimont, 1997).

La pratique des mathématiques n'est pas non plus étrangère à l'herméneutique. Claude Lobry, par exemple, met en évidence plusieurs moments interprétatifs absolument essentiels à la pratique mathématique. La dualité langue naturelle / langue formelle ou semi-formelle sur laquelle se construit la recherche mathématique est un de ces moments. En effet, les passages d'une langue à l'autre – de la langue naturelle à la langue formelle et inversement – donne lieu à des questions dont les réponses sont des développements ou des interprétations successives (Lobry, 1997). Cela montre le lien indestructible entre la pratique des mathématiques et l'herméneutique, lien qui ressort d'ailleurs, également, si l'on considère la vision de Marco Panza, pour lequel les mathématiques ne peuvent parvenir à se déployer complètement comme procès où *le* processus conceptuel qu'elles sont au-delà de leur consignation formelle que si elles sont prises comme une *activité* se développant dans une histoire, et la perspective philosophique correspondante semble bien être celle de l'anthropologie herméneutique gadamérienne (Panza, 1997).

3.3 Autres appropriations

Moins spectaculaires, c'est-à-dire moins surprenantes sont les appropriations de l'herméneutique dans les différentes disciplines participant des sciences humaines et sociales. Cela peut paraître «naturel» compte tenu du rôle assigné à l'herméneutique dans la fondation de ces sciences. Ceci dit, je tiens, néanmoins, a souligné les appropriations tout à fait sans complexe de l'herméneutique tout particulièrement par les chercheurs interrogent la sphère de la santé, de la politique, du management ou des organisations en général[9]. Ce déploiement transdisciplinaire de l'herméneutique pose désormais le problème du rapport entre la compréhension et les contraintes théoriques de l'interprétation. Il s'agit d'une dilution du fondement théorique de validation des interprétations, dilution qui semblent s'inscrire dans une dynamique d'appropriation, c'est-à-dire dans la mesure où certaines disciplines s'approprient l'herméneutique, l'herméneutique s'approprie, à son tour, les «traditions» disciplinaires de validation.

9   A titre d'exemple: Augst, 1999; Baumann, Carrol, Damgaard, Millar, Welch, 2001; Feldman, 2000; Freeman, 2001; Ginev, 1999; Hale Feinstein, Cannon, 2004; Harrington, 2000; Hay, 1999; Hendrickson, 2004; Ironside, Scheckel, Wessels, Bailey, Powers, Seeley 2003; Kim, 2002; Kim, 2004; Langdridge, Butt, 2004; Lawn, 2003; Martin, Sugarman, 2001; Michael, 1998; November, 2002; Ortiz, 2003; Panourgia, 2002; Polkinghorne, 2000; Prasad, 2002; Price, 1999; Rasmussen, 2002; Rennie, 2000; Rundell, 1999; Spector, 1999; Stones, 2002; Strydom, 1999; Thompson, 2003; Topper, 2000; Verhoest, 2000; Waizbort, 2004; Wallace, Ross, Davies, 2003; Warnke, 2000; Widdershoven, 2001; Zuidervaart, 2003.

Chapitre 5

L'interprétation de l'«action sensée» chez Paul Ricœur

Une seconde contrainte théorique avec laquelle est confronté l'herméneute de la concertation dans le paradigme du mythe est l'interprétation de cette forme de communication comme une «action sensée». Cela veut dire que le chercheur devra dépasser l'écueil qui consiste dans le fait que son interprétation portera sur un objet qui a subi préalablement une sorte d'objectivation lui permettant de se distinguer déjà de l'objet originel sans orientation. Je veux dire par là que l'explicitation ne portera pas sur une compréhension issue immédiatement de la pratique *sans observation* de la concertation, compréhension que j'appellerais *préscientifique*, mais sur une compréhension issue d'une observation méthodologique du phénomène, observation que j'appellerais *scientifique*. En d'autres termes, il s'agit de considérer la concertation comme un objet scientifique, c'est-à-dire comme une construction théorique permettant potentiellement l'expérimentation, la critique et l'interprétation. Cette contrainte soulève, néanmoins, un problème extrêmement sensible, car cette surcompréhension suppose l'articulation de trois types de compréhension: a) la compréhension par inscription de l'objet dans le concret, b) la compréhension par distanciation de l'objet, c) la compréhension par référence à un monde extérieur à l'objet. Or chacun de ces types de compréhension revendique le droit de dominer sur les autres.

Dès lors, approcher la concertation comme une «action sensée» requiert au moins trois conditions secondaires: a) distinguer entre la raison historique et la raison communicationnelle, b) articuler l'herméneutique et la critique, c) prendre appui sur le paradigme du texte pour «surinterpréter» (Eco, 1996) et surcomprendre la concertation. Il s'agit d'une requête à laquelle l'herméneutique de Paul Ricœur apporte, pour l'instant, à mes yeux, la meilleure réponse. Cette réponse en trois temps s'attache d'abord à éclaircir les points litigieux dans la polémique entre Gadamer et Habermas, ensuite elle formule la position de l'herméneutique critique et, enfin, elle fournit les arguments de la pertinence de l'interprétation textuelle de l'action.

1. La polémique Gadamer / Habermas

La polémique entre Gadamer[1] et Habermas[2] ou la controverse entre l'herméneutique et la critique des idéologies – qui entraîne ensuite dans son sillage bien d'autres philosophes – éclate dans les années 1960 après la publication par Gadamer de son ouvrage «Vérité et méthode», ouvrage formulant une série de considérations sur l'herméneutique et contre lesquelles Habermas a lancé un certain nombre de critiques dès 1967, notamment dans son ouvrage «Logique des sciences humaines». En considérant le dossier de cette polémique – partiellement reproduit par Suhrkamp dans «Hermeneutik Ideologiekritik» – Ricœur voit dans cette controverse un affrontement qui porte sur la «revendication d'universalité» de l'herméneutique, affrontement qu'il se propose d'approcher par «l'appréciation de la tradition dans l'une et dans l'autre philosophie» (Ricœur, 1986, p. 368).

1.1 Herméneutique des traditions

Dans la perspective d'une part, de se distancier du positivisme et de sa prétention à élaborer la méthode rationnelle de connaissance et d'autre part, de refuser l'historicisme romantique qui chercherait dans la reconstitution empathique d'une époque une connaissance historique qui prendrait, *in fine*, les mêmes chemins que la méthode positiviste, Gadamer tâche de montrer dans «Vérité et méthode» que l'herméneutique peut prétendre à une validité, c'est-à-dire à une objectivité et à une vérité, aussi forte que celle des modes de connaissances mis en œuvre dans les sciences de la nature.

Dans la première partie de son ouvrage, Gadamer montrera comment l'œuvre d'art peut redevenir une expérience de vérité, une expérience de vérité hors de la science. Cela lui permettra ensuite de situer l'œuvre d'art en tant qu'expérience ontologique où se découvre un sens, car un dialogue

---

1 Au passage, je tiens à souligner le lien entre Gadamer et l'Ecole de Marbourg. Gadamer étudie la philosophie à l'Université de Marbourg, auprès de Paul Natorp qui dirigera sa thèse. Cette thèse lui permettra de devenir ensuite chargé de cours (Privatdozent) à l'université de Marbourg.

2 Juste pour souligner davantage l'opposition, je rappelle ici, également, l'appartenance de Habermas à l'Ecole de Francfort.

existe toujours entre l'œuvre d'art et le spectateur, l'auditeur ou le lecteur. L'idée développée ici et celle du sens qu'elle transmet dans une expérience de «contemporanéité». Plus exactement, c'est expérience correspond à la reprise et à l'interprétation d'un sens passé dans une expérience présente, actuelle. Et c'est justement cette notion de contemporanéité du sens qui explique la compréhension des œuvres par les générations suivantes et en même temps trace le chemin de l'œuvre dans l'histoire.

Ensuite, une fois qu'il a démontré que l'esthétique est une expérience de vérité et que la vérité est indéniablement rattachée à une expérience de sens, Gadamer passe en revue les grands moments des sciences de l'esprit afin de montrer que la vérité des sciences humaines n'est pas à confondre avec la vérité des sciences de la nature. Au passage, il profite pour réfuter l'idée que la vérité puisse être mesurée au moyen d'une mise à distance méthodologique, comme c'est le cas dans les sciences de la nature, car cette manière de faire détruit le rapport d'appartenance, le dialogue de l'homme au monde qui est une condition fondamentale pour parvenir à la vérité. Cette analyse sert cependant à Gadamer pour exposer la base de son herméneutique. Ainsi, il fait remarquer que le premier pas ne consiste pas à se défaire de préjugés mais à questionner nos préjugés afin de savoir s'ils sont légitimes, car c'est toujours à partir de préjugés que nous avons accès à la connaissance. Selon Gadamer, les préjugés sont les conditions mêmes de notre compréhension. Il s'agit d'une compréhension qui est avant tout une tâche pratique, donc une application. Cela l'amène à faire souligner que cette tâche qui consiste à appliquer la compréhension n'est rien d'autre qu'une interprétation fondée sur une histoire dont l'interprète doit avoir conscience puisque l'histoire est porteuse de sens.

Dans la dernière partie de son ouvrage Gadamer montre pourquoi la compréhension du monde est avant tout assujettie au langage. Ceci justifie le fait que l'herméneutique est portée d'une manière tout à fait particulière sur le langage sur lequel est fondée la compréhension et sur le rapport d'appartenance au monde qui incombe à cette compréhension. Pour Gadamer le langage joue un rôle de médium pour la production du sens et constitue l'horizon même de la compréhension ou encore il est la structure de la compréhension. Il veut dire par là que tout ce qui est compris participe du langage, c'est-à-dire est l'objet d'un dialogue.

Mais, en somme, dans toute cette argumentation, comme observe Ricœur c'est «la théorie de la conscience historique qui constitue [...] le microcosme de l'ouvrage entier et la miniature du grand débat» (Ricœur,

1986, p. 370). Autrement dit, pour Gadamer l'interprétation des phénomènes est faite suivant la propre place de l'interprète dans l'histoire, c'est-
à-dire suivant sa propre culture et sa propre tradition. Le rapport de l'interprète au passé s'exprime toujours dans un dialogue, une dialectique de la
question et de la réponse, c'est-à-dire l'interprète porte en lui des questions
auxquelles répond la tradition. Le passé n'est donc jamais dépassé, il est
plutôt nécessaire à la compréhension du présent: «Depuis l'avènement de la
conscience historique et sa victoire, on se trouve devant une nouvelle situation. Dorénavant, cette conscience n'est plus simplement expression irré-
fléchie de la vie réelle. Elle cesse de juger tout ce qui lui est transmis à la
mesure de la compréhension qu'elle a de sa propre vie, et d'établir ainsi la
continuité d'une tradition. Cette conscience historique sait à présent se placer dans un rapport réflexif avec soi et avec la tradition: elle se comprend
soi-même par et à travers sa propre histoire. La conscience historique est un
mode de la connaissance de soi» (Gadamer, 1963, p. 26).

Ricœur fait remarquer que la catégorie de «conscience historique» focalise principalement quatre thèmes. D'abord, il s'agit d'une certaine tension
qui apparaît lorsqu'on considère le concept de «distance historique» élaboré
par Gadamer, concept qui ne désigne pas uniquement un fait, mais aussi un
comportement méthodologique: «l'histoire des effets ou efficace est précisément celle qui s'exerce sur la condition de la distance historique. C'est la
proximité du lointaine [...] L'histoire efficiente, c'est efficace dans la distance» (Ricœur, 1986, p. 382). En second lieu, il souligne que l'efficace
historique ne veut pas dire avoir un regard qui maîtrise l'ensemble de l'histoire: «entre finitude et savoir absolu, il faut choisir; le concept d'histoire
efficiente n'opère que dans une ontologique de la finitude» (Ricœur, 1986,
p. 383). Troisièmement, Ricœur observe que ne pas avoir un regard qui
maîtrise l'ensemble de l'histoire ne veut pas dire être renfermée inextricablement dans une situation: «il n'est pas non plus de situation qui nous
borne absolument. Là où il y a situation, il y a horizon comme celui qui
peut se rétrécir ou s'élargir. Comme l'atteste le cercle visuel de notre existence, le paysage se hiérarchise entre le proche, le lointain et l'ouvert» (Ricœur, 1986, p. 383). Enfin, le quatrième thème qui concourt à la catégorie
de conscience de l'histoire de l'efficace est, selon Ricœur, celui de fusion
des horizons: «celui de l'objectivisme, selon lequel l'objectivation de
l'autre se fait dans l'oubli du propre, celui du savoir absolu, selon lequel
l'histoire universelle est susceptible de s'articuler dans un unique horizon»
(Ricœur, 1986, pp. 383-384). Cette historicité, c'est-à-dire ce caractère

proprement historique de l'homme, pose à Gadamer une question d'ordre épistémologique fondamentale: comment une connaissance humaine, devenue consciente de son caractère historique, peut-elle prétendre à la vérité? Ou, dans une formulation kierkegaardienne, comment, peut-on prétendre à un point de vue universel dans les sciences humaines et sociales dont le fondement est herméneutique alors que l'interprétation ne relève pas d'un un point de vue universel? Pour répondre à cette question à la fois historique et existentielle, Gadamer cherchera à saisir le fonctionnement du processus de compréhension. Plus exactement, en suivant la philosophie de Heidegger et sa pensée de la finitude, Gadamer situera la compréhension comme composante, comme partie de la structure humaine: «Pour Heidegger, en effet, le fait que nous ne pouvons parler d'histoire qu'en tant que nous sommes nous-mêmes historiques, signifie que c'est l'historicité de l'*être-là* humain dans son incessant mouvement d'attentes et d'oublis, qui est la condition de pouvoir faire revivre le passé. [...] mais l'‹affinité› avec la tradition n'est pas moins originellement et essentiellement constitutive de la finitude historique de l'être-là que ne l'est le fait que cet être-là est toujours en projet vers ses possibilités futures» (Gadamer, 1963, p. 45). Ainsi, Gadamer est amené à soutenir que l'homme se situe dans une tradition qui assure la possibilité du sens. D'où, selon Ricœur, trois significations de l'universalité de l'herméneutique dans la perspective de Gadamer. D'abord, cette universalité procède de la tâche même de l'herméneutique qui consiste à «soustraire à notre arbitraire ce que la science soumet à notre arbitraire» (Ricœur, 1986, p. 386). En second lieu, paradoxalement l'universalité de l'herméneutique de Gadamer renvoie à une sorte de régionalisation de l'herméneutique, car cette universalité ne peut être atteinte «qu'à partir de quelques expériences privilégiées à vocation universelle» (Ricœur, 1986, p. 386). Enfin, l'élément universel qui permet de dérégionaliser l'herméneutique de Gadamer est le langage lui-même, puisque «l'accord qui nous porte, c'est l'entente dans le dialogue; non pas forcément le face-à-face apaisé, mais la relation questions-réponses dans sa radicalité» (Ricœur, 1986, p. 387). Et c'est ici, c'est-à-dire dans l'universalité de l'herméneutique, que Ricœur identifie l'enjeu de la polémique entre Gadamer est Habermas.

1.2 Critique des idéologies

Ricœur fait remarquer que la critique de Habermas participe principalement de quatre oppositions majeures.

D'abord, l'opposition entre le concept de «préjugé» et le concept d'«intérêt». Plus exactement, Ricœur souligne une certaine similitude dans l'argumentation des deux protagonistes, à la différence que là où Gadamer utilise le concept de préjugé emprunté au romantisme philosophique dans sa version revisitée par le moyen de la notion heideggerienne de précompréhension, Habermas va développer le concept d'intérêt issu du marxisme réinterprété par l'école de Francfort (Lukàcs, Horkheimer, Adorno, Marcuse, Appel, etc.).

Le concept d'intérêt, dans la vision de Habermas, se situe dans une position complètement opposée à la prétention théorique qui lui attribue une place au-delà de la sphère du désir, telle qu'elle est à l'œuvre dans la pensée de Platon, Kant, Hegel ou Husserl. Dans cette optique, la tâche précise qui revient à une philosophie critique est de démasquer les intérêts sousjacents à l'entreprise de connaissance et permet à Habermas d'introduire le concept d'«idéologie» au sens «d'une connaissance prétendument désintéressée servant à dissimuler un intérêt d'une rationalisation, un sens très voisin de celui de Freud» (Ricœur, 1986, p. 390).

Mais, pour mieux comprendre ce concept d'intérêt chez Habermas il faut encore noter qu'il ne doit pas être entendu comme une manifestation ayant une forme unique, mais comme un pluralisme des sphères d'intérêt réglées chacune par un intérêt de base. Parmi ces intérêts de base Habermas distingue tout particulièrement trois: l'intérêt technique, l'intérêt pratique et l'intérêt pour l'émancipation.

En considérant l'intérêt pour l'émancipation dans l'argumentation de Habermas, Ricœur souligne une deuxième opposition majeure entre Gadamer et Habermas. Ainsi il observe que «là où Gadamer s'appuie sur les *sciences de l'esprit* comprises comme réinterprétation de la tradition culturelle dans le présent historique, Habermas recourt aux *sciences sociales critiques* directement dirigées contre les réifications institutionnelles» (Ricœur, 1986, p. 388).

Les conséquences du recours habermassien aux sciences sociales critiques sont considérables. Les sciences de l'esprit auxquelles est rattachée l'herméneutique de Gadamer ont comme caractéristique l'inclinaison naturelle de s'opposer à la distanciation aliénante de la conscience esthétique, historique langagière. Par cette démarche, les sciences de l'esprit rendent impossible une instance critique au-dessus de l'autorité de la tradition, ce qui revient à dire que dans le contexte des sciences de l'esprit, l'instance critique ne peut se développer qu'en tant que moment subordonné de la conscience de finitude.

Or, en faisant appel aux sciences sociales critiques, qui sont par constitution critiques, Habermas fait appel à des sciences qui «se donnent pour tâche de discerner, sous les régularités observables des sciences sociales empiriques, des formes de relations de dépendance *idéologiquement gelées*, des réifications qui ne peuvent être transformées que critiquement. C'est donc un intérêt pour l'émancipation qui règle l'approche critique» (Ricœur, 1986, p. 393).

La troisième opposition remarquée par Ricœur dans les propositions de Gadamer et de Habermas est celle qui apparaît entre la mécompréhension, d'une part, et la théorie des idéologies, d'autre part. C'est-à-dire, «là où Gadamer introduit la mécompréhension comme obstacle interne à la compréhension, Habermas développe une théorie des idéologies, au sens d'une distorsion systématique de la communication par les effets dissimulés de la violence» (Ricœur, 1986, p. 388).

Pour Gadamer l'herméneutique est étroitement liée à la mécompréhension, car il y a herméneutique parce que justement il y a mécompréhension. Dans cette optique il y a homogénéité entre compréhension et mécompréhension. C'est d'ailleurs la raison pour laquelle la compréhension ne va pas faire appel à des procédures explicatives qu'elle rejette en même temps que les prétentions du «méthodologisme».

En développant sa théorie des idéologies, Habermas formule un point de vue différent. Pour formuler ce point de vue, il considère en parallèle la psychanalyse et la théorie des idéologies. Il en résulte une analyse qui rassemble trois idées de base. La première, en rapport direct avec la vision marxiste de l'école de Francfort, est celle de la distorsion «constamment rapportée à l'action répressive d'une autorité, donc à la violence», car pour Habermas la distorsion du langage relève du phénomène de domination, phénomène qui a lieu dans la sphère de l'action communicative. La deuxième est celle du rapport entre la distorsion, le travail et le pouvoir. Plus exactement, «parce que les distorsions du langage ne proviennent pas de l'usage comme tel du langage, mais de son rapport avec le travail et le pouvoir, ses distorsions sont méconnaissables par les membres de la communauté» (Ricœur, 1986, p. 395). La troisième idée a un caractère conclusif.

Dans la mesure où la méconnaissance ne peut être dépassée dans le dialogue direct, alors la dissolution des idéologies doit avoir lieu dans le cadre des procédures explicatives et non seulement compréhensives.

Enfin, la quatrième opposition mise en évidence par Ricœur dans la polémique Gadamer/Habermas met en scène la *dimension ontologique* de l'herméneutique de Gadamer contre l'*idéal régulateur* de Habermas. Ainsi «là où Gadamer fonde la tâche herméneutique sur les ontologiques du dialogue que nous sommes, Habermas invoque l'idéal régulateur de la communication sans bornes et sans contraintes, qui, loin de nous précéder, nous dirige à partir du futur» (Ricœur, 1986, p. 388). C'est peut-être la divergence la plus profonde entre Gadamer et Habermas. Gadamer enracine l'herméneutique de la compréhension dans une ontologie de la finitude. Pour Habermas, «ce qu'il y a avant, c'est précisément la communication brisée» (Ricœur, 1986, p. 399).

2. Le devenir historique et la libération de la parole

Pour sortir de l'impasse dans laquelle conduit la polémique Gadamer/ Habermas, Ricœur esquissent un autre «geste» herméneutique. Il s'agit d'un geste herméneutique qui emprunte les marques des deux camps. Il tâche de rapprocher ainsi le «devenir historique» apparenté à la philosophie herméneutique et l'idée d'une libération de la parole, «d'une libération essentiellement politique», guidé par la pensée d'une communication sans bornes et sans entraves. La démarche de Ricœur est de montrer que les approches de Gadamer et de Habermas concernant l'interprétation sont nécessaires pour parvenir à la compréhension. Pour lui, l'herméneutique philosophique de Gadamer inclut déjà le moment de la critique – il ne reste qu'en faisant la distinction entre les préjugés productifs et les préjugés improductifs dans le processus d'interprétation – et la critique des idéologies proposée par Habermas participent de la tradition par son projet de régénérer et de réinterpréter la tradition même (Bleicher, 1980; Thompson, 1981, 1990). Certes, Ricœur cherche à rapprocher les deux points de vue, mais il affirme clairement, son objectif n'est pas de les faire fondre l'un dans l'autre afin de réaliser un système englobant les différences de ces deux optiques. Il ne cherche pas non plus à les articuler, mais à les reconnaître l'un dans l'autre, ce qui pourrait valider l'injonction adressée «à chacune de reconnaître l'autre, non pas comme une position étrangère et purement adverse, mais comme élevant à sa façon une revendication légitime» (Ricœur, 1986, p. 400). D'où une critique de l'herméneutique et une herméneutique de la critique.

2.1 Critique de l'herméneutique

L'argumentation de Ricœur est fondée sur la problématique du texte et elle est présentée sous quatre thèmes développés en guise de «complément critique à l'herméneutique des traditions».

Le premier thème est celui de la distanciation dans laquelle l'herméneutique des traditions a tendance de voir une sorte de «déchéance ontologique» et dans laquelle Ricœur voit quelque chose qui appartient à l'interprétation, «non comme son contraire mais comme sa condition». Plus exactement, Ricœur décèle dans l'acte de fixation du texte par l'écriture comme dans tous les autres phénomènes semblables qui participent de l'ordre de la transmission de discours, le moment où le texte se voit assigner une triple autonomie: une autonomie par rapport à l'intention de l'auteur, une autonomie par rapport à la situation sociale et par rapport aux conditions dans lesquelles le texte a été produit et, enfin, une autonomie par rapport à son destinataire originel. En vertu de cette autonomie, ce n'est pas à l'interprète, mais à l'œuvre qu'il appartient de se *décontextualiser* et de se *recontextualiser*. Or dans, cette optique, la médiation du texte n'est plus une prolongation de la situation dialoguale de l'herméneutique des traditions et l'autonomie du texte apparaît comme une instance critique au cœur même de l'herméneutique des traditions: «Dans le dialogue, en effet, le vis-à-vis du discours est donné à l'avance par le colloque lui-même; avec l'écriture, le destinataire originel est transcendé. Par-delà celui-ci, l'œuvre se crée elle-même une audience, virtuellement étendue à quiconque sait lire. On peut voir dans cet affranchissement la condition la plus fondamentale de la reconnaissance d'une instance critique au cœur de l'interprétation; car ici la distanciation appartient à la médiation elle-même» (Ricœur, 1986, p. 405). Cette observation ne contredit pas le point de vue de Gadamer pour lequel la distance temporelle est une des composantes de la conscience de l'histoire de l'efficace, mais en même temps, elle en opère un déplacement d'accent qui permet de remarquer que la distanciation mise en évidence par l'écriture est d'une certaine manière déjà présente dans le discours comme espace entre le *dit* et le *dire*.

Le deuxième thème développé par Ricœur pour apporter un complément critique à l'herméneutique des traditions porte sur la dichotomie introduite par Dilthey entre *expliquer* et *comprendre*. Dans son obligation de surmonter cette dichotomie, l'herméneutique des traditions – observe Ricœur – doit être capable de rendre compte d'une instance critique et cela à partir de ses propres prémisses. Il s'agit de constater que la construction du discours, considérée non pas comme simple conversation mais comme œuvre, repose toujours sur des structures identifiables qui lui sont propres et que la compréhension du discours, dans ce cas-là, est tributaire à la description et à l'explication de ces structures. Cela revient à dire que la production du discours en tant qu'œuvre relève déjà d'un processus d'objectivation, objectivation en vertu de laquelle il peut être lu dans des conditions existentielles nouvelles. Ce processus d'objectivation s'apparente, selon Ricœur, à une sorte de reconstruction réclamée par Habermas en vue de la compréhension: «à la différence du discours simple de la conversation qui entre dans le mouvement spontané de la question et de la réponse, le discours en tant qu'œuvre, *prend* des structures qui appellent une description et une explication qui médiatisent le *comprendre*. Nous sommes ici dans une situation voisine de celle décrite par Habermas: la reconstruction est le chemin de la compréhension; mais cette situation n'est pas propre à la psychanalyse et à tout ce que Habermas désigne du terme d'*herméneutique des profondeurs*; cette condition est celle de l'œuvre en général» (Ricœur, 1986, p. 406). L'herméneutique des traditions ne peut pas être considérée donc comme une démarche qui emprunte un sens contraire à l'explication, mais une démarche qui se construit, justement, à travers la médiation de l'explication.

Le troisième thème, autour duquel Ricœur identifie une instance critique au cœur même de l'herméneutique des traditions, est celui de la référence, c'est-à-dire celui qui correspond au mode d'être du texte par rapport au monde déployé devant lui: «Il n'y a pas d'intention cachée à chercher derrière le texte, mais un monde à déployer devant lui. Or, ce pouvoir du texte d'ouvrir une dimension des réalités comporte, dans son principe même, le recours contre toute qualité donnée et, par là, même la possibilité d'une critique du réel» (Ricœur, 1986, p. 407). La meilleure illustration, pour pouvoir argumenter en faveur de cette instance critique, Ricœur la trouve dans le discours poétique dont la stratégie consiste à garder en équilibre deux moments distincts, c'est-à-dire, d'une part, la suspension de la référence propre au langage ordinaire et, d'autre part, l'ouverture d'une référence de second degré qui correspond au «monde de l'œuvre». Cette référence de second degré qui est une manière de rédécrire une réalité, est, en fait, le fondement de la fiction: «avec la poésie, la fiction est le chemin de la redescription; ou, pour parler comme Aristote dans la *Poétique*, la création d'un *muthos* [...] est le chemin de la *mimèsis*, de l'imitation créatrice» (Ricœur, 1986, p. 407). Le paradoxe de la référence poétique – où la redescription de la réalité trouve son accomplissement dans la fiction – est doublement révélateur. D'abord, il permet de comprendre pourquoi l'herméneutique des traditions a évacué de son champ ce rapport encombrant entre fiction et redescription. Ensuite, en second lieu, il montre le besoin de l'herméneutique des traditions de se tourner vers la critique des idéologies, alors que la distanciation inscrite au cœur de la référence est une distanciation de la réalité quotidienne, distanciation qui, comme c'est le cas du discours poétique, vise «l'être comme pouvoir être».

Enfin, le quatrième thème qui participe du «complément critique» suggéré par Ricœur à l'herméneutique des traditions relève du statut de la subjectivité dans l'interprétation: «Si, en effet, le souci premier de l'herméneutique n'est pas de découvrir une intention cachée derrière le texte mais de déployer un monde devant lui, la compréhension de soi authentique est celle qui, selon le vœu même de Heidegger et de Gadamer, se laissent instruire par la *chose du texte*. Le rapport au monde du texte prend la place du rapport à la subjectivité de l'auteur; du même coup, le problème de la subjectivité du lecteur est également déplacé. Comprendre n'est pas se projeter dans le texte, mais s'exposer au texte; c'est recevoir un soi plus vaste de l'appropriation des propositions du monde que l'interprétation déploie. Bref, c'est la chose du texte qui donne au lecteur sa dimension de subjectivité; la compréhension n'est plus alors une constitution dont le sujet aurait la clé» (Ricœur, 1986, p. 408). Par cette observation, Ricœur veut souligner que dans l'herméneutique des traditions la subjectivité du lecteur est mise en suspens, alors que la lecture n'est pas uniquement un rapport entre le lecteur et le texte, mais aussi un rapport du lecteur à soi-même. Or, justement, ce rapport du lecteur à soi-même, fait apparaître la distanciation de soi-même dans l'acte d'interprétation comme un véritable problème de l'herméneutique des traditions: «la distanciation à soi-même demande que l'appropriation des propositions de monde offertes par le texte passe par la désappropriation de soi» (Ricœur, 1986, p. 409). En d'autres termes, la *conscience fausse* justifie une place pour la critique dans l'herméneutique des traditions, c'est-à-dire la place pour la méta-herméneutique réclamée par Habermas.

2.2 Herméneutique de la critique

Dans un deuxième temps Ricœur formule quelques réflexions herméneutiques sur la critique des idéologies d'Habermas en soulevant principalement quatre questions.

La première question posée par Ricœur vise à montrer que la distance entre le *préjugé* de l'herméneutique des traditions et l'*intérêt* de la critique des idéologies n'est pas aussi grande que la polémique entre Gadamer et Habermas peut laisser entendre. Plus exactement, Ricœur se demande quelle justification peut-être formulée pour soutenir les différentes thèses développées par la critique des idéologies autour de la notion d'intérêt. Pourquoi, par exemple, les intérêts dont parle Habermas sont trois et non pas un, deux, quatre ou plus? En vertu de quoi peut-on argumenter que ces intérêts plongent leurs racines dans l'histoire naturelle de l'homme, tout en soutenant qu'ils sont l'indice de l'émergence humaine au-dessus de la nature et cela par leur manifestation précisément dans trois milieux, celui du travail, celui du pouvoir et celui du langage? Comment peut-on justifier l'unité de la connaissance et de l'intérêt dans la réflexion sur soi? Ces questions sont rhétoriques. Pour Ricœur, la réponse est négative. Une description empirique ne permet pas de justifier des telles thèses, comme d'ailleurs ces thèses ne sont pas soutenables théoriquement non plus, sauf si elles sont justifiées par un intérêt, comme, par exemple, l'intérêt de l'émancipation. Mais, dans ce cas-là, la justification de ces thèses devient circulaire, c'est-à-dire elle se retrouve dans une impasse majeure. Pour sortir de cette situation sans issue, Ricœur considère que la critique des idéologies doit reconnaître à la base de ces thèses l'œuvre de l'herméneutique: «Ne faut-il pas, dès lors, reconnaître que la découverte des intérêts à la racine de la connaissance, la hiérarchisation des intérêts et le rapport à la trilogie travail-pouvoir-langage relève d'une anthropologie philosophique parente de l'Analytique du *Dasein* de Heidegger, plus particulièrement de son herméneutique du souci? S'il en est ainsi, ces intérêts ne sont ni des faits observables, ni les entités théoriques comme le *moi*, le *surmoi* et le *ça* chez Freud, mais des *existentiaux*. Leur analyse relève d'une herméneutique, dans la mesure où ils sont à la fois *le plus proche* et *le plus dissimulé*, et qu'il faut les désocculter pour les reconnaître» (Ricœur, 1986, p. 410). La conséquence théorique qui découlerait d'une telle reconnaissance est considérable, car sans mettre en cause les lieux différents d'où parlent les deux philosophies, il est, néanmoins, possible de constater que leurs revendications, en termes de préjugés et d'intérêts, ont au moins un point commun puisqu'ils se croisent dans l'herméneutique de la finitude.

La deuxième question posée par Ricœur concerne le caractère distinct de l'intérêt d'émancipation. Ainsi, il fait remarquer que dans la mesure où cet intérêt n'a pas un autre contenu que celui d'une communication sans entraves et sans bornes, il demeure une formulation abstraite tant qu'il n'est pas inscrit dans l'expérience et par conséquent dans le plan des sciences historico-herméneutiques. Cela veut dire, explique Ricœur, que la critique des distorsions de la communication ne peut commencer que là où elles se manifestent réellement et par conséquent, dans ce cas-là, «c'est la tâche de l'herméneutique des traditions de rappeler à la critique des idéologies que c'est sur le fond de la réinterprétation créatrice des héritages culturels que l'homme peut projeter son émancipation et anticiper une communication sans entraves et sans bornes. Si nous n'avions aucune expérience de la communication, si réduite et mutilée fût-elle, pourrions-nous la désirer pour tous les hommes et à tous les niveaux d'institutionnalisation du lien social?» (Ricœur, 1986, p. 412). La remarque de Ricœur souligne le rôle décisif de l'herméneutique dans le développement de toute critique, car l'interprétation ou réinterprétation du passé est une condition *sine qua non* de toute projection concrète de l'intérêt pour l'émancipation.

En troisième lieu, à travers Ricœur «la question que l'herméneutique adresse aux critiques de l'idéologie contemporaine est celle-ci: admettons que l'idéologie consiste aujourd'hui dans la dissimulation de la différence entre l'ordre normatif de l'action communicative et le conditionnement bureautique, donc dans la dissolution de la sphère d'interaction médiatisée par le langage dans les structures de l'action instrumentale, comment faire pour que l'intérêt pour l'émancipation ne reste pas le vœu pieux, sinon en l'incarnant dans le réveil de l'action communicative elle-même? Et sur quoi appuierez-vous concrètement le réveil de l'action communicative, sinon sur la maîtrise créatrice des héritages culturels?» (Ricœur, 1986, pp. 414-415). Par ces questions, Ricœur vise l'opposition entre l'herméneutique des traditions et la critique des idéologies en ce qui concerne, d'une part, la mécompréhension et d'autre part, la distorsion des idéologies de la communication. Selon lui, la rationalisation décrite par Habermas, c'est-à-dire l'effacement de la différence entre le plan de l'action instrumentale et celui de l'action communicative, n'est pas synonyme d'une éradication des problèmes quant à la pratique de la communication, mais uniquement d'un refoulement de ces problèmes. Or, c'est justement là, dans ce refoulement qu'on peut entrevoir à travers un besoin de légitimation insatisfait, le recours à l'idéologie afin d'assurer le fonctionnement du système. Agir dans de telles conditions revient alors à une réactivation à la fois de la responsabilité politique et des sources traditionnelles de l'action communicative.

La dernière question soulevée par Ricœur dans son analyse de la polémique entre Gadamer et Habermas porte sur l'orientation apparemment différente des deux optiques proposées. Considérer que l'herméneutique de Gadamer est tournée vers un consensus ou en tout cas vers quelque chose qui existe antérieurement, alors que la critique de Habermas participe de l'anticipation d'une libération dans le futur entendue non pas comme *être* mais comme *idéal*, c'est un débat qui, pour Ricœur, n'a pas de sens, donc il n'a pas lieu d'être. Et cela en raison du fait que les perspectives de Gadamer et de Habermas ne s'apparentent pas au double visage de Janus. En dernier lieu les regards de Gadamer et de Habermas se retrouvent sur les mêmes lieux pour profiter des mêmes sources: «Car enfin, dira l'herméneute, d'où parlez-vous quand vous en appelez à la *Selbstreflexion*, si ce n'est pas de ce lieu que vous avez vous-même dénoncé comme non-lieu, le non-lieu du sujet transcendantal? C'est bien du fond d'une tradition que vous parlez. Cette tradition n'est peut-être pas la même que celle de Gadamer; c'est peut-être précisément celle de l'*Aufklärung*, alors que celle de Gadamer serait celle du romantisme. Mais c'est bien encore une tradition, la tradition de l'émancipation, plutôt que la tradition de la remémoration. La critique aussi est une tradition. Je dirais même qu'elle plonge dans la plus impressionnante tradition, celle des actes libérateurs, celle de l'Exode et de la Résurrection» (Ricœur, 1986, p. 415). Cette unité retrouvée n'est pas une conséquence théorique qui émerge lorsqu'on examine la construction argumentative de deux protagonistes. Il s'agit là d'une condition – l'inséparabilité de l'intérêt pour l'interprétation de l'héritage culturel et de l'intérêt pour les projections dans l'avenir d'une humanité libérée – sans laquelle l'herméneutique et la critique deviennent tout simplement des idéologies.

3. Le passage du texte à l'action

Une conséquence concrète de la proposition herméneutique de Ricœur est la possibilité de concevoir un passage théorique du texte à l'action, c'est-à-dire un passage de l'interprétation du texte à l'interprétation en général dans le domaine des sciences humaines et sociales. Pour la mise en évidence de ce passage, Ricœur procède en deux temps. Dans un premier temps il développe une dialectique entre l'œuvre et ces interprétations et, dans un deuxième temps, il décrit une méthodologie d'interprétation fondée sur la dialectique mise en exergue précédemment.

3.1 Une dialectique entre l'œuvre et ses interprétations

Pour introduire cette dialectique, Ricœur fait appel à la notion de «discours» et, avant tout, il procède à une distinction entre le discours parlé et écrit. L'importance de cette distinction consiste dans le fait qu'elle lui permet de dégager les conditions de distanciation exigées dans le processus d'interprétation afin d'élaborer une «herméneutique de l'événement et du discours».

Dans cette optique, Ricœur considère le discours comme la contrepartie de ce que les linguistes appellent le code linguistique; la phrase est au discours ce que le signe est au code: elle en est l'unité de base. Le discours est considéré comme l'événement du langage qui présente quatre traits – présence des locuteurs, intention du sujet parlant, référence au monde, rapport au destinataire – dont la réalisation est différente dans la parole et dans l'écriture. L'affranchissement du texte à l'égard de l'oralité entraîne un véritable bouleversement: entre le langage et le monde, entre le langage et les interlocuteurs.

Ainsi, la parole existe, en tant qu'événement, dans le temps du présent. Dans l'échange de paroles, les locuteurs sont présents l'un à l'autre, mais aussi dans la situation, l'ambiance, les circonstances... Dans le passage de la parole à l'écrit, ce qui est fixé dans l'écrit c'est le *dit* toujours distinct du *dire*: «le discours est toujours réalisé temporellement et dans le présent, tandis que le système de la langue est virtuel et étranger au temps. Emile Benveniste l'appelle: *instance de discours*» (Ricœur, 1986, p. 206). Ensuite, dans le discours oral, la phrase désigne son locuteur, le discours renvoie au sujet parlant. L'événement du langage place celui qui dit «je» dans sa parole *ici* et *maintenant*. L'intention du sujet parlant et la signification de son discours se recouvrent mutuellement. Dans le passage à l'écrit, l'intention du locuteur et l'intention du texte cessent de coïncider: «tandis que la langue ne requiert aucun sujet – en ce sens que la question *qui parle* ne s'applique pas à ce niveau –, le discours renvoie à son locuteur grâce à un ensemble complexe d'embrayeurs tels que les pronoms personnels. Nous dirons que l'*instance de discours* est autoréférentielle» (Ricœur, 1986, p. 206). En troisième lieu, le discours est toujours au sujet de quelque chose: il se réfère à un monde qu'il prétend décrire, représenter, exprimer. Dans la parole, le discours renvoie à un monde et à une situation communs aux interlocuteurs. Le texte écrit se libère des limites de la référence ostensive, c'est-à-dire de la présentation directe. Les références du texte s'ouvrent à un monde plus large: «tandis que les signes de la langue renvoient seulement à d'autres signes à l'intérieur du même système, et tandis que la langue se passe de monde comme elle se passe de temporalité et de subjectivité, le discours est toujours au sujet de quelque chose. Il réfère à un monde qu'il prétend décrire, exprimer, représenter. C'est dans le discours que la fonction symbolique du langage est actualisée» (Ricœur, 1986, pp. 206-207). Enfin, le discours est l'actualisation de la langue qui s'adresse à quelqu'un: c'est le fondement de la communication. Dans l'acte de parole, l'interlocuteur est présent dans la situation de discours. Le texte écrit, quant à lui, s'adresse à une audience virtuelle, à un public qu'il crée de lui-même: «tandis que la langue est seulement une condition de la communication pour laquelle elle fournit des codes, c'est dans le discours que tous les messages sont échangés. En ce sens le discours seul a, non seulement un monde, mais un autre, un interlocuteur à qui il s'adresse» (Ricœur, 1986, p. 207).

Une fois posé ce cadre, Ricœur reprend les quatre traits du texte et les applique alors à la notion de l'action humaine comme objet des sciences humaines en considérant à cet effet la définition de Max Weber qui voit dans cet objet une conduite orientée de façon sensée, ou, plus exactement, ce qu'il appelait «une activité rationnelle par rapport à une fin». Ricœur se propose d'examiner la nature de l'«action sensée» à partir du paradigme du texte, selon les quatre critères de la textualité. L'action sera donc considérée comme objet de science parce qu'elle peut donner lieu à une objectivation équivalente à la fixation du discours dans l'écriture: «Ma thèse est que l'action elle-même, l'action sensée, peut devenir objet de science sans

140

perdre son caractère de signifiance à la faveur d'une sorte d'objectivation semblable à la fixation opérée par l'écriture. Grâce à cette objectivation, l'action n'est plus une transaction à laquelle le discours de l'action continuerait d'appartenir. Elle constitue une configuration qui demande à être interprétée en fonction de ces connexions internes» (Ricœur, 1986, p. 213). Plus exactement, Ricœur montre comment l'action peut être considérée comme une sorte d'énonciation, considérant l'interprétation de l'action humaine comme la combinaison entre explication et compréhension. Selon le paradigme ricœurien du texte, la signification de l'action est fixée et objectivée: «une action, à la façon d'un acte de langage, peut être identifiée non seulement en fonction de son contenu propositionnel, mais aussi en fonction de sa force illocutionnaire. Les deux prises ensemble constituent son *contenu de sens*. Comme l'acte de langage, l'événement d'action développe une dialectique semblable entre son statut temporel, en tant qu'événement apparaissant et disparaissant, et son statut logique, en tant qu'ayant telle et telle signification identifiable, tel et tel *contenu de sens*» (Ricœur, 1986, p. 216).

Dans la perspective herméneutique de Ricœur, l'action devient véritablement action au sens d'«objet de connaissance» appelant la compréhension que lorsqu'elle est «fixée», réitérée par la transaction infinie de l'interaction humaine. Elle se laisse alors analyser selon son *noème d'action*: «Ce qui est fixé par l'écriture, disons-nous, est le noème du dire, le dire en tant que *dit*. Dans quelle mesure pouvons-nous déclarer que ce qui est fait est inscrit? Certaines métaphores peuvent nous aider en ce point. Nous disons que tel et tel événement a *laissé sa marque* sur son temps. Nous parlons d'événement *marquant*. Ces marques laissées sur le temps sont-elles parentes de la sorte de chose qui demande à être lue plutôt qu'à être entendue? Qu'est-ce qui est visé par la métaphore de la marque imprimée?» (Ricœur, 1986, p. 216). Comme le texte, l'action se rend, elle aussi autonome de l'intention subjective de son agent; en sorte que la visée essentielle de l'herméneutique n'est plus d'atteindre un arrière-monde de l'action où siégerait l'intention primitive perdue, mais de déployer, devant l'action, le monde que celle-ci ouvre et découvre. L'herméneutique postule l'existence d'un monde de l'action: un monde radicalement étranger à celui de la vie quotidienne, puisqu'il est propre à une action unique. Ce monde se bâtit sur les possibilités nouvelles d'*être-au-monde* que l'action révèle grâce aux métamorphoses et aux variations imaginatives que la fiction opère sur le récit. En cela, l'herméneutique retrouve la mimésis aristotélicienne, c'est-à-dire une recréation de la réalité par la fable qui en atteint l'essence la plus profonde:

> une action [...] pourrions-nous dire, développe des significations qui peuvent être actualisées ou remplies dans des situations autres que celles dans laquelle l'action s'est produite. Pour dire la même chose autrement, la signification d'un événement important excède, dépasse, transcende les conditions sociales de sa production et peut être ré-effectuée dans des nouveaux contextes soucieux. Son importance consiste dans sa pertinence durable et, dans quelques cas, dans sa pertinence omnitemporelle. (Ricœur, 1986, p. 219)

Pour Ricœur, de la même manière que le texte peut être lu, l'action, aussi, peut être lue. Ici, La lecture est l'appropriation par le lecteur du monde de l'œuvre: «L'action humaine est une *œuvre ouverte*, dont la signification est en *suspens*. C'est parce qu'elle ouvre de nouvelles références et en reçoit une pertinence nouvelle que les actes humains sont aussi en attente d'interprétations nouvelles décidant de la signification. Tous les événements et tous les actes significatifs sont, de cette façon, ouverts à cette sorte d'interprétations pratiques par la *praxis* présente. L'action humaine, elle aussi, est ouverte à quiconque *sait lire*» (Ricœur, 1986, p. 220). Comprendre l'action c'est se comprendre devant l'action, c'est accepter de se laisser métamorphoser par l'*action-œuvre* dont le lecteur reçoit une proposition d'existence. L'interprétation comme appropriation développe une distanciation de soi à soi qui permet, par le même mouvement, d'abolir la double distance de soi au temps de l'action et de soi au sens lui-même.

L'analyse de Ricœur dont la schématisation proposée par Jean-Michel Salanskis (Salanskis, 2003) est une remarquable synthèse, ouvre des perspectives extrêmement productives pour l'approche de la concertation. Ainsi, l'interprétation de la concertation, avant de soulever la question du sens de l'information en tant que telle, contenue dans cette forme de dialogue social, c'est-à-dire la question du sens de ce qui est *écrit dans* l'agissement même des acteurs, elle pose le problème du sens d'un vécu sensible à assumer, c'est-à-dire le problème de la compréhension du sens issu d'une proto-interprétation de ce qui est symboliquement le vécu *inscrit sur* l'agissement des acteurs au-delà de sa manifestation immédiate.

Il s'agit d'un problème essentiel, car cette proto-interprétation fonde les conditions politiques de gestion de la concertation et cette gestion – un nouveau vécu – ne doit pas renvoyer, théoriquement, à l'époque qui a engendré la concertation. Et c'est ici l'impasse et la clé en même temps dont il faut tenir compte dans le processus d'interprétation de la concertation. C'est l'impasse puisque, d'une part, le débat est nourri par les pratiques actuelles de gestion de la concertation qui renvoient à une décision prise dans le passé, alors que d'autre part, l'absence de débat n'aurait pas été une meilleure solution car elle aurait constitué en elle-même une référence à la même époque. Mais ici c'est aussi la clé, car cette impasse veut dire que la production objectivante de la concertation comme objet d'étude doit considérer inéluctablement dans son processus interprétatif la symbolique rétrospective de la concertation.

La conséquence théorique d'un tel raisonnement est la mise en perspective de la concertation en tant que signe. Dans cette perspective, la concertation n'est plus uniquement un objet sur lequel sont inscrites les marques de son temps, mais, justement, en raison de ces marques, elle devient un symbole. D'où la question de la portée prospective de la concertation, question qui rend nécessaire une deuxième question.

Cette nouvelle donne, celle de l'institutionnalisation de la concertation, cristallise dans le débat public quatre tendances interprétatives à caractère prospectif: a) une qui veut parvenir au sens de la transparence propre au fonctionnement démocratique en séparant la portée historique de la concertation de la liberté actuellement «naturelle» d'accéder à la concertation, b) une deuxième qui pour parvenir au même objectif s'attache, au contraire, à considérer ces deux dimensions constitutives de la concertation – portée historique et liberté d'accès – absolument inséparables, c) une troisième qui donne du sens à la concertation en niant complètement sa portée historique en vertu de la mystification institutionnelle planifiée dont elle peut faire objet et d) une quatrième qui sans nier la portée historique, charge la concertation de sens en mettant en question les dispositifs démocratiques mis en place pour y accéder. Chacune de ces tendances et toutes ensembles démontrent que la concertation est «naturellement» détachée de son sens initial. La signification de la concertation ne correspond pas avec les intentions de son agent. Mais cela n'est que l'indice d'un décalage manifeste, dans la pratique, entre la symbolique rétrospective et la symbolique prospective de la concertation, alors que théoriquement ce décalage n'est pas concevable. Comment dépasser, donc, ce nouvel écueil?

La production objectivante de la concertation comme objet d'étude est contrainte de prendre appui, une fois encore, sur l'interprétation propre à la connaissance pratique, mais cette fois-ci en engageant une démarche explicative. Elle se doit d'expliquer le liant signifiant qui rassemble les deux visages de ce symbole qu'est la concertation. Dans cette perspective apparaît l'intérêt de ma troisième observation.

Expliquer le monde de la concertation, c'est identifier le liant entre la symbolique rétrospective et la symbolique prospective de cette forme de dialogue social. Il s'agit de mettre en évidence la fonction symbolique (Cassirer, 1972) de la concertation, fonction qui dans sa tridimensionalité – expressive, représentative et purement significative – développe de nouvelles références et, par conséquent, en quelque sorte, renouvelle le monde de la concertation. Comme les grandes œuvres, alors, la concertation outrepasse les conditions de sa production sociale. Or, dans le sens de cette pensée cassirerienne, Hegel (Hegel, 2003) a pu parler, nous fait remarquer Ricœur, des «institutions qui effectuent la liberté en tant que seconde nature, en accord avec la liberté» (Ricœur, 1986, p. 220). Cela veut dire, donc, que ce «règne de la liberté effective» se rattache, lui aussi, à la production objectivante de la concertation comme objet d'étude à expliciter, objet issu de la connaissance pratique des interprétations nouvelles, car il instaure la multiplicité de lectures comme norme d'objectivité.

Seulement, dans ce cas, se profile une autre question: qui décidera de la signification de ces nouvelles interprétations? Cette question m'offre l'opportunité de mettre en évidence une dernière observation.

La réalité manifeste de ces perspectives, comme bien d'autres, montre qu'en fait, *ouvrir* le dialogue social, accéder à la concertation, ce n'est pas accéder immédiatement et/ou directement au sens de la concertation, mais tout juste mettre son sens en suspens. Voilà pourquoi la production objectivante de la concertation comme objet d'étude doit toujours être réactualisée, en dernière instance, comme en première instance, par une compréhension propre à la connaissance pratique: la lecture de la concertation, cette pratique où la signification de la concertation – comme celle de l'œuvre – demeure constamment une construction inachevée

En somme, d'abord, parce que la concertation n'est pas seulement un objet qui renvoie du sens, mais qui focalise du sens, elle est, certes, une forme de dialogue social, mais elle est, également, une œuvre, c'est-à-dire un objet inscriptible. Or, cette inscriptibilité repose toujours, dans ce cas, sur des références objectivées à la faveur d'une compréhension. Ensuite, la conséquence de cette inscriptibilité est l'institutionnalisation de la concertation dans le sens qu'elle ne dit plus ce que son agent a voulu dire à travers elle. Dès lors, le sens de la concertation ne relève plus de la compréhension, mais de l'explication. Consécutif à cette explication, il s'agit, en troisième lieu, d'expliciter le monde de la concertation, ce monde qui comble l'espace qui sépare le sens initial de l'*auteur* de la concertation et le sens

144

actuel. Mais, enfin, en explicitant ce monde, sont crées implicitement de nouvelles références ostensives qui suspendent le sens de la concertation à la compréhension des nouvelles pertinences contextuelles.

3.2 Une méthodologie d'interprétation

L'analyse de Ricœur ne se contente pas seulement de fournir une réponse aux questions théoriques de l'herméneutique, elle va encore plus loin afin de fournir également une méthode par laquelle l'interprétation puisse être effectuée. Ainsi, puisque pour Ricœur l'herméneutique n'est pas une alternative à l'épistémologie, elle ne se situe pas non plus *sous* le niveau de l'épistémologie, mais elle est une approche qu'il faut nécessairement relier, combiner avec le travail critique, il entend rassembler sous la méthode herméneutique les dimensions de la compréhension et de l'explication. L'idée fondamentale de cette méthode est de considérer l'interprétation non plus comme la seule compréhension mais comme la dialectique même de la compréhension et de l'explication.

Ainsi, dans un premier temps la démarche de Ricœur montre que la compréhension est tributaire de l'explication par le fait qu'elle requiert une reconstitution du texte. Or, cette reconstitution n'est possible qu'en faisant des hypothèses qui permettront de parvenir à la signification du texte:

> Un texte demande à être construit parce qu'il ne consiste pas dans une simple succession de phrases, placées sur un même pied d'égalité et compréhensibles séparément. Un texte est un tout, une totalité. La relation entre tout et partie – requiert un type spécial de jugement, celui dont Kant a fait la théorie dans la troisième ‹Critique›. Pour ce type de jugement réfléchissant, le tout apparaît comme une hiérarchie de topiques, de thèmes primaires et subordonnés. La reconstruction du texte en tant que tout offre, en conséquence, un caractère séculaire, en ce sens que la présupposition d'une certaine sorte de tout est impliquée dans la reconnaissance des partis. Et, réciproquement, c'est en construisant les détails que nous construisons le tout. Nulle nécessité, nulle évidence ne s'attache à ce qui est important ou non important, à ce qui est essentiel ou non essentiel. Le jugement d'importance est de l'ordre de la conjecture. (Ricœur, 1986, p. 224)

Mais dans la mesure où il y a hypothèse, l'explication exige également une validation. C'est une seconde observation qui montre le rapport interactif entre compréhension et explication et tout particulièrement la dépendance de la compréhension au processus d'explication. Dans ce cadre, la validation ne sera pas comprise comme une vérification, mais comme l'expression de la logique de l'incertitude et de la probabilité qualitative dont est frappée chaque interprétation. Puisqu'il y a plusieurs manières de construire un texte, la logique de la validation permet «d'évoluer entre les deux limites du dogmatisme et du scepticisme [...] de plaider pour ou contre une interprétation, de confronter des interprétations, d'arbitrer entre elle, de viser à un accord, même si cet accord demeure hors d'atteinte» (Ricœur, 1986, p. 226).

Dans un deuxième temps, Ricœur va faire remarquer que l'explication n'est pas non plus sans dettes envers la compréhension. Certes, l'explication se tourne vers la structure profonde du texte, celle qui se trouve sous sa structure extérieure. C'est ainsi que les textes sont appréhendés dans leur composition d'*unités de signification,* unités qui ont au moins la dimension de la phrase et qui sont traités selon les mêmes règles que les plus petites unités connues par la linguistique. La prise en considération de ces unités de signification n'est pas guidée par «ce que l'auteur a voulu dire», mais par la recherche des caractéristiques formelles permettant leur étude par rapport à d'autres aspects du texte. Cela peut montrer la distance qui sépare l'auteur et sa situation de la compréhension du texte:

> La sémantique profonde du texte n'est pas ce que l'auteur a voulu dire, mais ce sur quoi porte le texte, à savoir ses références non ostensives. Et la référence non ostensive du texte est la sorte de monde qu'ouvre la sémantique profonde du texte. C'est pourquoi ce qu'il nous faut comprendre n'est pas quelque chose de caché derrière le texte, mais quelque chose d'exposé en face de lui. Ce qui se donne à comprendre n'est pas la situation initiale du discours, mais ce qui vise un monde possible. La compréhension a moins que jamais affaire avec l'auteur et sa situation. Elle se porte vers les mondes proposés qu'ouvrent la référence du texte. (Ricœur, 1986, p. 233)

Cela dit, il faut se rappeler que les unités de signification sont le produit de la compréhension qui relève de l'engagement humain. Or, l'engagement humain fait partie de ce paradigme méthodologique car sans intervention humaine, avec tout ce que cela implique comme compréhension, l'explication la plus profonde sera tout simplement impossible.

En résumé, dans la méthode proposée par Ricœur, la dialectique entre la compréhension et l'explication n'est pas la seule à prendre en compte. Dans la même démarche dialectique il faut également considérer le sens et la signification, l'actualisation et la décontextualisation, la distanciation et la recontextualisation, dont le schéma de Benel (Benel, 2003, p. 35) se propose de rendre compte d'une manière synthétique.

Dans une telle perspective, interpréter la concertation revient à comprendre et à expliquer, et à expliquer et à comprendre à la fois cette forme de dialogue social. Il s'agit d'un schéma où la concertation a un double point de départ vers l'interprétation – ce qui atteste, sans doute, deux parcours théoriques – mais qui ne met pas pour autant en évidence ni le temps ni les temps du possible cheminement interprétatif. Peut-être qu'il n'y a pas de chronologie, comme peut-être il n'y a pas de synchronie non plus ou de diachronie dans l'effectuation de ces parcours. Mais le temps est là. Tout ce cheminement n'aurait pas de sens si l'on osait le penser en dehors de toute intervention humaine. Or, l'homme est inextricablement rattaché au temps. L'interprétation de la concertation est un retour incessant de la compréhension et de l'explication non seulement à la raison d'*avoir*, mais aussi, et peut-être avant tout, à la raison d'*être*, de *participer de* et de *participer à*.

Chapitre 6

La participation comme forme d'interprétation

En pensant à l'histoire d'Adam et Eve, à l'aventure de la tour de Babel, au culte d'Isis et Osiris ou à celui d'Astarté et de Baal, au mythe de Prométhée, et à celui d'Europe et à bien d'autres récits de ce genre, sans oublier, au passage, la prostitution templière, les orgies dionysiaques ou la communion chrétienne, je reste toujours tenté de soupçonner «la participation» d'être fondamentalement un mythe fondateur de l'humanité, un mythe décliné à travers les âges en multiples formes. Plus exactement, je suis tenté de supposer que la participation à la concertation est un mythe à l'œuvre dans un autre mythe. Cependant, je n'irai pas plus loin ici dans cette réflexion, car pour l'instant je n'ai pas encore mis suffisamment à l'épreuve cette hypothèse pour en tirer les conséquences conclusives. Par conséquent, faute de pouvoir soutenir la thèse de la participation comme mythe dans sa plénitude «mythologisante», je vais me limiter à montrer que la participation est une forme d'interprétation. Cela n'affecte pas ici fondamentalement le sens de mon propos sur la concertation, car ce que je tiens à mettre en évidence est le fait que la concertation en tant que manifestation mythique, donc en tant qu'interprétation, est déterminée par d'autres interprétations qui ont lieu dans un contexte pratique qui les accueille toutes dans leur ensemble.

Dans cette démarche, par «participation comme forme d'interprétation» je n'entends pas uniquement que la participation ait une forme qui s'apparente à l'interprétation, mais qu'avant tout la participation donne une forme à l'interprétation, elle la modèle, la structure, tel que le montre la multitude d'«appropriations» régionales de la participation[1]. Autrement dit, dans mon

---

1   Voir, par exemple, Adams, 1999; Barreto, Munoz, 2003; Batuman, 2003; Berman, Wittig, 2004; Bernstein, Meizlish, 2003; Bratton, 1999; Brennen, 2004; Bresnahan, 2003; Cackowski, 2002; Capdevila, 2000; Carpe, 2004; Chaty, Girlanda, 2002; Cohen, Vigoda, 2000; Contreras, 2002; Cramer, 2002; Crowley, 2001; Dalton, 2000; De Vries, 2000; Drumbl, 2000; Escobar, 2002; Fisher, 1999; Francis, 2000; Fuchs, Adler/ Mitchell, 2000; Gasiorowski, 2000; Giroux, 2002; Gleason, 2001; Gould, 2001; Gustavo, Montiel, 2000; Hall, 2003; Hecht, 1999; Hilliard, Kemp, 1999; Hofferbert, Klin-

optique la participation est une forme de lecture de la réalité phénoménologique. Plus exactement, il s'agit, de trois directions de la lecture dont les critères sont respectivement le réel, l'imaginaire et le symbolique, ce qui correspondrait, en termes kantiens, à trois sortes d'interprétations assimilables à trois types d'herméneutiques – a) de l'entendement, b) de l'imagination et c) de la raison (Resweber, 1988, p. 33).

Ce qui distingue, entre ces trois directions, est la manière de considérer le symbole: «Du point de vue de l'entendement qui décode l'ordre des phénomènes, le symbole est une forme à priori. E. Cassirer donnera à cette thèse l'épaisseur anthropologique qui restait inexploitée chez Kant. Du point de vue de l'imagination qui fige dans une image le schème mouvant, trace de la sensibilité dans la raison, le symbole est une présentation analogique de la réalité, sa marque, son type ou son chiffre. Enfin, du point de vue de la raison, envisagée aussi bien dans sa portée théorique que dans sa portée pratique, le symbole est la figure érigée en repère, de par la sanction herméneutique qu'elle reçoit en se la donnant» (Resweber, 1988).

Ce que je postule, par là, est que la participation est fondamentalement symbolique. Elle touche le réel et frôle l'imaginaire mais finalement elle s'achève dans la raison pratique, dans le symbolique.

Ainsi participer à la concertation équivaut à un rapprochement du réel, certes, mais par la voie du symbolique dont l'ouverture varie en fonction du rapport que le sujet entretient non pas avec la réalité en général, mais avec la réalité de la pratique du symbole. Aussi, participer à la concertation revient à vérifier la mise en symbolique de la réalité, c'est-à-dire à dépasser

gemann, 2003; Hooghe, 2002; Hytrek, 2002; Inhetveen, 1999; Jamal, 2000; Jasanoff, 2003; Jesuit, 2003; Juanillo, 2001; Kam, Chieung, Chan, Leung, 1999; Kaunda, 1999; Kelleher, Lowery, 2004; Krishna, 2002; Krueger, 2002; Kurtz, 1999; Lai, Ho, 2002; Levenstein, 2003; Liaschenko, 1999; Mc Clurg, 2004; Mc Crary, 1999; Milich, Varady, 1999; Monro, 2003, Monynihan, 2003; Nash, 1999; Norris, 2003; Olavarria, 2003; Orloff, 2002; Papacharissi, 2004; Pelissero, Krebs, Jenkins, 2000; Prins, 2003; Rankin, 2002; Rogers, 2004; Roth, Dunsby, Bero, 2003; Rowe, Frewer, 2000; Rowe, Frewer, 2004; Scarrow, 1999; Scheufele, 2002; Schouw, Bregnhoj, Mosbaek, Tjell, 2003; Schouw, Tjell, 2003; Slone, 2003; Stanle, Weare, 2004; Sullivan, 2000; Tam, Lad, 2004; Taylor-Robinson, 2001; Tesh, 2002; Teske, 2000; Thomas, 2001; Thomas, Melkers, 1999; Thornborrow, 2001; Thornborrow, Van Leeuwen, 2001; Thornton, 2000; Tonn, 2004; Trenz, Eder, 2004; Valadez, 2003; Van Cott, 2000; Vanderburg, 2004; Vanderleeuw, Liu, 2002; Verba, Schlozman, Brady, 2000; Von Lengerke, Vink, Rütten, Reitmeir, Abel, Kannas, Lüschen, Rodriguez Diaz, Van Der Zee, 2004; Walter, 2004; Weber, Loumakis, Bergman, 2003; Webler, Tuler, 2000; Webler, Tuler, 2002; Weinberg, 1999; Wielhouwer, 1999; Zavestoski, Shulman, 2002, etc.

la simple lecture, le rapport intérieur / extérieur, afin de juger les rapports intérieurs dont l'influence est décisive sur le sens de la pratique de la lecture.

En somme, la participation à / dans / de la concertation je la conçois comme une triple lecture: une lecture du sens existant, une lecture constitutive de sens et lecture reconstructive du sens. Ces trois lectures, dans la participation à la concertation, ne sont ni indissociables, ni chronologiques, mais leur complémentarité peut être rassurante pour le participant quant à la justesse de sa compréhension. En tout cas, en dehors de la pratique du symbolique, il n'y a pas de participation ou en d'autres termes, la faiblesse de la participation est un signe d'une pratique du symbolique peu vigoureuse.

1. La participation comme lecture du sens existant

Au premier niveau, au fondement de toute participation il y a un moment, parfois jamais dépassé, où l'objet est visé en se servant du signe, un moment qui consiste à insérer le réel dans la représentation du signe. Cela fait de la participation une sorte de décodage du code univoque qu'elle-même a projeté auparavant. En d'autres termes, la participation se présente comme une «confusion» entre les conditions du réel et les conditions subjectives de la pensée humaine engagée dans une telle démarche. En tant que lecture du sens existant, la participation rassemble alors deux registres: un qui correspond à la projection dans le réel des cadres «logiques» et un autre qui correspond à la projection dans le réel des cadres de l'imagination et de l'affectivité.

1.1 Cadres logiques

Dans sa «Métaphysique», Aristote observe que «les pythagoriciens affirment que les êtres sont par imitation des nombres. Platon, au contraire, par un simple changement de mot, tient qu'ils sont par *participation*. Mais Platon tout comme les Pythagoriciens ont omis d'examiner aussi bien la nature de la participation aux idées que celle de l'imitation»². Thomas d'Aquin nuance l'observation d'Aristote et écrit: «les Pythagoriciens, tout en affirmant la participation ou l'imitation, n'ont point cherché comment l'espèce commune est participée par les individus sensibles ou imitée par eux»³. L'intérêt de ces deux commentaires est qu'ils mettent en exergue l'idée tout à fait fondamentale d'une participation entendue comme la forme d'une pure hiérarchie formelle, hiérarchie formelle où elle joue un rôle extrêmement important, puisque, dans sa structure, conformément à cette optique, la réalité est essentiellement une participation. Cela veut dire que dans un contexte pratique la participation ne saura pas toujours être l'objet d'une intuition simple, mais elle peut, néanmoins, apparaître comme «un effort de dépouillement et de dépassement, très simple au fond, trop simple peut-être» (Geiger, 1942, p. 451) en prenant le risque d'être confondue avec les mots qui l'expriment. Alors, participer *de* quelque chose ou participer *à* quelque chose, devient, avant tout, *participer quelque chose* – de la même manière que l'on peut imiter quelque chose ou lire quelque chose – en recevant de l'information de la chose et en prenant part à l'information de la chose, c'est-à-dire en projetant dans la réalité des cadres logiques pour en détacher et distinguer le sens.

Les conséquences d'un tel positionnement théorique pour la compréhension de la participation dans le contexte pratique de la concertation sont considérables. En effet, les pratiques participatives dans la concertation relèvent d'une participation dont le sens est de *recevoir*, notamment recevoir de l'information. Cependant, il faut noter que la forme de participation en elle-même n'est pas une émergence suscitée par la concertation. Elle préexiste à l'acte de concertation, c'est-à-dire elle préexiste à ce contexte pratique qui la renforce uniquement et élargit son champ. Par conséquent, en raison de cette préexistence, le sens de la participation à la concertation ne se rattache pas directement à l'acte d'un sujet, mais à la relation de similitude, certainement imparfaite, entre deux espaces de participation: l'espace réel de la réunion de concertation, par exemple, et l'espace du cadre logique d'un contexte pratique d'action collective. Ce sens de la participation dans la pratique de la concertation est issu de la lecture du sens d'une autre participation. Il est, pour ainsi dire, l'émanation d'une participation originelle à la concertation et «l'émanation a tôt fait de se changer en participation par réception» (Geiger, 1942, p. 240). La lecture du sens dans

2   Aristote Met. A, 5, 987b, 11-14.
3   Thomas d'Aquin In met., lib. I, lect. I, n° 156.

le contexte pratique de la concertation est une participation statique. Il s'agit d'une participation qui relève d'un ensemble de relations qui se situe dans l'ordre qualitatif où les similitudes et les dissimilitudes organisent les rapports entre les espaces de participation.

Les différentes pratiques de concertation montrent que les situations participatives relevant de la lecture du sens reposent sur une interprétation dont le sens est effectivement construit sur le *recevoir de l'information*. Cette réception de l'information qui doit être entendue dans les deux sens – du participant vers la réalité de la concertation et de la réalité de la concertation vers le participant – obéit néanmoins à deux logiques: la logique des attributions et la logique des raisonnements. La logique des attributions est développée et entretenue par l'opposition entre la participation par essence et la participation par fonction.

Prenons l'exemple d'une concertation pour un projet public d'aménagement qui engage, pour simplifier, une administration – pouvoir technique et politique – et les citoyens concernés. Dans ce cas, la participation dans la pratique de la concertation fonde son sens sur le statut du participant, statut constitutif de l'essence même de la citoyenneté. La participation administrative repose sur l'exigence normative imposée à la fonction du participant. La participation du citoyen en posture d'administré désigne dans cette logique les pratiques de recherche d'information dans un espace administratif actualisé. La logique des raisonnements apparaît dans la distinction entre les lois purement formelles de la participation et les lois de la connaissance qui permettent de passer d'une information à l'autre en faisant abstraction des constructions participatives empiriques. La participation désigne dans cette logique le processus qui permet de distinguer la démarche utile, c'est-à-dire l'ensemble des opérations d'identification, du degré performatif des actes d'information. Ainsi, participer à une enquête publique peut-être à la fois l'expression d'un avis personnel ou collectif dans une mairie et le téléchargement, chez soi, du rapport et des conclusions de la commission d'enquête. Mais le degré performatif direct en rapport avec le projet n'est nullement identique pour les deux agissements participatifs. Dans une logique de raisonnements, l'administré confère aux informations recueillies au travers son dispositif de lecture du sens, des poids différents selon la mesure dont ces informations l'impliquent dans le processus de concertation. La participation citoyenne dans la posture d'administré désigne, alors, une position de réception de l'information composée inégalement mais inéluctablement du contingent et du nécessaire.

Dans l'autre sens, faire valoir son point de vue sur un projet public ne relève pas d'une démarche de recherche ou de réception d'information. Il s'agit ici d'une participation dont le sens profond est *prendre part*. Donner son avis, faire une proposition, diffuser un compte rendu etc. sont des actes qui tiennent avant tout de l'engagement personnel ou collectif dans l'élaboration du projet public. Le sens de cette participation focalise les dimensions de l'idéologie démocratique, mais aussi de la démocratie concrète et participative. Participer en diffusant son opinion à l'aide de différents moyens désigne en fait l'engagement de la participation comme lecture du sens existant entre la source du pouvoir et l'acte qui en découle, le fait d'occuper la distance entre ces deux pôles afin d'en assurer le lien. La participation signifie, dans ce cas, s'emparer de la possibilité de prendre part à une certaine forme d'exercice du pouvoir, il ne reste qu'en termes d'information et de dialogue. En d'autres mots, la participation est l'engagement de lire le sens existant en projetant dans la réalité de la concertation des cadres logiques.

1.2 Imagination et affectivité

Le deuxième registre de la lecture du sens existant comme forme de la participation correspond à la projection dans le réel des cadres de l'imagination et de l'affectivité. Ce registre est celui qui opère en rapport étroit avec la pensée mythique, ce qui conduit Lévy-Bruhl – qui a réalisé, à ma connaissance, jusqu'à ce jour, la plus sérieuse étude sur la participation mythique – à voir ici une «participation par imitation» qui renvoie, certes, à la philosophie des Pythagoriciens, mais, telle qu'il la décrit dans le passage suivant, apparaît plutôt comme une forme d'agir à la frontière entre la participation platonicienne par composition et la participation par similitude dans son extension thomiste:

> Dans ces sociétés primitives, la vertu de l'‹imitation› ne se manifeste pas seulement à l'occasion de fins volontairement poursuivies. Même en dehors de tout intérêt humain, les événements de notre monde actuel, les caractères physiques et moraux des êtres qui y vivent, et de ceux aussi que nous appelons inanimés, comme les pierres, les rochers, les fleuves, la mer, etc., leurs tendances, leurs ‹dispositions›, leurs modes habituels d'activité, bref tout ce qui constitue l'expérience quotidienne, se doit d'être ce qu'il est à sa participation avec les événements et les êtres de la période mythique. Cette participation se réalise par l'imitation. Elle s'exprime, elle se traduit par la ressemblance. Celle-ci devient ainsi, pour cette mentalité, une sorte de schème général qu'elle applique à la genèse des êtres et des objets qui l'entourent. Comme elle ne ré-

fléchit pas sur ses propres opérations, et encore moins, s'il est possible, sur leurs con- ditions, elle est simplement persuadée, à tout moment, que si les êtres, les choses, les faits sont tels qu'ils lui apparaissent, c'est qu'il y a eu, dans la période mythique, des modèles, des ‹précédents› à l'image desquels ils sont faits. On voit jusqu'où s'étend ici la fonction du mythe. Il ne fonde pas seulement l'efficacité des actions de l'homme en lui enseignant à imiter celle des ancêtres et des héros. Il révèle la raison d'être des réa- lités naturelles. Car celles-ci aussi ‹imitent› des réalités originaires de qui elles tien- nent leur essence. C'est le mythe qui montre comment elles y participent. (Lévy- Bruhl, 1935, pp. 122-123)

La participation est dans cette optique mythique une fonction inséparable des appartenances précédentes, des modèles. Elle constitue le fondement des réalités actuellement données, dans les êtres mythiques. C'est en elle également, par son caractère définitif – lorsque le mythe a parlé, il n'y a plus rien à chercher au-delà de cette parole – que la «légitimation, à la fois mystique et historique, ou plutôt méta-historique» satisfait au besoin d'explication. Mais, cette forme de participation est, d'autre part, commu- nauté d'essence, identité sentie entre ce qui participe et ce qui est «partici- pé». Par exemple, les cheveux, les ongles, les excrétions, les vêtements, les traces de pas, les images, etc. sont participations *entre* la personne et ses appartenances. Les pierres symboles d'ancêtres ou les ancêtres pétrifiés sont participations *entre* le symbole et ce qu'il représente, *entre* le cadavre et l'esprit du défunt, *entre* le membre d'un clan totémique et les autres membres de ce clan, vivants ou morts, l'ancêtre mythique commun à ce clan et à son totem, etc. Cela peut paraître assez lointain de la participation dans la pratique de la concertation. Pourtant, il y a là un certain nombre d'aspects qui permettent de diminuer ces distances et de rapprocher les deux expériences, celle d'hier et celle d'aujourd'hui. Et Lévy-Bruhl n'écarte pas cette possibilité, lorsqu'il affirme que «la participation n'ap- partenait pas exclusivement à la mentalité primitive, mais elle tient aussi une place dans la nôtre» (Lévy-Bruhl, 1949, p. 97).

Dans cette perspective, parmi les observations de Lévy-Bruhl sur la par- ticipation dans la pratique de certaines tribus ou peuples primitifs, je tiens à souligner ici d'abord celle qui met un signe d'égalité entre le fait d'exister et le fait de participer: «Pour la mentalité primitive *être c'est participer.* Elle ne se représente pas d'êtres dont l'existence se conçoive sans y faire rentrer d'autres éléments que ceux de ces êtres mêmes. Ils sont ce qu'ils sont en vertu de participations: le membre du groupe humain, par participa- tion au groupe et aux ancêtres; l'animal ou la plante par participation à l'ar- chétype de l'espèce, etc. Si cette participation n'était pas donnée, déjà réelle, les individus n'existeraient pas» (Lévy-Bruhl, 1949, p. 22). Ensuite, il convient de retenir également la définition de la participation par un autre rapport d'égalité mis en évidence par Lévy-Bruhl: le sentiment d'appartenance est, au fond, le sentiment de participation. Il écrit: «La conscience que le ‹primitif› a de son individualité, disions-nous, est enveloppée dans un complexe où l'élément prédominant est le sentiment que l'individu a d'‹appartenir› à un groupe qui est la véritable individualité, et dont il est simplement un élément, comme les autres membres, au sens plein du mot, du corps social. Ce sentiment est donc celui d'une participation. La conscience qu'il a de lui-même n'est pas la conscience d'une personne complète en soi, mais d'une personne dont la raison d'être, les conditions d'existence essentielles se trouvent dans le groupe dont il fait partie, et sans lequel il ne serait pas» (Lévy-Bruhl, 1949, pp. 74-75). Enfin, Lévy-Bruhl met en évidence le fait que l'affectif est un élément général dans la participation propre à la «mentalité primitive»: «D'où vient que tant de participations sont senties comme réelles par la mentalité primitive qui ne le sont pas par la nôtre? Puisque la réponse ne se trouve pas dans une forme particulière de l'activité pensante (loi, principe, schème général, etc.), il faut donc nous tourner du côté du contenu des sentiments de participation (entre l'individu et les autres membres de son groupe, vivants ou morts, entre eux et leurs ancêtres mythiques, entre la personne et ses appartenances, entre le Naga et son léopard, etc.). Or ce contenu est évidemment d'origine sociale (traditions, légendes, mythes). Les participations senties par chacun des individus sont donc étroitement liées à la représentation ou au sentiment du monde mythique tenu pour réel» (Lévy-Bruhl, 1949, p. 87).

Maintenant, si l'on considère la concertation, on constate une situation qui n'est pas différente, sinon par le fait que les personnes impliquées dans la concertation ont moins la conscience ou, en tout cas, manifestent moins la conscience de cette identité entre être et participer. Pourtant, être dans la concertation c'est participer, faute de quoi la concertation n'a pas de sens, c'est-à-dire ne pas participer à la concertation revient tout simplement, dans ce cas, à ne pas être dans la concertation. Cela dit, la conscience de l'appartenance à un groupe, à une communauté, à une association, à un parti, etc. est fortement active dans la pratique de la concertation. Souvent on a entendu qu'il n'y a pas eu de concertation, justement parce qu'il n'y a pas eu de participation pour ce qui concerne certaines personnes «appartenant» à telle ou telle catégorie concernée par la concertation. Pour le reste, il ne faut pas beaucoup d'efforts non plus pour montrer que la participation dans la pratique de la concertation repose au-delà de toute argumentation sur l'affectif. Dans une forme schématique sommaire, je dirais, on participe toujours à la concertation puisqu'on aime ou puisqu'on n'aime pas quelque chose.

2. La participation comme lecture constitutive du sens

La participation revendique une méthode d'analyse. Elle se propose d'extraire de l'action tout le potentiel de signification qu'elle recèle à travers une hypothèse de lecture anthropologiquement, sociologiquement, historiquement, psychologiquement ou structurellement fondée. Le participant est là pour dégager un sens caché et latent que seule son interprétation peut rendre intelligible. Il découvre donc le sens plus qu'il ne l'instruit réellement. Dans le domaine de la concertation, la participation peut maintenir le projet d'une herméneutique romantique en élaborant son édifice théorique et pratique autour d'une conception de l'interprétation qui se résout à ne déceler en substance que ce que l'action collective contient. Une telle participation relève des perspectives herméneutiques comme celles de Friedrich Schleiermacher (Schleiermacher, 1987) et de Wilhelm Dilthey (Dilthey, 1942). La tâche du participant se doit de supprimer tout apport étranger à la concertation pour ne sauvegarder que les intentions de l'agent de l'action collective. Au-delà de l'opération subjective du participant, la participation – en tant qu'opération objective – s'érige comme *œuvre*. La participation peut être ainsi conçue comme la signification première d'une concertation en rapport étroit avec le monde de pensée originel de l'agent de l'action collective.

Dans une autre optique, la participation prend pleinement conscience de sa dimension philosophique. Elle cherche à comprendre comment l'agent de l'action collective fait sens et promeut ce sens qui, la plupart du temps, est manifestement caché. En d'autres termes, elle s'interroge sur les modalités de lecture de ce sens qui ne se montre pas, qui se cache, qui ne se découvre pas, qui s'annonce dans les brisures de l'agent de l'action collective. Cette participation qui se structure d'une manière bien spécifique et qui dit des choses bien à elle c'est une interprétation dans la mesure où sa tâche est pleinement théorique. Ce type de participation ne cherche pas seulement à

157

comprendre ce que la concertation est, mais bien plus, ce qu'elle sera, ce qu'il adviendra d'elle débat après débat, au sein de l'entente qu'elle instaurera avec le participant. Il s'agit d'une participation qui s'illustre dans la réactualisation du phénomène. Cette compréhension de la participation permet dès lors de sortir de certaines apories idéologiques. La réalité d'une concertation n'est pas pré-donnée, elle n'est pas à découvrir d'une manière objective, cette réalité reste à interpréter. Ce qui revient à dire que la concertation n'a pas de sens mais qu'elle fait sens au fur et à mesure qu'on y participe. L'essence, comme les sens de la concertation, réside dans ce qu'il adviendra d'elle dans le futur et non dans ce qu'elle a été dans le passé. En ce sens, la participation démocratique qui culmine dans une réflexion exclusivement philosophique et en grande partie théorique s'oppose à la démocratie participative. Contrairement à la sacralisation du cadre de concertation prônée par la participation démocratique, la démocratie participative favorise, quant à elle, une approche peut-être moins intelligible de la concertation mais bien plus sensible. Le cadre de concertation, trace de la réalité démocratique, ne lui suffit plus. Elle s'attache à exister dans la proximité immédiate des données palpables et concrètes.

Mais cette démarche n'est pas sans conditions. Le participant à la concertation doit se défaire des ses prétentions d'objectivisme, celles d'une certaine forme de neutralité et de détachement. Il faut admettre qu'il est impliqué dans une analyse fondée sur sa perception. Or, il n'y a pas de perception pure. Toujours, la perception est déjà structurée, et ne cesse de se transformer, de se nourrir d'apports multiples – donc aussi du discours du participant. Dans cette optique de la participation, le sens de la concertation ne réside donc pas dans ce qu'elle nous dit mais dans ce qui se cache dans ce qu'elle dit. Ainsi, par le biais de la participation, la concertation se pare d'un sens. Phénoménologiquement, la concertation se fait sentir d'une manière bien précise, mais en vérité, elle ne se dévoile pas dans tous ses contenus sensibles. En d'autres termes, à travers la participation, la concertation peut dire quelque chose mais en signifiant tout autre chose que ce qui est très précisément énoncé. A travers la participation, la concertation instruit donc du sens *contre* elle-même. Face à la participation, ce que la concertation énonce parle à priori à son encontre. Cela veut dire qu'elle doit se briser dans ce qu'elle laisse paraître d'elle même sur le plan phénoménologique pour qu'apparaisse son sens. Mais là un autre problème intervient: de ce bris, la concertation fait sourdre son non dit. Ce cheminement phénoménologique se conçoit ainsi comme une manière d'être face et avec le mythe.

Plus qu'une méthode à proprement parler, la participation culmine dans une approche essentiellement théorique du mythe. Mais, prolongée d'une approche phénoménologique, cette participation se pare du participant qui ouvre la voie de la signification de la concertation. Ce qui laisse dire qu'à l'intérieur de la participation se logent et émergent des îlots de sens, des enclaves qui concentrent en elles tout le sens, et qui confèrent puissance à la concertation en l'irradiant. La participation est ce qui précisément garantit à la concertation une montée ou une poussée de sens. Par ce biais, en guettant, bien plus que le simple manque de transparence, le participant récolte du sens.

Il s'agit, en ce sens, de concevoir une éthique de la participation qui s'érigerait plus autour d'une manière d'*être* que d'une manière de *faire*. La perspective de Ricœur (Ricœur, 1986, pp. 115-117) m'amène à voir dans la participation une forme de compréhension de soi par la médiation de la concertation. Mais, est-ce bien la compréhension de ce que l'on est qui est en jeu ou bien n'est-ce pas la frustration de ce que l'on n'est pas et que l'on souhaiterait profondément être qui prédomine? Sans doute la deuxième option. Au-delà des discours forts séduisants que véhicule la concertation, parfaitement acceptable certes, subsiste ce que les participants sont véritablement sur le plan historique et idéologique. Le mythe a dépassé le participant. Pourtant, il est indéniable que ce même mythe a permis au participant de mieux se révéler. La tâche de la participation ne se contente pas seulement de revendiquer ce que le participant est, le paraître, mais bien ce qu'il serait s'il était véritablement en mesure de se regarder en face et d'accepter véritablement cet autre, parfois à la limite de l'obscur, qu'il constitue, l'être. Cet écart qui subsiste entre ce qu'il dit, écrit, produit ou crée et ce qu'il est, comme d'ailleurs ce qu'il vit aussi est inévitable. C'est une des conditions de son *Dasein*. Dire ou faire, ce n'est pas ce que l'on vit ou pense être. Dire ou faire, c'est accepter ce que l'on est véritablement, mieux encore, c'est accéder à cette partie de notre être qui nous échappe dans la quotidienneté de notre vie. Dès lors, la participation n'est plus constitutivement celle de l'«étant-qui-est»; plus fondamentalement, elle est une interprétation de l'«étant-qui-aimerait-être», mieux encore, une herméneutique de l'«accepterais-je-un-jour-ce-que-je-suis-profondément». En ce sens, la participation est essentiellement quête de soi, conquête, mieux encore, conquête de notre être à travers et avec la concertation. La volonté de participation travaille donc dans cette direction: mettre notre pensée, nos actes et ce que l'on crée en accord avec notre être véritable.

En même temps, participer à la concertation c'est présupposer, comme l'affirme Jean Grondin, que «la violence est le risque de toute interprétation» (Grondin, 1993a, p. 4). Violence du mythe tout comme violence de soi. Mais qu'est donc cette forme de violence mise en mythe lors de l'entente concertation/participant? Puisque la concertation est une forme ouverte, elle ouvre la vie du participant à l'existence collective. Tout en s'informant, elle le forme donc. Il s'agit d'une ouverture sur l'existence de la concertation et de soi en même temps. C'est-à-dire, toute participation est réconciliation avec soi-même, c'est ce que Heidegger appelle «l'orage de l'être» (Haar, 2002), cette dette que le participant doit irrémédiablement payer par un vent de destruction, nécessaire ne serait-ce que parce qu'il amène quelques éclairs de vérité. Ainsi, par la médiation de la concertation, le soi cherche à se désapproprier, il veut se défaire de lui-même, il cherche à s'extraire de ce paraître qui l'envahit sans cesse dans la quotidienneté de sa vie.

Participer à une concertation c'est donc la laisser parler, l'écouter puis dialoguer avec elle. Cette proximité ne peut qu'être bénéfique au participant. Elle transporte le participant ailleurs que là où il a coutume d'être. Et ce monde qu'elle lui ouvre, celui qu'il pénètre, laisse se dévoiler l'être du soi. Là réside le propre de toute participation quelle qu'elle soit.

Il n'y a de soi qu'enraciné et fondé sur un espace symbolique. Par conséquent, la concertation en tant qu'espace symbolique est puissance de décontextualisation car elle arrache le soi de la quotidienneté. Elle ouvre à sa guise l'être du soi. Non seulement mise en œuvre de l'*étant-concertation*, mais plus encore mise en œuvre de l'*étant-participant*. Mais la concertation en tant qu'espace symbolique est aussi puissance de délocalisation car elle ouvre au participant un monde tout en l'extrayant du sien. Sans le vouloir, ou sans le savoir, la concertation interprète le monde, elle le reconfigure, mais encore et surtout – en termes plus heideggériens – elle fait venir un monde. Elle projette le soi du participant dans son propre monde. Elle dresse un monde ou elle le maintient. Le soi règne donc sur le monde de la concertation. Ce qui revient à dire qu'il règne mais qu'il ne gouverne pas. Le mythe, c'est lui qui gouverne. Aussi, la concertation, en tant qu'espace symbolique, est puissance de désancrage, car elle offre au soi du participant la possibilité de perdre ses repères. Cette violence qu'elle lui impose est le prix à payer pour lui permettre de retrouver ses racines. En ce sens, la concertation, comme espace symbolique originel, précède toujours le monde du participant, bien que dans son expérience de participation, celui-ci est toujours à retrouver.

Les questions auxquelles se heurtent le participant et son expérience de participation finissent bien par se rejoindre dans l'unité de l'acte de production de sens. A la racine de toute compréhension particulière, la participation tâche d'éclairer la démarche fondamentale de l'interprétation. Elle s'attache plus à la situation d'être-comprenant propre au participant, à sa relation à la concertation, qu'à la lecture du sens proprement dite. La compréhension telle que le participant peut la rencontrer et la pratiquer dans une région particulière de l'expérience humaine – la concertation – ne lui livre pas d'emblée son essence. Ce n'est qu'au terme d'un long parcours que son universalité lui devient accessible. Elle s'y montre, en somme, non pas comme la clé de voûte d'un système que l'on voudrait édifier, mais comme ce que le dialogue, mené entre tradition et modernité, finit par mettre en lumière. Ce qui constitue en ce sens l'universalité de la participation c'est sa constitution ontologique d'être-comprenant. La concertation est telle qu'elle se présente d'elle-même à la compréhension du participant. Cet aspect sous lequel elle se présente à lui fait partie de son être.

L'expérience de la participation modifie considérablement celui qui la fait et qui la vit, mais qui la subit aussi. Admettre que sa rencontre avec la concertation est tout autre chose qu'une chute dans le mythe, c'est être en mesure de voir que l'expérience de la participation est une modalité de la compréhension de soi. Du point de vue de la participation cela revient à dire que toute interprétation de la concertation n'est que le dévoilement d'un point de vue sur la réalité de la concertation. C'est à partir de ce qu'énonce la concertation que le participant est en mesure d'établir une entente avec celle-ci. Intuition donc car on ne va pas à la concertation sans intuition et finalement le travail de tout participant est de prolonger cette intuition dans l'élaboration d'une problématique qui définira, ensuite et dans des cadres extrêmement précis, un point de vue particulier sur la concertation. En même temps, la concertation, sous ce regard, s'ouvre de tout son être. Tous les deux se questionnent, se parlent et s'expliquent. Bref, ils s'entendent. Un accord s'établit ainsi entre le participant et la concertation.

Le participant s'insère dans le sens et la direction qui sont ceux de la concertation, ce champ du possible qui a ses limites et qu'il se doit de respecter au risque d'une mécompréhension. Participer, d'un point de vue de participant, ce n'est pas décrire la concertation comme un observateur neutre et objectif, libre de tout préjugé; au contraire, c'est faire en sorte que l'entente entre le participant et la concertation se réalise le mieux possible. Participer c'est instaurer une véritable relation de complicité. Toute participation est alors nécessairement interprétation. Qu'il s'agisse des aspects du contenu du débat qui sont mis en rapport avec tel ou tel trait historique, culturel ou sémantique, ou qu'il s'agisse des aspects du contenu du débat qui sont retenus pour former une structure ou pour caractériser une situation, à chaque fois les faits retenus ont fait l'objet d'un choix, et ce, en fonction d'une intrigue explicative, interprétative ou analytique qui les organise. En ce sens, toute participation à une concertation est bien, elle aussi, une entreprise herméneutique: elle sélectionne parmi la multitude des possibilités et combinaisons de possibilités qu'elle peut exhiber dans une concertation et celles que le participant considère comme pertinents par rapport à l'image, ou plus exactement la représentation, qu'il entend donner de l'intérêt qui l'anime. En ce sens, une participation, fusse sous la forme du modèle le plus formalisé, est une interprétation parmi d'autres possibles de la concertation. Ceci est possible parce qu'en termes plus heideggériens, participer c'est déployer la possibilité d'être, indiquée par le monde de la concertation.

Le sens de concertation est à reconstruire, à réinventer et à rendre intelligible. Il faut accepter que le sens ne soit pas préexistant mais qu'il se révèle en fait dans la participation. Il n'y a pourtant ni subjectivisme, ni relativisme mais bien congruences c'est-à-dire *relationnisme*: le participant participe tout autant de l'instauration du sens de la concertation qu'elle ne le transmet réellement. Mais en aucun cas, le participant n'a à arracher des aveux à la concertation, il n'a surtout pas à lui faire dire ce qu'elle ne dit pas. Le sens n'est donc en aucun cas cité à comparaître devant lui. A défaut de trouver un sens, il doit éviter de «commettre» des contresens. L'acceptabilité de toute participation culmine dans l'idée de relation: tous les éléments de signification dans une situation donnée se rapportent les uns aux autres et tirent leur sens de ces interrelations réciproques dans un cadre de pensée donné. Il y a entente entre le participant et la concertation parce que leurs mondes ont un point commun, mais surtout parce que ce premier a une précompréhension particulière de celle-ci. En d'autres mots, ils ont quelque chose à se dire et s'appartiennent en propre.

La participation est, en ce sens, universelle dans la mesure où elle est avènement d'une expérience essentielle. Elle met à jour la finitude de notre condition humaine, celle de l'être-comprenant que nous sommes selon l'angle de vue de Gadamer. En termes de participation, cela veut dire que le champ d'expériences du participant est fondamental dans la compréhension et l'interprétation herméneutiques du monde de la concertation. Cette condition ne fait pas la faiblesse mais bien la force de ce processus de compréhension. Pourquoi? Précisément parce que chaque participant s'investit d'une manière qui lui est propre et qui procède du *Dasein* qu'il est. En ce sens, nous ne pouvons pas dire qu'une participation est plus «vraie» ou «meilleure» qu'une autre. Au contraire, toutes se valent précisément parce qu'elles mettent en œuvre une rencontre unique et irréductible: celle du participant et de la concertation. La dignité de l'expérience participative culmine donc dans cette rencontre entre la concertation et le participant lui-même. En retour, l'universalité de cette entente ne cherche pas à supprimer l'altérité de la concertation ainsi que sa spécificité, mais par elle, bien au contraire, veut plus que tout, découvrir cet au-delà de la conscience de soi. Une telle participation est avant tout profondément humaine. La participation se présente ainsi comme une forme d'humanisme qui travaille à son niveau, au retour du sens. Mieux encore, on devrait dire qu'elle travaille au retour *des* sens, le sens de la concertation et, en accord avec son champ de possibilités, le propre sens du participant.

3. La participation comme lecture re-constitutive du sens

La participation est une forme d'interprétation aussi parce qu'elle est une lecture re-constructive du sens. La meilleure manière d'en parler c'est de considérer un moment particulier de la concertation. Je vais prendre donc l'exemple de la concertation sur Internet. Il s'agit d'un exemple fortement illustratif, car comme l'a déjà souligné Michel Mathien, ici, aussi, l'écueil à dépasser est l'écart entre la réalité observable et les constructions de l'esprit, écart dont se nourrit depuis toujours le mythe: «Sur ce registre, il est aussi permis de s'interroger sur le décalage entre les constructions de l'esprit et les réalités observables. La distance s'installant entre les deux nourrit évidement la dimension du mythe» (Mathien, dir., 2005, p. 20). Plus précisément, je vais considérer la «re-construction» du sens de l'espace et du temps par le visiteur participant.

3.1 Sens de l'espace incertain

Sans doute, dans la concertation «classique», le participant connaît des changements au niveau de l'image publique dont il a la jouissance (Bratosin, 2001), mais il est «sûr» que, partout où ces changements le portent, il y a de l'invisible. Par sa démarche il s'efforce alors de mettre à l'épreuve l'hypothèse que l'absence de transparence est omniprésente (Mathien, dir., 2005, pp. 20-21). D'où sa demande incessante et toujours croissante d'information, de communication, de dialogue, de débat, de consultation, etc.

Mais dans le domaine du virtuel, puisque le participant est ici plus qu'ailleurs interprète, il ne sait pas ce qu'il en sera de ce qu'il rencontrera dans son cheminement encadré. Sans doute parce que dans cet espace, ni le participant ni les images ne sont organisés en vue du lieu où ils se trouvent précisément. Ils sont organisés en vue de tout. Ainsi, chaque image doit être prête pour tout. Aucune n'est donc achevée, mais chacune est seulement prête pour ce qu'elle pourrait une fois occulter et couvrir. Chacune est apprêtée en vue d'un milieu neutre à partir d'où elle peut être très aisément achevée pour chaque lieu que touche le virtuel. Une image ne vaut pas parce qu'elle est là, mais parce qu'elle peut être partout et parce que tout peut naître d'elle. Et, plus d'images peuvent naître d'elle, plus elle vaut. Par exemple, du site de concertation[4] peut naître l'image de l'accueil, de l'information, de l'expression citoyenne, de la consultation, du dossier de concertation, etc. Mais le poids de cette image en termes de transparence ne réside pas uniquement dans les différentes images qui peuvent naître d'elle immédiatement. La transparence tient aussi aux images qui peuvent naître de ces images immédiates et ainsi de suite. Ainsi, par exemple, l'image de l'expression citoyenne fait naître l'image du «forum de dialogue» et l'image des «pages des communes». Si l'on considère l'image des pages des communes, pour continuer la visite, on peut percevoir davantage les détails du projet, certes en perdant de la vision d'ensemble, mais on peut également retrouver l'image de la concertation par la carte de la concertation[5].

Une image ici n'est pas – comme dans le domaine de la «concertation classique» – la fin d'une évolution, l'arrivée à un but, un arrêt et l'affirmation d'un but. Dans le domaine du virtuel, au participant se présente une

4   http://www.gco-strasbourg.org, dernière visite le 6 mars 2006.
5   http://www.gco-strasbourg.org/telechargement/carte_concertation.pdf, dernière visite le 6 mars 2006.

image qui n'est que commencement et non seulement le commencement de sa propre existence, mais le commencement d'une multiplicité dans la multiplicité. Cette image existe non pas pour avenir ni pour devenir, mais seulement afin qu'une autre puisse naître d'elle. Le contour d'une image n'est pas le signe du lieu de l'image, il est seulement une marque sur la ligne où il lui a été fait signe de s'écarter, paradoxalement, de l'image. Alors, une image n'apparaît pas du tout ici comme une représentation réelle, mais seulement comme un faisceau de possibilités, comme une abréviation, un résumé de possibilités emballées dans une forme visuelle, attendant de pouvoir se précipiter hors de là.

De même, le participant lui même n'est pas là où il est visible. C'est là seulement le lieu d'où il pense réellement participer à la concertation via le virtuel. La présence n'est qu'une occasion de s'exercer à la participation transmuée en omniprésence. C'est un miracle, alors, que le participant soit encore délimité par des contours politiques et que ses propres possibilités ne l'aient pas fait voler en éclats. C'est-à-dire, c'est un miracle qu'il puisse avoir encore des images du projet public eu égard à ses possibilités techniques de participation. Cela peut tout de même s'expliquer peut-être par le fait que le domaine du virtuel est l'espace non pas de la nécessité, mais de la possibilité. Ici, rien n'a besoin d'être comme il est. Tout peut être ainsi, mais ce n'est pas nécessaire. Tout est inconsistant et si on voit quelques images plus consistantes, cela n'est que ce qui est ramassé avant un saut dans ce qui suit. Une image en produit une autre. Cependant, c'est non pas afin que celle-ci existe, mais afin que soit produite une autre possibilité. Cette possibilité est produite déjà intentionnellement avec un défaut afin qu'elle appelle une nouvelle image qui n'aura pas ce défaut. Mais cette image nouvelle aura, par contre, un autre défaut. Il y a toujours une raison pour qu'une image en suive une autre. Ce défaut, cette imperfection ne sont plus pour le participant une incitation à arracher une image ou une situation à sa demi-perfection ou à sa défectuosité, une incitation à lui donner sa condition achevée et correcte. Ce défaut sert à recommencer toujours une image, à en fabriquer une variante nouvelle, à ne jamais l'achever, à justifier la série infinie des possibilités. Ce défaut est le fondement même de l'image de la concertation et le moteur des possibilités. Mais le participant en quête de possibilités, ne doit pas pour autant oublier que ses possibilités tiennent ici avant tout à la technique et que la technique peut asservir la démocratie sans perdre son sens, alors que l'inverse est peu concevable. Plus exactement, pour participer réellement à la concertation, il doit se rappeler que ces possibilités se produisent vraisemblablement d'elles-mêmes, sans moteur, car, dans le domaine du virtuel, les images ne peuvent point exister autrement qu'en cet état. Elles ne sont pas admises en un autre état. La possibilité existe comme réalité primaire, comme atmosphère et les images s'y adaptent. Une des astuces du domaine du virtuel consiste en ce que les images et les situations ne doivent pas du tout y être préparées par un acte particulier, mais que la vaste ampleur du virtuel produit une atmosphère où les images et les situations sont transformées sans le remarquer. On n'expérimente même pas laquelle est la meilleure possibilité. L'état pur et simple de possibilité suffit. Si une image existait dans un état de certitude, la certitude de cette seule image ferait déjà exploser ce monde des possibilités. Or, le domaine du virtuel est entièrement occupé par des possibilités afin que la certitude n'ait pas de place. Dans ce monde, il n'y a pas d'impossible, il y a seulement du pas encore possible et cela uniquement parce que toutes les possibilités ne peuvent se présenter à la fois.

Le participant qui privilégie le virtuel à la pratique «classique» de la concertation doit avoir tout avec lui, car il ne sait pas ce dont il pourra avoir besoin en route. Il doit avoir tout avec lui, mais de telle manière qu'il puisse facilement le jeter s'il n'en a pas besoin. L'état de possibilité y convient. Une image ne pèse pas beaucoup dans cet état, il est facile de l'emporter avec soi et facile de la jeter dans la mesure où elle ne répond plus aux attentes du participant. Il a la possibilité d'ignorer, de télécharger, d'effacer, etc.: «Pour une information plus complète sur le projet, nous vous invitons à consulter le dossier de concertation, téléchargeable au format pdf: Partie 1 [1,8 Mo], Partie 2 [2,2 Mo]»[6]. Ainsi, il semble au participant qu'il ne puisse rien lui arriver. Il est armé. Il a déjà vécu par avance, comme possibilité, ce qui peut lui arriver en cours de route, pendant la pratique du virtuel. Et, si jamais il est confronté à une quelconque image, il n'a plus besoin de la vivre, il n'en a d'ailleurs pas le temps, il a seulement à identifier ce qu'il a déjà catalogué comme une possibilité. D'un coup, il en vient à manquer de participation, comme à un jeu, car il ne retient plus fermement une image qu'il rencontre, il l'examine seulement avec curiosité pour savoir si elle s'accorde avec l'intérêt qui organise son catalogue d'images. De quoi a-t-il peur, le participant qui privilégie le virtuel? Toute la réalité est décomposée en possibilités. Mais le possible même n'est jamais présent. Il émerge seulement et disparaît. La seule angoisse est dès

---

6   Ibid.

lors de savoir si le catalogue d'images est correct. Au lieu d'authentique angoisse, celle de la participation, il reste donc au participant seulement la pédanterie du catalogueur d'images.

Dans le domaine du virtuel, le participant, dans les galeries des images de la concertation, n'a besoin de rien faire, tout y existe comme de soi-même, il suffit de choisir parmi les possibilités. Celui qui veut apprendre connaît son devoir avant d'agir. Le participant qui privilégie le virtuel construit son devoir d'abord en combinant les possibilités. Ce participant est l'éclectique par excellence. La raison est qu'il faut que lui-même, le participant, commence par chercher de toutes parts les éléments dont il se composera s'il veut remarquer qu'il participe. Il est continûment en train de se constituer et continûment en train de se dissoudre à nouveau dès qu'il estime participer à la concertation. Le participant qui privilégie le virtuel se surestime. Il n'a pas de mesure ferme pour se mesurer. Il n'a que des possibilités. Ainsi quelqu'un peut donc déclarer avoir une taille de géant, car la possibilité utilisée comme mesure est extensible au gré des autres participants.

Comme sur le parcours du participant tout est possibilité, il n'y a rien d'inattendu pour lui. Rien qui soit totalement autre que ce qui est présent. Rien qui surprenne et ait le charme de l'étrange. Aussi n'y a-t-il pas ici non plus de bornes, donc d'espace. En tout lieu, tout est possible. Il est partout à la fois. Il peut demeurer toujours à la même place et cependant être en même temps en train de flâner. L'espace est partout rempli des mêmes possibilités, il est supprimé. Ceci dit, il y a peut-être encore des résidus d'espace, des trous où peut se trouver un reste d'événement. L'autre reste étant quelque part ailleurs. Ainsi un événement se trouve déchiqueté en différents trous de l'espace et le participant saute de trou en trou. Même l'espace entre l'absence de transparence et le participant est rempli de ces possibilités. Il semble que l'absence de transparence, elle qui est certitude, doive être fallacieusement amenée à embrasser cet espace des possibilités pendant que le participant se balade sans qu'on le remarque. Il est ici et en même temps, il est ailleurs. Mais la pensée est-elle ici ou là-bas? Elle ne le sait pas elle-même. Elle est déchirée entre plusieurs pôles. Elle ne sait pas où est sa place. Elle se trouble et lorsque le participant ne considère pas ce trouble de la pensée seulement comme une possibilité, lorsqu'il y a là du moins pour lui encore une réalité, il devient ingouvernable et le virtuel montre ses limites.

3.2 Sens du temps vide

Le participant de la concertation sur Internet expérimente une participation où il n'y a pas d'intervalles dans le temps. Il n'y a pas d'attente entre les réunions de concertation. Le participant peut accéder à la concertation en permanence, car ici tous les intervalles apparaissent remplis de possibilités. Mais il ne doit pas y en avoir, car où il y a une possibilité il y a nécessairement un intervalle et là où il y a un intervalle il y a un arrêt. Or, on ne doit pas s'arrêter dans le virtuel, car l'arrêt ici est synonyme de chute dans la participation «classique». Le participant doit admettre alors que dans le domaine du virtuel, il n'y a pas de temps plein. Il est conforté dans sa conviction par le fait que les possibilités naissent plus rapidement que ne se déroule le temps. Il reste toujours un résidu de temps inutilisé où il n'y a rien, pas même une possibilité: c'est le temps vide. Des situations comme celle du site Internet de la concertation RFF, http://www.t2aparis.org, en sont des éloquents exemples: «Le site pour la concertation du T 2 sera maintenu au-delà de la réunion de concertation en septembre 2001 en Mairie du 15ᵉ. Si les internautes ne pourront plus réagir au delà de cette réunion, le site sera maintenu pour permettre l'accès au bilan de la concertation. L'information sera disponible»[7].

Dans cette expérience, le participant de la concertation sur Internet découvre qu'il n'y a pas de passé ni d'avenir dans le domaine du virtuel. Tout ce qui fut, ce qui est, ce qui sera se trouve dans chaque possibilité. Il n'en va pas ici comme dans la pratique «classique» de la concertation où passé, présent et avenir sont séparés l'un de l'autre et ont des caractères nets par rapport au projet, où il y a un présent pour qu'il s'oppose au projet, où le passé vit de ce que le projet, une fois, le frôla, en passant, où l'avenir est inquiet parce qu'il attend le projet. Dans le domaine du virtuel, les temps ne sont pas rangés les uns derrière les autres, ils sont mélangés. Passé, présent et avenir sont compris ensemble dans chaque possibilité. Des événements ou des états intellectuels passés émergent de ces possibilités dans le présent, par exemple ce qui remonte aux déterminations originaires et (re)disparaissent en elles. Emerger et disparaître ne font qu'un. Et inversement. Bien des images qui ne devraient se produire que dans un moment précis dans l'avenir, se manifestent déjà aujourd'hui. Au début de 2006, par

---

7   http://www.parisceinture.com/pcnews33.html, dernière visite le 6 mars 2006.

exemple, le participant a toujours la possibilité d'être informé, par exemple, que:

> Ce site Internet est un des outils de concertation proposé par la ville de Grenoble dans le cadre du réaménagement de Bouchayer Viallet... Ce site a vocation à centraliser l'essentiel des informations utiles aux usagers du site et à prolonger les actions de concertation mises en place par la ville (par un forum modéré, en informant sur les autres actions de concertation, etc.). Il s'agit, à travers cette démarche de concertation [...] d'aboutir à un programme urbanistique fin décembre 2003[8].

En même temps, le même participant a la possibilité de connaître, à partir de la même image, le projet proposé[9], c'est-à-dire d'autres images dont l'inscription dans la matérialité urbaine sera manifeste seulement dans l'avenir.

Mais il n'y a pas là une annonce anticipée ni le signe d'une sphère située au delà de tout temps. C'est le signe de temps mêlés où plus rien ne se produit à l'avenir, où tout est déjà liquidé d'avance non pas comme événement dans le présent, mais comme une partie de possibilité pour une autre partie. Par exemple, le passé, aurait pu aussi bien apparaître hors de ce mélange. Telle est la visite du participant sur Internet. Il est au début du 21e siècle, mais le milieu du siècle s'y mêle dans sa démarche comme d'ailleurs le milieu du siècle passé. Ainsi sur le site du ministère de l'industrie le participant a la possibilité d'apprendre que le 3 décembre 2003 à la réunion de concertation sur le «Livre blanc sur les énergies», les discussions sur les titres II, IV et V des propositions du gouvernement ont visé l'année 2050 – «Nous avons toujours en ligne de mire la division par trois ou quatre des émissions de CO2 à l'horizon 2050»[10] – et sur le site de l'association française des conseils en affaires publics, il a la possibilité d'apprendre qu'au colloque «Le débat public à l'épreuve du terrain: les expériences françaises» en 2002 il à été question de l'absence de concertation en 1950 lors de la construction du tunnel du Mont Blanc: «On a donc commencé la construction dans les années 1950. Vous pouvez imaginer qu'à l'époque n'existaient pas les études d'impact, certainement pas de concertation»[11].

---

8   http://www.bouchayer-viallet.info, dernière visite le 6 mars 2006.
9   cf. http://www.bouchayer-viallet.info/bouchayer-viallet/entretiens.htm, dernière visite le 6 mars 2006.
10   http://www.industrie.gouv.fr/energie/politiqu/pdf/lb-reunionconc05-12-03.pdf, dernière visite le 6 mars 2006.
11   http://www.affairespubliques.com/fr/page3.htm, dernière visite le 6 mars 2006.

Quel est le temps de sa participation? Le participant cherche le temps qui soit à lui, il le cherche et ne trouve qu'une nouvelle possibilité. Dans ce domaine celui du virtuel, où tout apparaît avant d'être là et disparaît avant d'avoir été, où ce qui a été est déjà de nouveau à venir avant d'avoir pu être présent, domaine où tout émerge pour disparaître, où émerger, être réalité présente et disparaître font un. Dans ce domaine on laisse venir toute possibilité, on ne la contrôle pas, elle se dissipe avant qu'une décision ait pu être prise à son sujet. Seulement, où il n'y a pas de décision, il n'y a pas non plus de responsabilité. Le participant se hasarde alors à évoquer les plus audacieuses possibilités. Mais il n'y a pas de courage à cela, car là où tout est possible, il n'y a pas de courage. En même temps, le participant pense que les possibilités n'auront pas d'action parce qu'elles se dissipent vite. On tente ici toutes les aventures des possibilités et en fin de compte on tient ce qui est désymbolisation pour une plaisanterie seulement ou pour une expérience.

Dans ce monde du virtuel où la réalité se décompose en possibilités, il n'y a pas d'erreur et où il n'y a pas d'erreur, la participation est fondamentalement interprétation. Le participant qui, arraché à la pratique «classique» de la concertation et dispersé dans celle du virtuel, voudrait se représenter l'acte de résistance, se verrait ravir cet acte par l'océan des possibilités qui le ferait disparaître. Sans autre issue, il doit alors l'accomplir encore une fois pour l'avoir à nouveau sous les yeux, mais il va (re)disparaître sans cesse: il ferra le geste avec toujours plus de véhémence et celui-ci disparaîtra avec toujours plus de véhémence. Il en est comme obsédé, il veut le rendre si monumental qu'il se tienne devant l'image de la concertation comme un monument et ne puisse se mouvoir, car «la concertation… c'est bon»[12].

---

12   http://collectiftramway.free.fr/affiches/affiches.html, dernière visite le 6 mars 2006.

Conclusions à la deuxième partie

Comprendre une interprétation – la concertation – dans un paradigme – le mythe – qui est, lui aussi, une interprétation pose le problème épineux de la surinterprétation. Pour éviter l'écueil de la surinterprétation, l'étude de la concertation doit viser la surcompréhension qui – il faut le préciser – n'est pas le résultat de la surinterprétation (Eco, 1996). D'où l'importance capitale pour la proposition méthodologique de préciser les conditions d'interprétation.

Ainsi, d'abord l'interprétation proposée doit pouvoir d'une part, s'inscrire dans le débat herméneutique tel qu'il s'est développé surtout à partir du 19ᵉ siècle. D'autre part, elle doit dépasser ce débat en accueillant les acquis herméneutiques dans le champ des Sciences de l'Information et de la Communication.

Ensuite, l'interprétation proposée doit dépasser, également, l'écueil des attaques dont fait objet l'herméneutique, notamment en ce qui concerne son universalité. Pour ma part, je retiens la proposition ricœurienne qui engage à la fois l'herméneutique des traditions et la critique des idéologies. L'intérêt d'un tel choix est appuyé d'une manière décisive par le fait que la pensée ricœurienne offre aussi l'appareil théorique permettant le passage interprétatif du texte à l'action.

Reste, néanmoins, un problème qui doit être pris en compte: la participation constitutive de la concertation, elle aussi, est une forme d'interprétation. Cette dernière observation met en évidence et rappelle que la forme symbolique n'est pas simplement formatrice, mais aussi qu'elle déploie son «énergie» dans un contexte qui a été investi préalablement de sens selon un engagement satisfaisant à la grammaire de la culture. Plus exactement, surcomprendre la concertation revient à interroger, avant tout, son contexte pratique.

Les principales dimensions de ce contexte feront, donc, presque naturellement, l'objet de la troisième partie de cet ouvrage.

Troisième partie

Contexte pratique

Si l'art de dire est lui-même un art de faire et un art de penser,
il peut en être à la fois la pratique et la théorie.
(Certeau, 1990, pp. 118-119)

Introduction à la troisième partie

La «remontée» herméneutique vers la (sur)compréhension de la concertation en tant que forme symbolique s'opère concrètement dans le contexte pratique de la concertation. Et cela puisque la production de sens que la concertation rend possible n'est pas donnée immédiatement sous une forme conceptuelle, même si l'herméneutique tend à l'inscrire dans un processus d'abstraction. La production de sens dans ce cas repose avant tout sur la partie dans laquelle le corps propre qui projette des valeurs est engagé.

Dès lors, l'approche herméneutique de la concertation dans le paradigme du mythe doit considérer la concertation non pas comme un lieu de significations, mais comme un ensemble de directives pour la production d'objets de représentation, d'expression et de signification. Plus exactement, il faudra considérer le fait que le sens de la concertation n'est pas le reflet d'une réalité qui lui était préexistante, mais le résultat d'une pratique qui permet de concevoir la concertation.

Ainsi, l'herméneutique ne va décrypter le sens de la concertation que dans la mesure où ce sens s'inscrit dans le plan général d'une situation pratique ayant déjà un sens. L'herméneutique ne saura donc pas, par conséquent, expliciter l'action de concertation en invoquant l'existence première de l'objet empirique puisque, justement, cet objet n'a de sens que dans la mesure où il résulte de la pratique d'un contexte qui a déjà un sens. D'où le poids absolument déterminant du contexte pratique pour l'étude de la concertation dans le paradigme du mythe. Il en sera question dans la troisième partie de cet ouvrage.

Le contexte pratique de la concertation associe trois dimensions:
– la technique, c'est-à-dire *le comment?,* la méthode, l'opérabilité, la technologie y compris dans sa dimension culturelle;
– l'homme, c'est-à-dire *le qui?,* l'individu, l'ancrage anthropologique;
– l'effectuation, c'est-à-dire *le quoi?,* la visée de l'action, l'ensemble des actions et des réalisations comme force productrice du monde de la concertation.

Chapitre 7

La technique

La technique est un aspect irréductible du contexte pratique de la concertation. Elle peut être interprétée, critiquée, idolâtrée, mise en cause, etc., mais la construction du sens ne peut en aucun cas faire l'économie de la prise en compte de la technique. Plus encore, il faut se rendre à l'évidence que les caractéristiques de la technique ont la capacité de focaliser les intérêts de tous les bords. Elle est ainsi un point d'intersection, d'opposition et de révélation des différents intérêts et enjeux de l'action collective. Cassirer observe l'inévitable alliance que les *énergies de l'esprit* doivent faire avec la technique, alors que la technique est en train de les asservir:

> L'énergie des forces créatrices de notre culture présente se concentre de plus en plus tout entière et en ce seul point. Et même pour les plus intenses des *forces opposées* à la technique – même pour ces puissances spirituelles qui, de par leur contenu et leur sens, lui sont le plus étrangères – il ne semble possible d'accomplir leurs performances qu'en faisant alliance avec elle et en passant, dans cette alliance même, insensiblement sous son joug. (Cassirer, 1995, p. 61)

Mais si la construction du sens apparaît de plus en plus redevable à la technique, ce n'est pas sans difficulté. Dans la construction du sens, la technique est problématique. Le principal problème posé, dans ce cadre, par la technique est qu'elle veut et affirme assurer un rôle d'intermédiaire entre la volonté et le pouvoir, alors qu'elle est la marque la plus puissante qu'il puisse exister de l'abîme qui sépare la pensée de l'action: «... dans le domaine de la technique [...] on retrouve [...] encore et toujours, le fossé qui sépare la pensée de l'action, le savoir de l'agir» (Cassirer, 1995, p. 62). Ceci explique pourquoi la technique est un lieu de tension, c'est-à-dire de sens qui se construit par des appropriations multiples, superposées, remodelées. Tantôt les idées s'approprient la technique pour devenir des armes dans les conflits de toutes sortes, tantôt les actions s'emparent de la technique pour en faire des instruments pour atteindre leur but. De cette tension émergent de nouvelles techniques qui revigorent la plupart du temps des idées qui viennent des profondeurs de l'histoire. Ainsi, en analysant le retour du mythe dans la conjoncture politique du 20ᵉ siècle, Cassirer parle de mythe politique comme de l'apparition d'une nouvelle technique: «Aussi a-t-il fallu quelque chose de plus pour que ces vieilles idées se transforment en armes politiques efficaces et puissantes. Il a fallu qu'elles puissent s'accorder à l'entendement d'un public différent. Cela a nécessité de recourir à un instrument neuf – un instrument d'action et pas seulement de pensée. Il a fallu développer une nouvelle technique» (Cassirer, 1993, p. 375).

Cette observation de Cassirer est intéressante par l'association du mythe à la notion de fabrication manufacturière ou industrielle des objets dont l'homme se sert dans ses conflits sans engager dans le combat la force physique: «Il appartient au 20e siècle, cette grande époque technique, d'avoir développé une nouvelle technique du mythe. Les mythes ont dorénavant été fabriqués de la même façon et selon les mêmes méthodes que n'importe quelle arme moderne – qu'il s'agisse de fusils ou d'avions» (Cassirer, 1998, p. 381). Mais la fabrication moderne des mythes dont Cassirer parle, n'est qu'une reproduction avec des moyens nouveaux d'une «technique» qui a fait déjà ses preuves à travers l'histoire de l'humanité. Si l'on regarde la concertation, l'évidence de cette reproduction est d'une qualité remarquable. Pour rendre compte, je vais considérer ici deux composantes majeures de la technique, c'est-à-dire a) celle de l'outil et b) celle de la tactique.

1. Les ustensiles

La pensée mythique, selon Cassirer, attribue aux outils trois caractéristiques majeurs. D'abord l'outil à une portée magique. Les exploits que l'homme réalise grâce à ses outils sont chargés d'un contenu magique. Deuxièmement, dans la pensée mythique l'outil est un objet médiateur. C'est en pensant l'outil que l'homme va développer l'idée de médiation. Troisièmement, dans la pensée mythique l'outil est l'instrument indispensable pour modeler, pour donner une forme, pour construire une image. C'est grâce à l'outil que l'homme peut agir sur le monde. Or, toutes ces caractéristiques sont retrouvables dans les rapports entretenus actuellement avec la concertation par les différents acteurs du monde politique, social, économique, associatif, etc., telles que le montrent les illustrations suivantes.

1.1 L'«efficace» magique de l'outil

Une des choses qui surprend quelqu'un qui n'a connu qu'un régime totalitaire et qui découvre la démocratie est la persistance des cultes dans le domaine politique. Certes, ces cultes n'ont pas le même contenu. On n'adore pas les mêmes dieux dans les deux systèmes. Le système totalitaire a développé davantage le culte de la personnalité, le culte du héros[1]. Le système démocratique a instauré et perfectionné le culte de la technique. Le culte de la concertation en est l'un des exemples. Rien sans concertation. Avant tout, la concertation. Non-respect de la concertation. Les signes ostentatoires de la concertation sont et doivent être visibles partout où il y a action collective publique ou privée, faute de quoi la peur du déficit de démocratie s'empare des uns et des autres. La concertation a ses prêtres et ses prêtresses désignés par la loi ou instaurés *ad hoc* qui surveillent que les règles écrites et non écrites soient bien respectées, comme elle a également ses adeptes inconditionnels. Dans les réunions de ce culte, les adeptes de la concertation croient apprendre la démocratie. Mais comme dans tous les cultes, la réalité est décalée. Sous le couvert de l'apprentissage de la démocratie c'est toute une civilisation technique qui se développe autour de cet outil privilégié qu'est la concertation. Nous touchons ici à la pensée mythique ou «l'adoration et le culte de certains instruments privilégiés constitue [...] un facteur important du développement de la civilisation technique» (Cassirer, 1972, t. 2, p. 250).

Cette pensée mythique rattachée à la technique reste, pourtant, toujours imprégnée par la magie de l'outil. Cassirer observe que «même après avoir substitué au rapport magique à la nature un rapport technique et donc après avoir compris la nécessité de certains outils primitifs et en avoir appris l'usage, l'homme tout d'abord attribue encore à ces outils un caractère et une «efficace» magique. Les plus simples instruments de l'homme possèdent désormais une forme d'action autonome et spécifique, un certain pouvoir démoniaque qui les habite. Les Fang de la Guinée espagnole croient qu'une partie de la force vitale d'un homme est entrée dans l'outil qu'il a fabriqué et qu'elle peut d'elle-même s'extérioriser et continuer à travailler» (Cassirer, 1972, t. 2, p. 250). Ce n'est pas anodin, dès lors, que les rapports à la concertation relèvent, parfois d'une manière évidente, des liens avec la magie. Au-delà du sentiment, absolument illusoire, que tel ou tel problème

---

1   Culte qui persiste dans les systèmes démocratiques, notamment dans le domaine du sport, mais aussi dans le domaine du cinéma et de la musique.

ne peut être résolu que par la concertation, sentiment assez répandu et souvent exprimé d'une manière explicite, il y a des situations où l'idée de la concertation comme outil magique est mise en exergue d'une manière flagrante. Par exemple, une fois par an, les membres des deux tables de concertation, de Montréal Centre et de l'Ouest de Montréal, se réunissent dans le cadre du «Défi sportif», pour échanger sur les questions reliées aux loisirs des personnes handicapées. Il s'agit d'une journée de concertation communément appelée «Journée des partenaires», à laquelle les participants attribuent explicitement, à un moment donné, un caractère magique: «L'ombre de Harry Potter flottait à l'occasion de la Journée des partenaires qui s'est tenue, le 25 avril 2002 au Complexe Claude-Robillard, dans le cadre du Défi sportif. Sous le thème *Coopéraction ou la magie du partenariat*, l'événement a rassemblé plus de 70 sorciers et sorcières venus prendre part à l'école de la magie du partenariat dont le maître sorcier était Pierre Morin, de la Ville de Montréal, animateur de la journée».[2] On peut supposer que les participants à la concertation, compte tenu de leur engagement, peuvent être pris par des excès métaphoriques ou par des crises instantanées d'analogies mystiques. On peut supposer également que cette manière de présenter la concertation n'est qu'une façon de parler et qu'au-delà des mots il faut voir la singularité d'une idée venue à la faveur d'une circonstance. Mais, je ne suis pas convaincu de la justesse de cette supposition. Je crois plutôt que les circonstances – «l'ombre de Harry Potter» – n'ont fait que libérer une pensée existante, voire même fondatrice.

Cette idée, de la concertation comme outil magique, est bien plus profonde et plus répandue qu'on ne le pense. Elle n'est pas uniquement l'apanage des militants ou des participants avec des intérêts forts dans la concertation. Elle l'est aussi pour les scientifiques lorsqu'il s'agit, justement, d'expliquer le rôle de la concertation dans les phénomènes sociaux. Pour certains, comme, par exemple, le sociologue Gabriel Gagnon, la concertation fait des prodiges: «les prodiges qu'ont pu réaliser, en termes de croissance et d'emploi, l'Autriche et la Norvège, la Suède et l'Allemagne, grâce [...] à une politique de concertation permanente» (Gagnon, 2004). Pour d'autres, la concertation c'est tout simplement de la magie. Pour illustrer il me semble utile de citer ici *in extenso* l'analyse d'Olivier Blanchard, professeur au Massachusetts Institute of Technology:

---

2   AlterGo, «Dossier sur la concertation en loisir. Journée des partenaires».

Au milieu des années 1980, le taux de chômage aux Pays-Bas était de 10%, à peu près le même qu'en France. Aujourd'hui, il vient de passer sous la barre des 3%... Pour certains observateurs, la performance est tellement étonnante qu'elle ne peut être due qu'à un tour de magie statistique. Ils ont tort. [...] Alors, quel est le secret de la réussite des Pays-Bas? [...] la concertation entre partenaires sociaux. Les Hollandais nous le rabâchent, mais ils ont raison. Au départ du miracle néerlandais, un accord au statut aujourd'hui quasi mythique, celui de Wassenaar, signé, en 1982, entre patronat, syndicats et gouvernement. En 1982, il était clair à tous que les choses allaient mal. L'accord de Wassenaar était un plan d'action: la modération salariale en échange de mesures destinées à alléger le coût humain du chômage (financement des retraites anticipées, diminution du temps de travail...). C'est en gros cette stratégie qui a été suivie depuis. Il y a une leçon essentielle à tirer de tout cela. Aujourd'hui, la conjoncture est bonne. Mais, à un moment ou à un autre, notre économie traversera de nouvelles crises. Ces crises nécessiteront des ajustements douloureux. Ces ajustements ont toutes les chances de déclencher un chômage élevé, à moins de mettre en place un mécanisme de concertation. Dans ce cas, il y a une chance de l'éviter. C'est maintenant, quand les choses vont mieux, qu'il faut instaurer un tel mécanisme. (Blanchard, 2000)

Certes, cette croyance dans la puissance magique de la concertation n'est pas systématiquement une évidence *expresis verbis*. Cependant, souvent dans la mise en cause de certaines actions collectives ou dans les conclusions tirées suite à l'échec d'un projet, il n'est pas rare d'entendre que l'absence de réussite est due à un manque de concertation. Un excellent exemple dans ce sens est celui du Contrat Premier Embauche. Ce projet de contrat qui a provoqué un fort mouvement social en 2006 en France, a été rejeté, pour certains, à cause de son contenu qui portait atteinte aux acquis sociaux et, pour d'autres, à cause de la méthode et plus précisément à cause de l'économie faite par le gouvernement quant à l'outil «magique» de la concertation. L'idée de l'exploit miraculeux grâce à la concertation est au fondement de telles affirmations véhiculées sans cesse par les médias.

1.2 L'objet médiateur

Une seconde caractéristique majeure attribuée par la pensée mythique à l'outil est celle d'objet médiateur. Cette caractéristique vient, sans doute, de l'observation directe faite par l'homme dans son activité quotidienne. Par l'usage de son outil l'homme a vu, d'abord, qu'il peut satisfaire ses besoins vitaux de nourriture, de sécurité et de confort. Mais, peut-être, n'est-ce là que le point de départ d'une réflexion qui a conduit l'homme à voir dans son outil un objet médiateur. Ce qui a accentué et fixé le caractère médiateur de l'objet a été la compréhension de l'homme que non seulement il

181

peut agir *entre* avec l'objet, mais que l'action faite avec cet objet est elle-même également médiatrice: «C'est au contraire par la notion d'objet médiateur, contenu dans l'outil, qu'a pu progressivement se déployer la conscience de l'action médiatrice» (Cassirer, 1972, t. 2, p. 251).

La portée d'une telle prise de conscience est remarquable en termes de conséquences. L'action médiatrice fixée dans l'outil est une des voies par laquelle l'homme est parvenu à distinguer dans l'espace des formes et des positions. Il a compris que dans la mesure où il y a médiation, il y a également des ruptures, des fractures, des séparations. C'est ainsi que l'objet médiateur met en évidence pour l'homme les distances, l'intérieur et extérieur, le sacré et le profane. Mais, une fois capable de distinguer dans l'espace, l'homme a également compris sa condition d'être médiat, c'est-à-dire d'être dépendant du caractère médiateur de son outil, sans pour autant faire obstruction, à aucun égard, à sa pensée mythique: «C'est la conscience des moyens indispensables pour atteindre un but déterminé qui apprend à l'homme à considérer l'*intérieur* et l'*extérieur* comme des éléments d'un *réseau de causes*, à l'intérieur duquel elle assigne à chacun d'entre eux une place spécifique et inaliénable – et c'est de là qu'émerge peu à peu l'intuition concrète et empirique d'un monde matériel avec des propriétés et des états réels. Seul le caractère médiat de l'action peut produire un être médiat qui se décompose et s'articule en éléments distincts, et indépendants, mais corrélatifs» (Cassirer, 1972, t. 2, p. 252).

L'appropriation de la concertation par les différents acteurs relève souvent de celle d'un objet médiateur selon la pensée mythique. Il y a dans cette appropriation tout le cheminement réflexif de la considération de la concertation comme pur objet médiateur jusqu'à la conscience d'être médiat au centre d'une activité médiatrice. Parfois, le sens de la concertation comme objet médiateur est sous-entendu. Mais la plupart du temps la référence à la concertation comme objet médiateur est sans ambiguïté. L'expression «par le moyen» en référence à la concertation est fréquente. Elle n'est pas seulement un avatar rhétorique du simple participant, elle est même entrée dans les documents à caractère normatif et cela de la manière la plus «naturelle» possible au point de s'interroger s'il était possible de s'exprimer autrement. Parmi les multiples exemples pouvant illustrer ces propos, ce passage issu des travaux de la Cour de Justice et du Tribunal de première instance des Communautés européennes», est fortement évocateur: «L'accord du 20 septembre 1974 concernant les relations entre la Commission des Communautés européennes et les organisations syndicales et professionnelles [...] prévoit au point 2, dernier alinéa que *La Commission reconnaît comme représentatives les organisations signataires; elles pourront à ce titre conclure des accords avec la Commission par le moyen de la concertation, compte tenu du cadre défini au chapitre IV du présent accord*» (Les activités de la Cour de Justice et du Tribunal de première instance des Communautés européennes 2001). Dans ce texte la concertation est tout simplement l'outil entendu comme objet médiateur révélateur des distances et des délimitations. Le caractère médiateur est souligné ici, aussi bien par le rôle désigné clairement la concertation, que par l'objectif de ce rôle, c'est-à-dire «conclure des accords».

Tout comme dans le monde du mythe, autour de la concertation en tant qu'objet médiateur apparaît, également, l'idée de l'action médiatrice: «Essentiellement, elle vise à assurer l'ordre et la paix sociale par le moyen de la concertation harmonieuse de tous les groupes sociaux, réunis dans autant de *corporations* ou de *corps intermédiaires* voués à la poursuite du bien commun. Ainsi, aux luttes des classes succéderait leur *collaboration*, puisque patrons et ouvriers d'un même secteur seraient rassemblés dans une même corporation et travailleraient ensemble à l'épanouissement de leur secteur comme à celui de toute la nation» (Sans titre, 2005). L'action faite par le moyen de la concertation apparaît ici comme une action médiatrice avec des accents quasi mystiques. Cette action médiatrice est perçue comme une sorte d'opération salvatrice, prometteuse d'une idéalité, du monde idéal à venir, un monde harmonieux, sans conflit, sans fracture, en somme sans intérêts conflictuels, un monde d'épanouissement collectif. Dans ce cas, la conscience de l'action médiatrice, en rapport avec la concertation comme objet médiateur en pointant vers l'avenir, ouvre à la production du sens l'immense champ de l'histoire, du vécu immédiat jusqu'à la tradition la plus profonde enfouie dans notre patrimoine culturel. Ses traces les plus récentes peuvent être encore distinguées dans le langage.

L'idée de l'être médiat est également présente dans le contexte pratique de la concertation: «... le Ministère doit disposer des outils lui permettant de piloter le sous-secteur enseignement supérieur, ce pilotage devant s'opérer notamment par le moyen de la concertation» (Le système d'enseignement supérieur et l'université libanaise, 2005). Elle englobe le sentiment de la nécessité de l'objet médiateur. La concertation a enfermé ici dans son sens une sémantique de l'usage en deux volets; l'un ouvrant vers l'intérieur, vers les besoins internes d'un corps, l'autre vers l'extérieur, vers le résultat du recours à la concertation. Autrement dit, le contexte pratique de la concertation, comme le contexte pratique du mythe, relève un sens qui se construit en plusieurs couches de significations dynamiques qui ne se superposent jamais définitivement et qui se délimitent sans cesse en se définissant mutuellement.

Ceci dit, ce qui est important à souligner encore, compte tenu de ces exemples, n'est pas tant le fait que la concertation soit un objet médiateur ou que l'action dans laquelle la concertation est impliquée soit médiatrice ou que les participants à la concertation aient la conscience de leur condition médiate, mais que toutes ces caractéristiques coexistent dans la pratique de la concertation et participent à la production de sens d'une manière semblable à celle qui opère dans le monde du mythe.

1.3 L'instrument dans la construction de l'image du monde

La troisième caractéristique majeure assignée par la pensée mythique à l'outil est celle d'instrument pour la construction et la modification du monde ou de l'image du monde: «L'outil ne sert jamais uniquement à dominer et à asservir un monde extérieur qui ne serait qu'une matière simplement donnée et déjà intégralement formée. Au contraire, seul l'usage de l'outil permet à l'homme de construire l'image de ce monde extérieur c'est-à-dire sa forme idéale» (Cassirer, 1972, t. 2, p. 252). Il ne s'agit pas, cependant, de conclure que cette manière de considérer l'outil ait un caractère purement technique. Il serait alors presque possible d'assimiler une telle perspective à l'idée d'outil comme objet médiateur. Mais ce qui distingue fondamentalement cette nouvelle caractéristique de l'outil des autres caractéristiques est sa portée spirituelle:

> … même si l'on considère l'outil, dans son aspect purement technique, comme l'instrument essentiel pour construire la civilisation matérielle, cette fonction ne peut être appréhendée isolément, si on doit la comprendre véritablement et l'estimer à sa valeur la plus profonde. A la fonction mécanique correspond ici encore une fonction purement spirituelle, qui, non seulement se développe à partir de la première, mais qui la conditionne depuis le début et qui est avec elle dans une corrélation indissoluble. (Cassirer, 1972, t. 2, p. 252)

Cette caractéristique mobilise dans le contexte pratique de la production du sens, plus que tout autre caractéristique, les croyances, les attachements aux valeurs, les engagements, les volontés plus ou moins idéologiques, etc.

Ces caractéristiques mobilisées par la pensée mythique autour de l'objet comme instrument de construction et de changement du monde se dévoilent avec une grande facilité dans la pratique de la concertation. Par exemple, dans le contexte pratique de la concertation, on peut trouver souvent à l'œuvre des croyances comme celle qui postule que l'instrumentalisation de la concertation contre la mondialisation peut changer le visage du monde:

> Depuis mon entrée en fonction le 1er juin 2001, j'ai lancé un appel à la concertation [...] Je crois fermement que nous devons répondre au phénomène de la mondialisation par la concertation productive et efficace. [...] *Intervenir* est un devoir envers la société à laquelle nous appartenons. Intervenir est aussi le préalable incontournable du changement et du développement. Intervenir, c'est enfin entrer dans l'action, mettre à contribution ses talents et son énergie au service de la collectivité. (Béchard, 2002)

Ici, même si l'outil est rattaché à l'idée de productivité et d'efficacité, ce ne sont pas ces catégories qui s'imposent à la conscience. Autour de la concertation comme instrument permettant de changer le monde, apparaissent désormais les idées de devoir et d'investissement personnel. Or, par le devoir et l'investissement personnel la réflexion sur la pratique de la concertation touche à d'autres domaines de signification comme, par exemple, celui de l'éthique ou celui de l'«effectuation» pure.

Parfois, la caractéristique d'instrument permettant de construire ou de changer le monde attribué à la concertation n'est liée à cette dernière que par l'une de ses composantes pratiques, la plus souvent évoquée étant la participation. La rhétorique des associations en rapport avec la concertation est souvent marquée par cette manière de concevoir la concertation, c'est-à-dire comme instrument permettant de changer le monde par le biais de la participation. Ces quelques lignes de la charte des «Amis de la Terre» en sont l'une des illustrations possibles: «Les Amis de la Terre sont depuis toujours attachés aux valeurs démocratiques ainsi qu'à certains principes complémentaires tels que la participation, la décentralisation et l'engagement citoyen; nous tentons au quotidien de mettre en pratique ces valeurs afin que notre fonctionnement interne soit à l'image du monde à construire de demain» (Charte Amis de la Terre France, 2002). C'est aussi le cas de l'association qui s'appelle explicitement «Concertation des luttes contre l'exploitation sexuelle» (CLES) et qui regroupe une douzaine d'organismes. La concertation est pour cette association un moyen pour changer le visage du monde. Dans la Déclaration de la CLES il est écrit: «Nous, citoyennes et citoyens du monde, engagéEs pour un monde d'égalité, de justice, de liberté, de paix et de solidarité, croyons qu'un autre monde est possible: un monde libéré de la prostitution et de toutes les autres formes d'exploitation sexuelle. Nous soutenons que la prostitution n'est pas un travail, encore moins une liberté ou un *droit* de disposer de son corps, mais qu'elle est une aliénation et un rapport de pouvoir, conséquence des inégalités sociales et du manque de choix dans la vie de toutes les femmes» (Déclaration de la CLES, 2005). Engagement et croyance, idéologie et utopie dépassent ici le sens de la concertation comme instrument et ouvrent d'autres perspectives au contexte pratique de la concertation. S'emparer de la concertation pour améliorer la société ce n'est pas sans positionnements et contextualisations multiples qui, avant de se conceptualiser, se sont approprié un vécu polyforme, réactualisé ou pas, mais devenu un patrimoine référentiel scientifique ayant vocation de rassembler ou en tout cas de susciter l'adhésion.

Mais la participation n'est pas le seul composant du contexte pratique de la concertation qui ouvre la voie à une pensée qui considère la concertation comme un instrument de construction et de changement du monde. Une autre composante du même contexte pratique de la concertation est la consultation. Nous sommes ici en présence de la mise en valeur d'une réminiscence sémantique qui a l'origine dans une certaine phase de développement de la notion de concertation – phase où les responsables politiques ont désigné la consultation publique, non seulement à travers les médias mais aussi dans les textes normatifs – par le nom de concertation. Ainsi, l'aspect consultatif de la concertation apparaît encore, même dans la rhétorique des associations ayant acquis une certaine notoriété, comme un moyen de recherche de consensus d'importance mondiale, comme par exemple, en vue d'une normalisation éthique universelle de la consommation:

> Une organisation internationale et décentralisée de la société civile, basée sur la recherche de consensus par la concertation consultative et la coopération étendue, ne devrait-elle pas s'officialiser dès maintenant afin d'imposer aux pouvoirs financiers l'intérêt et la volonté collectifs sur les questions cruciales de mondialisation, entre autres celles de la socialité et de l'environnementalisme, et afin d'universaliser rapidement une normalisation éthique de la consommation de marché? (D. G., 2005)

La même organisation basée sur le consensus issu d'une concertation consultative est envisagée également comme cadre pour changer l'orientation des rapports dans la production de biens et l'exercice du pouvoir: «Il faudrait sans doute aussi replacer le rôle de l'entreprise dans la société, qui est de produire des biens et des services, non pas afin de réaliser un profit maximal pour quelques-uns, mais un progrès humain pour toutes et tous; redéfinir la manière dont est pratiqué l'échange de ces biens et services; et enfin inciter à se conformer à des normes, adoptées et défendues par le plus grand nombre, ceux qui entreprennent et les gouvernements élus pour encadrer l'ensemble des échanges au sein des sociétés qui n'auraient plus qu'à rendre les pouvoirs qui leurs ont été confiés s'ils devaient s'y opposer» (D. G., 2005).

La concertation comme instrument pour la construction et la modification du monde et de l'image du monde n'est pas une simple métaphore. Il s'agit là d'une pensée qui se loge sans peine dans les discours de tous bords et qui ajoute à la nature mythique de la concertation de nouveaux territoires qui s'ouvrent à la signification au fur et à mesure que la pratique confirme leur fécondité symbolique.

2. Les tactiques

La deuxième composante majeure de la technique rassemble les tactiques. Contrairement à la stratégie qui «postule un lieu susceptible d'être circonscrit comme un propre *étant* de celui de base à une gestion des relations avec une extrémité distincte», la tactique est «le calcul qui ne peut pas compter sur un propre, ni donc sur une frontière qui se distingue de l'autre comme une totalité visible. La tactique n'a pour lieu que celui de l'autre. Elle s'y insinue, fragmentairement, sans le saisir en son entier, sans pouvoir le tenir à distance. Elle ne dispose pas de base où capitaliser ces avantages, préparer ces expansions et assurer une indépendance par rapport aux circonstances» (Certeau, 1990, p. xlvi). Pour Cassirer, dans le monde du mythe la tactique est un moyen désespéré utilisé dans des moments de désespoir: «Dans des situations désespérées l'homme a toujours recours à des moyens désespérés – et nos mythes politiques contemporains sont de tels moyens désespérés» (Cassirer, 1993, p. 377). Il s'agit des pratiques rassemblées par la pensée mythique autour du mot magique, du rite et de la prophétie ou de l'art divinatoire.

2.1 Le mot magique

Le mythe fait marcher (Certeau, 1990, p. 155). Il fait marcher parce qu'il donne du sens. Mais il donne du sens dans la mesure où il s'appuie sur du vide, dans la mesure où il n'est pas pris pour un récit irrationnel, c'est-à-dire dans la mesure où son sens originel demeure insaisissable. On a affaire alors à des *mots piégés* dont l'emploi s'appuie sur «le principe du réflexe *conditionné* des psychologues dits comportementalistes de l'école pavlovienne» (Freund, 1991, p. 151). Il n'est pas étonnant, dès lors, que toute recherche du sens d'une *formule magique* utilisée dans le discours politique puisse être ressentie comme une dénonciation ou une attaque d'une croyance collective. Pourtant, le mot magique est une tactique toujours à l'œuvre et Cassirer est sans ambiguïté à ce sujet:

> … dans les sociétés primitives, le mot magique exerce une influence prédominante voire écrasante. Loin de décrire des choses ou des relations entre les choses, il cherche au contraire à produire des effets et à changer le cours de la nature. Ce qui ne peut s'effectuer sans un art magique élaboré. Le magicien ou le sorcier peut se contenter de gouverner le mot magique. Mais celui-ci peut aussi devenir dans ses mains l'arme la plus puissante qui soit. Rien n'est alors en mesure de résister à sa force. *Carmina vel coelo possunt deducere lunam*, dit la sorcière Médée dans les métamorphoses d'Ovide – on peut, par des chants magiques et des incantations, arriver à attirer la lune à bas du ciel. Très curieusement, tout cela persiste dans notre monde. Quand on étudie les mythes politiques modernes et l'usage qu'en est fait, on trouve, à notre grande surprise, non seulement une transvaluation de toutes nos valeurs éthiques mais également une transformation du langage humain. (Cassirer, 1993, p. 382)

Un des meilleurs exemples concernant l'usage actuel de la «concertation» comme mot magique est celui qu'on découvre dans le discours du président de la République. A titre d'illustration, je vais considérer ici trois aspects de cet usage.

D'abord, si l'on considère le rapport entre «concertation» et «politique» on peut observer dans le discours du président Jacques Chirac que la «concertation» joue dans le fondement et le fonctionnement du politique un rôle multiple, ambigu et parfois contradictoire. Ainsi, il est possible de distinguer la «concertation» *sur* les politiques: «Nous, nous pensons qu'il est logique, qu'à partir du moment où l'Union a un espace commercial et une monnaie unique pour – les pays participant dès le départ à l'Euro – qu'il doit y avoir une instance de *concertation sur les politiques* économiques, dans le respect de l'indépendance de la Banque centrale pour ce qui est de la gestion de la monnaie, afin de permettre aux représentants des gouvernements de discuter de la *politique* d'investissements, de la *politique* budgétaire» (Chirac, 1997a) ou «Ces *politiques* économiques resteront nationales, mais *la concertation* sur la fiscalité, sur l'investissement, sur les budgets, *sur la politique* de conjoncture, *sur les objets politiques* structurels, cette *concertation* sera nécessaire» (Chirac, 1997b). Il est, également possible de remarquer la «concertation» *pour* la politique:

> Je préciserai simplement que, l'année prochaine, alors que l'Allemagne sera membre du Conseil de Sécurité, nous allons renforcer plus encore la *concertation* entre la France et l'Allemagne *pour la politique* du Conseil de Sécurité des Nations Unies et c'est avec une position commune que nous entendons nous exprimer dans l'ensemble des enceintes internationales concernées par cette affaire. (Chirac, 2002)

Enfin, il est possible de remarquer la «concertation» *avec* le politique: «Les relations du travail, la question des salaires, la protection sociale, la *politique* de l'emploi doivent faire l'objet d'une *concertation* étroite *avec* l'ensemble *des citoyens*» (Chirac, 1996) ou «Il n'est pas normal que les banquiers centraux aient décidé entre eux, sans *concertation* réelle *avec le politique*, de nommer tel ou tel des leurs à la tête de la Banque, d'où ma première réserve de forme» (Chirac, 1998). Dans les trois cas – sur, pour, avec – le sens de la «concertation» est différent. Se concerter *sur* la politique implique d'une part, que la concertation est une forme de communication surdéterminante de la politique et, d'autre part, que le politique est une pratique dont la mise en question est une dimension constitutive. Se concerter *pour* la politique comporte également l'idée de la «concertation» comme détermination de la politique, mais cette fois-ci comme lieu de constitution d'attitudes politiques communes. Pour ce qui concerne la «concertation *avec* le politique», elle invalide le sens de surdétermination, remarqué précédemment pour la «concertation», en le remplaçant avec un sens mutualiste. La «concertation» et le «politique» participent l'un de l'autre pour se définir. La principale conséquence d'un tel usage du terme de «concertation» est l'ambiguïté symbolique d'une politique ouverte apparemment au dialogue, mais fondamentalement non productrice de dialogue, puisqu'elle attache au dialogue à la fois des sens multiples et les contraires de ces sens. Le politique apparaît tout de même renforcé par cet usage, par un effet d'analogie mythique soutenu dans le discours du président, comme dans le monde mythique, par l'adaptation du sens de la «concertation» aux convenances et aux circonstances.

Une autre manière de rendre magique la «concertation» est de l'approcher du domaine de la musique et du son. Le sens actuel le plus répandu – dans le monde – du terme «concertation» est en dehors de la sphère politique et désigne une production simultanée des sons dont la principale caractéristique commune est l'assujettissement collectif à une harmonie convenue symboliquement, l'*accord*. Ce détail n'échappe pas à l'usage discursif de la «concertation» du président Jacques Chirac qui, tout en restant dans la sphère du symbolique, c'est-à-dire en s'appuyant, paradoxalement, sur le langage et sur l'image, fait appel à une symbolique dans l'ordre de son: «*Nous sommes d'accord* pour confirmer que cette question trouvera sa solution par voie de *concertation*» (Chirac, 2001). Cet usage rassemble nombre de références à la pratique même du concert: l'accord, bien sûr – «La stratégie que j'avais retenue, *en accord avec le gouvernement* et en *concertation* avec nos alliés, s'est révélée efficace» (Chirac, 1999) –, mais aussi l'ensemble – «j'ai indiqué que je prenais l'engagement d'avoir réglé ce problème, en *concertation* très étroite et *en accord* très étroit, *avec l'ensemble* des Calédoniens avant la fin de mon mandat» (Chirac, 2003a) –, les nuances – «Les chefs d'Etat et de gouvernement ont exprimé leur conviction que la communauté des pays ayant le français en partage peut jouer un rôle particulièrement utile dans cette perspective et *ils ont donc décidé d'intensifier encore* la coopération et *la concertation* de leurs pays au sein des Nations Unies dans ces domaines» (Chirac, 2000), etc. Ce sens musical, cette référence sonore de la concertation réactive dans le discours du président Jacques Chirac, la représentation des rapports sensibles reliant une personnalité engagée au caractère performatif de son action, rapports dont la condition est depuis l'antiquité l'harmonie: «Laisse-nous une autre harmonie pour imiter l'homme engagé dans une action pacifique, non pas violente mais volontaire, qui cherche à persuader pour obtenir ce qu'il demande, soit un dieu par ses prières, soit un homme par ses leçons et ses conseils, ou au contraire, prié, enseigné, persuadé, se soumet à un autre, et par ces moyens ayant réussi à son gré, n'en conçoit pas d'orgueil, mais se conduit en toutes ces circonstances avec sagesse et modération, content de ce qui lui arrive. Ces deux harmonies, la violente et la volontaire, qui imiteront avec le plus de beauté les accents des malheureux, des heureux, des sages et des braves, celles-là, laisse-les»[3]. Que veut dire cette référence au son? Le langage, l'image et le son sont tous les trois des domaines partagés: parler seul ce n'est pas l'absence de partage, mais uniquement mise en évidence de la solitude; se donner une image ce n'est pas une appropriation exclusive, mais une projection de soi sur le monde, etc. Mais les dimensions de ces domaines ne sont pas identiques. Plus le partage doit obéir à un système complexe de lois, plus le domaine est restreint. Le langage a un domaine plus restreint que l'image: l'usage des pictogrammes dans la quo-

---

3   Platon, *La République*, III/399a.

tidienneté occidentale du 21ᵉ siècle en est une excellente illustration. Aussi, le domaine du son est plus étendu que le domaine de l'image. A ce rapport inverse s'ajoute un autre, également, inverse. Plus le domaine est rationalisé, moins il y a de la place pour la personne en tant qu'identité individuelle. Dans l'autre sens, plus l'identité individuelle se distingue, moins le domaine parvient à s'émanciper de la croyance. C'est le cas du son, notamment, qui ne dit rien et qui ne montre rien, mais qui agit sur les sens parce qu'il fait croire sans qu'on n'ait pas même eu le temps de se rendre compte. Alors, dans ce domaine, celui du son, l'accord devient essentiel. Le sens du son ne vient pas d'une loi ou d'une culture partagée avec l'autre, mais d'une croyance que les individus partagent par-dessus tous les langages et toutes les images du monde.

Je vais considérer ici, pour sa portée symbolique, encore un seul aspect – sans qu'il soit pour autant le dernier à être évoqué – de la tactique du mot magique dans la rhétorique du président Jacques Chirac. Il s'agit d'observer que la pensée mythique selon laquelle la «concentration» est l'agent participant à la naissance d'un monde nouveau est à l'œuvre dans le discours du président Jacques Chirac à la description de ce monde: «J'ai proposé au Président Jiang Zemin que l'Union européenne et la Chine développent bien davantage leur *concertation* politique, car elles sont toutes les deux attachées à *l'émergence de ce monde multipolaire*» (Chirac, 1997c). Ainsi le discours du président projette la vision d'un monde issue de l'interprétation personnelle d'une situation particulière, mais cette projection n'a pas pour but la description, mais l'explication de ce monde. Comme dans le récit mythique, le subjectif et le particulier, deviennent ici synonymes de références universelles. Le constat de l'un qui peut s'exprimer pour tous – «*Je voudrais* d'abord *dire que nous sommes dans un monde*, hélas trop souvent, *qui se fonde sur* l'agressivité, sur la haine au lieu de privilégier la *concertation*, le dialogue, l'entente» (Chirac, 2003b) – est autorisé dans cette logique d'expliquer une situation universelle. Pour convaincre, dans une telle démarche la manière «classique» est de faire de la réalité immédiate ou de certains éléments de cette réalité, le fondement du monde, car ce qui caractérise la pensée mythique est la mise en scène de l'origine du monde. Cette pensée mythique apparaît d'autant plus évidente lorsque le président utilise le terme de «concertation» dans son discours, car elle est illustratrice d'une manière irrationnelle pour parvenir aux effets politiques: renforcer le monologique en faisant l'apologie du dialogique – si l'on considère l'approche rhétorique du discours (McLoski, 1985; Billig, 1987;

Simons, 1989) qui a mis en évidence l'organisation dialogique du discours – en s'appuyant sur des sentiments, en l'occurrence la crainte, qui peuvent être mises en lien avec les éléments sur lesquels le monde repose. Il s'agit d'une manière de convaincre intrépide qui, au mieux, frôle tout de même la manipulation, car la superposition de constructions affectives est «un procédé fréquemment utilisé pour manipuler le message. Il consiste à rendre acceptable une opinion en construisant un message qui est un mélange de cette opinion, sans discussion de son contenu, avec un élément extérieur, de l'ordre de l'affect, sans rapport immédiat avec cette opinion, mais considéré, lui, comme susceptible de sensibiliser l'auditoire dans un sens favorable. On transfère ainsi la charge affective de cet élément extérieur, que l'on va chercher en aval, sur l'opinion elle-même» (Breton, 1997, p. 91). Comme toute vision mythologique du monde, le discours du président Jacques Chirac désigne les éléments fonctionnels capables de produire un monde meilleur. Ainsi la concertation n'est pas uniquement le fondement du monde projeté par le discours présidentiel, mais aussi le fonctionnement rêvé de ce monde: «Ce *monde multipolaire* peut être *la meilleure des choses* à condition que son développement soit harmonieux, que personne n'ait un comportement agressif, et que le dialogue et la *concertation* entre les différents pôles soient aussi bonnes et efficaces que possible» (Chirac, 1997d) ou «Ainsi l'Europe pèsera de tout son poids pour forger *un monde multipolaire* et y faire entendre sa voix et ses valeurs, dans une *concertation* harmonieuse et équilibrée avec ses grands partenaires dans le monde» (Chirac, 2003c). Ceci dit, ce monde meilleur, harmonieux, respectueux des valeurs, n'est pas pour aujourd'hui, mais pour demain: «Nous avons pensé que c'était effectivement, aussi, l'un des moyens d'approfondir notre *concertation* sur notre vision du *monde de demain*» (Chirac, 2003d). Ce décalage dans le temps futur, alors que le mythe renvoie plutôt dans le temps passé[4] est l'effet d'un syncrétisme du mythe et de la religion, car c'est la religion précisément qui envoie vers un monde à venir – en utilisant parfois des mythes – et c'est dans la religion que le jugement futur est utilisé afin d'orienter les actions présentes: «guerre ou paix [...], ils porteront un jugement sur la capacité que nous aurons eue, ou que nous n'aurons pas eue, de progresser vers l'entente entre les peuples, le dialogue entre nous, la *concertation*, l'effort commun au bénéfice de *ce qui est le plus important*, au total, *dans le monde, c'est-à-dire la paix, la démocratie et le développement*» (Chirac, 2003e). C'est-à-dire,

4   Les temps d'avant, l'age d'or, y compris dans la politique, voir par exemple, Girardet, 1990, pp. 97-138.

lorsque la pensée mythique ne peut assurer à elle seule au politique le monopole du discours sur le monde, le président Jacques Chirac va ressourcer son
discours à une source sinon sûre, alors au moins autant traditionnellement
revendicatrice du monopole du discours sur le monde.

2.2 Le rite

Dans la proximité du mot magique, Cassirer identifie une autre figure de la
tactique mythique, le rite: «... l'usage habile d'un mot n'est pas tout. Il
faut, pour qu'il ait tout son effet, qu'il soit complété par l'introduction de
nouveaux rites. Les dirigeants politiques ont procédé à cet égard également
de façon très habile, très méthodique et très efficace» (Cassirer, 1993,
p. 384). L'enjeu principal du rite est – selon Cassirer – sinon de limiter, au
moins de maîtriser la liberté au nom de la liberté et cela d'une manière qui
ne laisse transparaître aucune trace de contrainte ou apparence d'imposition
d'une volonté extérieure aux agissements de l'individu:

> ... on a affaire à des hommes éduqués, intelligents, honnêtes et loyaux abandonnant
> soudain le plus grand des privilèges humains. On les voit cesser d'être des agents
> libres et personnels. En exécutant les rites prescrits, ils se mettent à sentir, à parler et à
> penser d'une façon uniforme. Leurs gestes ont beau être vifs et agressifs, il s'agit
> pourtant là d'une vie artificielle et fausse. Ce qu'il meut provient d'une force externe.
> Ils agissent comme des marionnettes dans un théâtre de poupées – en ignorant que les
> ficelles de ce spectacle comme de toute la vie sociale [...] sont manipulés... (Cassirer,
> 1993, p. 386)

Le rite permet un double exploit à la conscience mythique: d'une part, le
dépassement de l'opposition entre le pouvoir humain et le pouvoir de la
divinité, et d'autre part, l'intuition de la division et du rétablissement suc-
cessif de la communauté au rythme des participations ou des absences de
participation aux rites. La participation aux rites de sacrifice, conformément
aux usages, se présente dans cette optique, comme la condition *sine qua*
non pour que la forme matérielle d'une chose devienne communion idéelle
entre l'homme à la recherche du pouvoir d'agir et le dieu soupçonné source
de ce pouvoir.

Régime prévu par
la 101 n° 83-630
du 12 juillet 1983

1) C. urb., art. L. 147-3: enquête préalable à la réalisation d'un plan d'exposition au bruit et au voisinage des aérodromes.
2) C. urb., art. L. 146-4: enquête préalable à la réalisation de constructions ou installations nécessaires à des services publics ou à des activités économiques exigeant la proximité immédiate de l'eau dans la bande littorale de 100 mètres.
3) C. urb., art. L. 146-6: enquête préalable à la réalisation de travaux ayant pour objet la protection ou la conservation des zones humides.
4) L. n° 86-2, 3 janvier 1986, art. 25: enquête préalable aux changements substantiels de zones du domaine public maritime.
5) L. n° 76-663, 19 juillet 1976, art. 7-2: enquête préalable à l'institution de servitudes d'utilité publique à l'intérieur d'un périmètre délimité autour d'une installation classée.

Enquête préalable
à la DUP de droit
commun

1) C. aviation civile, art. R. 242-1: enquête préalable à l'établissement du plan de servitudes aéronautiques de dégagement.
2) C. urb., art. L. 160-6, L. 160-1, R. 160-16: servitudes de passage des piétons sur le littoral.
3) D. 13 juin 1961: servitudes devant permettre !'entretien, par engins mécaniques, de certains canaux d'irrigation.
4) C. P. et T., art. R. 25 et R. 31: servitudes radioélectriques.
5) C. rural, art. R. 242-2 et s.: création de réserves naturelles.

Enquêtes ren-
voyant soit à
l'enquête prévue
par la loi du 12
juillet 1983, soit à
l'enquête préa-
lable à la DUP de
droit commun

1) D. n° 93-743, 23 mars 1993, art. 4: autorisations au titre de la loi sur l'eau.
2) C. voirie routière, art. R. 122-1: classement dans la catégorie des autoroutes.
3) C. voirie routière, art R. 153-1: classement dans la catégorie des routes express.

Enquêtes spécifi-
ques

Ces enquêtes ne renvoient ni à l'enquête dite Bouchardeau ni à l'enquête DUP-droit commun et sont régies par une réglementation propre.
1) C. voirie routière, art. L. 131-4: classement et déclassement des routes départementales.
2) C. voirie routière, art. L. 141-3: classement et déclassement des voies communales.
3) L. n° 86-2, 3 janvier 1986, art. 30: octroi ou renouvellement des concessions de plage.
4) C. rural, art. L.151-37: enquête préalable à certains travaux ruraux.
5) C. rural, art. R. 131-6: création de parcs nationaux, enquête sans commissaire-enquêteur.
6) D. n° 82-842, 29 septembre 1982, art. 9: opérations d'immersion en mer situées certaines zones géographiques, enquête sans commissaire-enquêteur.
7) D. n° 83-228, 22 mars 1983, art. 8: demande de concessions d'exploitation de cultures marines, enquête administrative sans commissaire-enquêteur.
8) D. n° 80-204, 11 mars 1980, art. 5: permis de recherches et d'exploitations minières, sans commissaire-enquêteur.

9) D. 1ᵉʳ août 1905, art. 9: enquête hydraulique, sans commissaire-enquêteur.
10) L. 15 juin 1906, art. 11: DUT d'une concession de distribution d'énergie, enquête commissaire-enquêteur.
11) C. forestier, art. R. 423-1 et s.: mise en défens de terrains en montagne.
12) Zonages d'assainissement.
13) Associations foncières urbaines et associations pastorales.

Enquêtes de «commodo et incommodo» Ces enquêtes ne sont régies par aucun régime juridique résultant de textes législatifs ou réglementaires, mais on considère généralement qu'elles doivent donner lieu à la désignation d'un commissaire-enquêteur.
1) CGCT, art. R. 2223-1: création et agrandissement de cimetières.
2) CGCT, art. L. 2223-40: création et gestion de crématorium.
3) (GCT, art. R. 2223-74: création des chambres funéraires.
4) Art. 10 de l'arrêté du 17 février 1961: homologations des terrains devant abriter épreuves, manifestations et compétitions comportant la participation de véhicules à moteurs.
5) D. n° 68-521, 30 mai 1968: fixation du domaine public maritime et détermination des limites de la mer.
16) Limites communales.
7) Jeux de hasard (casino).

Figure 1: Le cadre normatif d'une enquête publique

Il s'agit, cependant, d'une vision où l'efficacité ou l'inefficacité de l'acte mythique ne trouve pas son sens dans l'opposition entre la participation et l'absence de participation aux rites, mais dans les dysfonctionnements perçus par la conscience mythique à l'intérieur même de la démarche de participation.

Parmi les rites de concertation l'enquête publique est de loin une des meilleures illustrations. Ce rite de la concertation a acquis, si l'on regarde sa définition juridique[5], un aspect quasi lévitique.

L'enquête publique, procédure instaurée pour être l'un des temps forts de la démocratie locale, n'est rien d'autre qu'un espace réservé aux citoyens pour participer au sacrifice[6] de leurs intérêts particuliers. Elle est censée faire l'économie de conflits par sa capacité de produire l'illusion d'une représentation politique dont les limites du pouvoir seraient négociables lors de chaque projet à mettre en œuvre. Mais la production de cette illusion repose entièrement sur le sacrifice de l'intérêt particulier à l'origine

5   Voir figure 1. Source: Pipard, Maillard, 2003.
6   Pour J. M. Stievenard, la participation du citoyen à la décision est une «participation aux frais et aux sacrifices» (Stievenard, 1971, pp. 93-95) et H. Lefebvre considère que la signification la plus profonde de la participation des habitants à l'action collective est de les faire «accepter les sacrifices et de consentir des efforts» (Lefebvre, 1970, p. 113).

même de l'émergence de l'idée de participation, sur l'autel de l'intérêt collectif. Tous les rites et les usages de l'enquête publique y participent. Cela ne justifie certainement pas le manque d'intérêt manifesté par le public pour cette procédure de légitimation des actions collectives. Cependant, dans la mesure où l'explication n'est pas forcément une justification, c'est la dimension du sacrifice mythique dont sont imprégnés les rites et les usages de l'enquête publique qui explique le paradoxe d'une procédure à caractère médiatement salutaire pour la démocratie participative, mais pour le citoyen immédiatement coûteuse sur le terrain.

Les rites de la concertation sont nombreux et ils sont actifs à différents niveaux de la vie sociale, politique ou économique. La plupart du temps ils sont le fondement des dispositifs de concertation. A ce titre, un exemple remarquable est offert par le Conseil Communal de Concertation (CCC) de la Ville de Lille qui a été instauré suite à l'adoption par le conseil municipal, le 24 juin 1996, d'un projet de dialogue entre les autorités municipales et l'ensemble des acteurs collectifs de la vie citoyenne[7]. Son rôle, selon ses fondateurs, est, d'une part, d'aider les pouvoirs publics municipaux dans le processus d'élaboration des politiques locales et, d'autre part, de présenter des avis et des propositions à la demande des autorités municipales. Dans certaines conditions, le CCC peut également donner des avis sur des problèmes dont il s'était saisi de par sa propre initiative. A cet effet, le fonctionnement du CCC est régi par un règlement intérieur approuvé par le conseil municipal. Ce règlement précise l'objet, la composition et le cadre rituel propre au dispositif. Le rituel de concertation instauré par le CCC ne sert, en aucun cas, ni pour expliquer aux citoyens les démarches et les projets publics ni pour rendre intelligible aux décideurs l'impact de leurs arrêtés sur l'aménagement de la ville. Ce rituel est lui-même une pratique culturelle à but pédagogique, «l'éducation à la démocratie», dans le cadre du vieux mythe de la participation adapté à l'espace public actuel. Il est la forme culturelle de la rencontre incontournable entre le besoin d'agir éprouvé par certains au nom d'un idéal appréhendé comme démocratie participative et le besoin d'exercer un contrôle supplémentaire sur les phénomènes urbains, ressenti par d'autres dont l'esprit pratique commande

---

7   Depuis l'expérience lilloise à été suivie par des nombreuses villes françaises et étrangères: Limoges, Cassis, Alençon, Floirac, Montauban, Troyes, Fontenay-aux-Roses, Langres, Roubaix, Tourcoing, Reze-les-Nantes, Grande Synthe, Digne-les-Bains, Montpellier, Nîmes, Val de Sambre, Sénart, Niort, Chartes, Le Havre, Rotterdam, Namur, Bruxelles, Genève, Barcelone, Cologne etc.

l'attachement aux traditions de la démocratie représentative. Le rite dans le CCC développe alors une certaine image de la démocratie: une utopie dont le mouvement est l'assurance qu'elle est vivante (Falise, 1999, pp. 159-195). Il s'agit d'une construction référentielle de nature mythique où la croyance dans «la diffusion du pouvoir» (Falise, 1999, p. 161) est traduite en termes de légitimité dans l'expérience politique.

Cette expérience politique est, sans doute, la trace la plus concrète de la fonction mythique du rite d'apprentissage de la reconnaissance réciproque, du dialogue et du bien commun. Le principe qui rend cette fonction effective – et qui modèle les consciences – est le décalage qui peut être créé entre la légitimité de l'action de l'acteur et son *agir* légitime: le conseil municipal donne la parole au CCC et le CCC parle comme s'il avait le pouvoir du conseil municipal, c'est-à-dire, le décideur fait dire sa décision par ceux qui ne décident pas (Bratosin, 2001) et ceux qui ne décident pas, puisqu'ils disent une décision, se donnent l'illusion de pouvoir décider. En somme, cette interface – le CCC – culturellement légitimée par les notions de concertation et démocratie participative, fonctionne comme une sorte de purgatoire où, au nom d'une légitimité référentielle, «les forces vives» de la cité sont vidées – sinon totalement, en tous cas en bonne partie – de leur identité et par conséquent de leur capacité de mobiliser les citoyens pour s'opposer à des projets contre lesquels leurs arguments ont été désamorcés.

2.3 La prophétie

Un troisième lieu où la pensée mythique met en évidence une spécificité tactique est celui de la prophétie. Depuis la nuit des temps la prophétie et le politique ont entretenu des relations étroites. Les décisions politiques, les départs en guerre, les alliances, etc., tout était soumis au «discernement» du voyant. A travers les âges les pratiques ont évolué et se sont adaptées à des conditions nouvelles, en s'estompant de plus en plus. Il y eut même illusion à un moment donné que de telles pratiques ont quitté définitivement le politique. C'est pour cela, sans doute, que, vers la fin de la première moitié du 20e siècle, Cassirer fait remarquer que:

> … la vie politique moderne a brutalement régressé vers des formes qui semblaient pourtant avoir été totalement oubliées. Nous n'avons certes plus recours à des espèces de sortilèges ni à une divination procédant par tirage au sort; nous avons cessé d'observer le vol des oiseaux et nous n'inspectons plus les entrailles d'animaux sacrifiés. La méthode de divination que nous avons développée est beaucoup plus raffinée et

197

bien plus élaborée – elle se prétend même scientifique et philosophique. Même si, cependant, les méthodes ont changé, le fond, lui, reste le même. Les politiciens modernes savent fort bien que les masses sont bien plus facilement mues par l'imagination que par la force. Aussi ont-ils fait un ample usage de ce savoir. Le politicien s'est transformé en une sorte de diseur de bonne aventure publique. La prophétie, elle, est devenue un élément essentiel de la nouvelle technique du gouvernement. (Cassirer, 1993, pp. 389-390)

Certes, la vision de Cassirer porte entre les lignes les traces de l'histoire tragique qui a marqué la première moitié du 20ᵉ siècle. Mais au-delà du désarroi de Cassirer, il y a une réalité qui persiste. Je ne suis pas sûr qu'il y ait eu un seul moment dans l'histoire où le politique a rompu complètement ses rapports avec la prophétie. Par contre, je suppose qu'il y a des moments où ces rapports apparaissent plus clairement et où les conséquences de ces rapports peuvent devenir dramatiques. Mais, même dans les moments où ces rapports se font discrets, ils sont toujours à l'œuvre et, parfois, là où on les attend le moins.

Certes, je ne suis pas en mesure de montrer à quel point les rapports entre la prophétie et le politique sont actifs actuellement dans les divers champs de notre vie sociale, économique, culturelle, etc. Mais, dans la concertation, non seulement j'observe de tels rapports, mais je constate également une tendance à approcher le sens de la concertation de celui d'un lieu d'élaboration ou d'étalage des «visions» au nom de la liberté d'imaginer. Les exemples sont multiples. Parmi les plus illustratifs se trouvent ceux qui considèrent la concertation comme un véritable outil de travail, travail dont l'objectif affiché n'est même pas l'accord des uns avec les autres par le «dire» ensemble, mais tout simplement, le «dire» des uns pour faire rêver les autres: «L'approche de la Fondation Rues Principales est basée sur la *concertation* entre tous les intervenants, un aspect crucial du travail de chargé de projet qui doit conséquemment porter le chapeau de conciliateur, en plus d'avoir des talents d'organisateur et de rassembleur. Pour bien exercer cette nouvelle profession, poursuit le directeur général, une chose est plus importante que l'expertise technique, soit la capacité à faire travailler les gens ensemble, à animer les rencontres, à suggérer des pistes, à *faire rêver* les gens» (Larose, 2001).

Mais, l'une des plus officielles et subtiles manières de stimuler l'imagination et, par la même occasion, la divination plus ou moins dilettante dans la pratique de la concertation, est celle qui consiste à faire imaginer, supposer prophétiser sur les risques qui planent sur nos sociétés. Cette manière est soutenue par des encouragements législatifs et par des dispositifs

198

de concertation imaginés et mis en place pour exorciser en quelque sorte la peur des catastrophes à venir. Il suffit d'aller sur le site du ministère de l'écologie et du développement durable pour trouver en quelques lignes l'illustration complète de cette situation où le sens que l'on veuille ou non jette ses racines au plus profond de la pensée mythique: «Pour développer une culture du risque et favoriser les bons comportements des riverains en cas d'accident, le décret n° 2005-82 du 1ᵉʳ février 2005 pris en application de l'article 2 de la loi n° 2003-699 du 30 juillet 2003 institue des comités locaux d'information et de concertation pour tout bassin industriel comprenant une ou plusieurs installations ‹SEVESO AS›. Ces comités permettent la concertation et la participation des différentes parties prenantes» (Information et concertation du public: Les comités locaux d'information et de concertation CLIC, 2005).

Autrefois c'était la peur du châtiment à venir, du purgatoire, de l'enfer. Aujourd'hui les risques des OGM, la peur du réchauffement de la Terre, la hantise de l'imminence d'une catastrophe, etc. ont pris la place des anciennes peurs. Aujourd'hui les «prêches» qui se disent et redisent dans les innombrables réunions et documents de concertation sont remplis de sombres prévisions et des appels au réveil civique et à la vigilance citoyenne.

Chapitre 8

L'homme

Un deuxième aspect irréductible du contexte pratique de la concertation est celui de l'*homme*. L'homme et l'image de l'homme sont le cœur du mythe, comme le mythe est au cœur de l'existence humaine. Paradoxalement, les formes symboliques s'appuient sur l'homme et l'homme s'accomplit par les formes symboliques. Ce n'est pas, donc, anodin que la question de l'homme revienne sans cesse dans les travaux de Cassirer.

Ainsi, ma première observation ici est que pour Cassirer l'homme est un animal symbolique. D'abord, parce que la notion de «raison» est trop étroite pour satisfaire à la définition de l'«homme»: «Le terme de raison est fort peu adéquat pour englober les formats de la vie culturelle de l'homme dans leur richesse et leur diversité. Car ce sont toutes des formes symboliques. Aussi, plutôt que de définir l'homme comme un *animal rationale*, nous le définirons comme un *animal symbolicum*» (Cassirer, 1975, p. 45). Ensuite, parce que concrètement l'homme ne peut pas être limité aux besoins biologiques et aux simples instincts sans que cette limitation ne le fasse régresser au stade d'animalité: «Sans symbolisme, la vie de l'homme serait semblable à celle des prisonniers de la caverne que décrit Platon. Elle serait limitée aux besoins biologiques et aux intérêts pratiques, sans avoir accès aux monde idéal que, par des voies différentes, religion, art, philosophie et science ouvrent à l'homme» (Cassirer, 1975, p. 65). Enfin, parce que l'homme, contrairement aux animaux, a l'aptitude de se servir du symbolique: «Avec le langage, l'humanité s'approprie l'être en le mettant à distance. Alors que l'animal reste englué dans les choses et les sentiments faute de la médiation du langage entre lui et le monde, l'homme s'élève au-dessus du monde et de lui-même par la désignation symbolique» (Cassirer, 1975, p. 55).

Ceci dit, il faut immédiatement placer cette vision de l'homme dans l'optique générale de la pensée cassirerienne dont participe pleinement sa pensée sur le mythe. Plus exactement, il faut se rappeler que pour Cassirer, d'une part, rien n'est donné comme tel à la conscience et, d'autre part, la forme symbolique est une «énergie» de l'esprit sans cesse à l'œuvre. Par conséquent, l'animal symbolique ne sera jamais un objet empirique, mais une «tâche à accomplir». Entre l'homme objet empirique et l'animal symbolique il y a une délimitation aussi claire que celle qui existe entre l'espace physique et l'espace public habermassien. Dans son «Essai sur l'homme», Cassirer déclare contre Platon que la vérité «n'a rien d'un objet empirique; elle doit être comprise comme le résultat d'un acte social». Et il ajoute: «Nous avons ici la réponse nouvelle, indirecte, à la question *qu'est-ce que l'homme?*: l'homme est cette créature qui est constamment en quête de soi-même et qui, à chaque instant, doit examiner minutieusement les conditions de son existence» (Cassirer, 1975, p. 19).

Enfin, on peut voir en Cassirer l'un des initiateurs de la phénoménologie herméneutique contemporaine qui met l'accent sur l'historicité indispensable de l'homme. Mais l'optique de Cassirer ne doit pas être confondue avec les perspectives d'Arendt, Gadamer ou Ricœur. Pour être encore plus précis, dans la vision de Cassirer, l'historicité de l'homme ne relève pas d'«une donnée historique particulière et contingente, une tradition close pour l'essentiel et qu'il s'agirait de perpétuer, mais constitue bien plutôt une tâche à effectuer en référence à des valeurs idéales, nécessaires universelles, ce qui exige l'engagement éthique et même politique des individus contre le mal qui ronge le monde tel qu'il va» (Gaubert, 1991, p. 65). Le fondement symbolique de l'humanité de l'homme chez Cassirer trouve son accomplissement dans l'expérience agonique[1] de l'homme.

Cet «homme» cassirerien dans ses trois dimensions – symbolique, émancipatrice et agonique – peut être est retrouvé – dans sa version mythique – dans la concertation.

1. L'homme symbolique

En référence à l'homme symbolique de Cassirer, les sociologues affirment qu'il n'est pas difficile de montrer que toute sa vie sociale, dans les formes les plus rudimentaires, a recours aux symboles et cela dans des manières extrêmement variées. Dès lors, ils se demandent «Comment ignorer que le symbole a été un catalyseur d'évolution qui marque la distance entre l'homme et les autres espèces animales? Outil privilégié des primitifs comme des civilisés. Agent principal de deux processus humains essentiels:

---

1   Selon le sens du grec «agôn», lutte, combat.

la communication (langues et différents codes), la participation dans son sens le plus large et le plus profond. Lieu d'expression des valeurs, des connaissances, des idéologies» (Grand'Maison, 1974). La réponse à cette question rhétorique est bien évidemment plus large que le cadre de la visée poursuivie ici. Mais cette visée en fait partie. Elle consiste à savoir comment le mythe pénètre le contexte pratique de la concertation par la dimension symbolique de l'homme.

Pour mettre en évidence cette pénétration de la symbolique de l'humain dans le contexte pratique de la concertation, je vais considérer ici le rapport de l'homme mythique à l'image et, plus précisément, a) sa tentative de s'identifier à l'image qu'il se donne du pouvoir, b) sa position ambiguë quant à l'image du monde et c) son émancipation par l'image artistique.

1.1 A l'image du pouvoir

La magie, la sorcellerie, les prières, les chants, mais aussi les outils humains, leur culte, etc. sont autant de voies pour la pensée mythique permettant de parvenir à la conscience du pouvoir. Mais en même temps tous ces objets ont induits dans la conscience mythique l'espace comme forme de séparation entre l'humain et divin, l'espace pour rendre compte de l'«éloignement» mesurable entre l'impuissance humaine et la toute-puissance divine. Le pouvoir est apparu alors à l'homme en rapport avec sa position plus ou moins approchée de son dieu, image pour lui de la puissance et suprême source de son pouvoir. Ainsi, plus il était proche de son dieu, plus il se considérait fort, et plus il était fort, plus il était considéré proche du lieu de pouvoir, c'est-à-dire de la divinité même. Ce rapprochement, cette quête d'effacement de l'espace existant entre l'homme et la source de son pouvoir touche à la perfection de son accomplissement dans l'identification de l'homme dans son dieu et du dieu dans l'homme. Dans la culture judéo-chrétienne la réponse la plus célèbre à cette quête de rapprochement jusqu'à la confusion entre l'homme et son dieu est celle du serpent qui dit à Eve: «vous serez comme des dieux». Cette tentation de l'homme de s'identifier à l'image qu'il se donne du pouvoir n'a cessé de se manifester à travers l'histoire, nous fait remarquer Cassirer en trouvant chez les mystiques du moyen âge une des meilleures illustrations:

> Les mystiques du Moyen Age sont allés plus loin encore. Pour eux, la question n'est plus de savoir comment combler l'abîme qui sépare l'homme de Dieu, dans la mesure

où ils ne connaissent pas d'abîme de ce genre et où ils le nient déjà par leur propre attitude religieuse fondamentale. Il n'y a plus, pour eux, entre l'homme et Dieu, de disjonction, l'homme et Dieu vivent l'un avec l'autre, l'un pour l'autre. Dieu se rapporte donc à l'homme aussi nécessairement et aussi directement que celui-ci se rapporte à lui. A cet égard, les mystiques de toutes les époques et de tous les peuples [...] parlent tous la même langue: [...] ‹Le Je et le Tu ont cessé d'être entre nous. /Je ne suis pas Moi et Tu n'es pas Toi et Toi n'est pas Moi. / Je suis à la fois Toi et Moi, Tu es à la fois Toi et Moi› [...]. Le mouvement religieux qui s'exprimait dans la transformation et la spiritualisation progressive de la notion de sacrifice a atteint ici son terme: ce qui apparaissait auparavant comme une intercession purement physique ou idéale, se supprima désormais dans une corrélation pure qui seule permette de déterminer à la fois le sens du divin et le sens de l'humain. (Cassirer, 1972, t. 2, p. 271)

Dans la concertation, peut-être plus que dans d'autres dispositifs du fonctionnement démocratique, cette tentative de l'homme de s'identifier à l'image qu'il se donne du pouvoir est quasi présente. Ainsi, par exemple, dans ce contexte, la décision est une image du pouvoir ou en tout cas, elle est à l'image du pouvoir. Dès lors, l'homme dans le contexte pratique de la concertation participe – ou du moins il s'imagine participer – *à la* et *de la* concertation dans la mesure où il *peut* influer la décision. La plupart des études y font référence d'une manière ou d'une autre comme par exemple: «L'expérience du budget participatif de Porto Alegre reste encore la plus emblématique. En effet, la participation de la société civile au processus de décision est une réussite exemplaire dans la mesure où elle constitue le stade le plus élevé de la participation populaire. (On rappellera brièvement ici qu'il existe quatre niveaux de participation: l'information, la consultation, la concertation et la codécision.) Aujourd'hui, cette expérience est devenue un ‹symbole› et un modèle de démocratie participative pour nombre d'initiatives. Expliquer, analyser, décortiquer, l'expérience du budget participatif est donc devenue une source d'enseignements et d'espoirs pour la suite» (Kernem, 2004, p. 6). Dans cet exemple, la quête humaine d'identification au pouvoir est doublement renforcée. Ici, la participation à la concertation qui se confond avec la participation du pouvoir décisionnel, porte en même temps une autre image du pouvoir largement véhiculé dans la concertation, en l'occurrence, l'argent.

Cette recherche d'identification apparaît dans le contexte pratique de la concertation non seulement comme un objectif à atteindre, mais comme une condition a priori. L'homme a un pouvoir décisionnel dans la pratique de la concertation parce qu'il est dans l'espace de la décision. Les textes de la concertation montrent que «la population locale», c'est-à-dire l'homme «libre», non embrigadé est dans la pensée de la concertation dans la même «arène» que l'Etat et les bailleurs de fonds (voir, par exemple, Kernem, 2004, p. 40). Certes, sa participation concrète est invisible dans ce tableau – c'est d'ailleurs la seule participation concrète invisible – mais il est dans l'arène, dans l'espace de la concertation. Or, la concertation est un processus de décision, donc de pouvoir et par conséquent il peut s'identifier ainsi à l'image qu'il s'est donnée à priori du pouvoir.

1.2   Comme image au monde

Dans la pensée mythique l'homme apparaît originellement dans une position ambiguë quant à l'image du monde, position qui est, je dirais, presque «naturellement» fondatrice du symbolique qui fait partie intégrante du sens de l'homme lui-même. Il s'agit d'un sens de l'homme qui se révèle toujours dans le contexte de son histoire. L'habilité de cette position vient d'abord du fait que dans la pensée mythique l'homme est toujours en train de s'arracher à la nature. Cet arrachement ou plus exactement, cet effort incessant de s'arracher à la nature est l'indice qu'au plus profond de lui-même l'homme mythique renferme l'idée qu'il est le résultat du monde parce qu'il lui appartient et surtout parce qu'il lui ressemble. Or, la pensée mythique voit toujours une unité entre tout ce qui lui apparaît semblable. Autrement dit, dans un premier temps, c'est le monde qui apparaît à l'homme comme cadre et «agent» de ce qu'il est. Mais ensuite, au fur et à mesure que l'homme commence à prendre conscience de sa capacité à modeler le monde grâce à ses outils et le soumettre à sa volonté et à ses sentiments, il développe une autre image du monde ou, plutôt, il se place différemment par rapport au monde. Cette fois-ci ce n'est plus le monde qui engendre l'homme, mais c'est de l'homme que le monde émergera. L'indice de l'origine humaine du monde, la pensée mythique le trouve dans la manière même dont le monde est organisé. Cette organisation est pour la pensée mythique celle du corps humain et Cassirer explique pourquoi, selon la pensée mythique, le corps est l'image d'après laquelle est modelé le fonctionnement du monde:

> Etant donné que le monde est constitué par les parties d'un être humain ou surhumain, il conserva toujours, quelles que soient les différences qui semblent écarter les êtres individuels, le caractère d'une unité organique et mythique. Un hymne du Rig-Veda [...] décrit comment le monde est né du corps de l'homme, de Purusha. Le monde est le Purusha, car il est né de ce que les dieux le sacrifièrent, et engendrèrent, à partir de ses membres découpés selon la technique du sacrifice, les créatures singulières. Les

parties du monde ne sont donc rien d'autre que les organes du corps humain. Le brahman était sa bouche, ses bras devinrent le guerrier, ses cuisses le Vaisya (l'artisan), et de ses pieds naquit le Sudra (le serviteur). La lune est née de son esprit, le soleil de son œil, Indra et Agni de sa bouche; de son souffle naquit Vayu. De son nombril naquit l'espace, sa tête devint le ciel, ses pieds la terre, son oreille les directions de l'espace; c'était ainsi que se formèrent les mondes [...]. Aux premiers temps de la pensée primitive, l'unité du microcosme et du macrocosme est donc conçu de cette manière: ce n'est pas l'homme qui est formé par les parties du monde, mais le monde à partir des membres de l'homme. (Cassirer, 1972, t. 2, p. 117)

Mais quelle que soit la position que la pensée mythique assigne à l'homme par rapport au monde, c'est toujours l'image de l'homme qui est projetée par la pensée mythique sur le monde et non inversement. En somme, dans la pensée mythique le monde est à l'image de l'homme ou en d'autres termes, l'homme prête son image au monde.

Cette volonté et cette préoccupation de l'homme de donner au monde son image, volonté et préoccupation qui sont présentes dans le mythe, ne sont pas moins présentes dans le contexte pratique de la concertation. Cette référence au corps et aux différentes parties du corps est fréquente dans les documents produits pour la concertation ou dans la concertation. Ce qui est encore plus intéressant, c'est le fait que ces références ne peuvent être retrouvées uniquement dans le langage commun des citoyens, mais aussi dans les documents techniques. Ainsi, une infrastructure de transport va donner «corps»: «LGV PACA représentera la première infrastructure de transport de personnes donnant *corps* au projet européen de développement de relations économiques et humaines organisées entre les 3 pays de l'arc méditerranéen» (Etude relative aux effets socio-économiques, 2004, p. 35). Une extension du réseau ferroviaire va avoir des conséquences sur les «artères» de la ville: «En centre-ville de Cannes, l'extension des emprises ferroviaires aurait un impact extrêmement fort sur les *artères* routières» (Insertion d'une voie nouvelle entre Cannes-Marchandises et Antibes, 2004, p. 5). Un scénario va présenter l'avantage de desservir le «cœur» de la ville: «Le scénario à 1 axe via le centre ville de Toulon présente l'avantage de desservir l'agglomération toulonnaise en son *cœur*» (Synthèse des études, 2005, p. 15). Aussi, des problèmes peuvent surgir par rapport à une implantation de «têtes» de pont: «Se pose alors le problème de l'implantation des *têtes* de tunnel qui nécessitent une emprise totale de plus de 24 m de large» (Etudes de capacité Marseille – Vintimille, 2004, p. 43).

1.3 Par l'image artistique

La rencontre du mythe avec l'expression artistique a pour effet, selon Cassirer, l'émancipation de l'homme par rapport à la nature. C'est par l'art que la pensée mythique parvient à détacher l'image de l'homme de celui de l'animal:

> Cela indiquera que le mythe ne serait jamais, à ce moment, parvenu de lui-même à distinguer nettement l'animal et le dieu: cela répugne trop au fond à sa nature propre, à son intuition complexe. Il faut ici admettre que sont intervenus d'autres motifs et d'autres pouvoirs de l'esprit. C'est l'art seul qui, en aidant l'homme à se donner une image de lui-même, a aussi découvert dans une certaine mesure l'idée spécifique de l'homme. On peut suivre pas à pas, dans les représentations plastiques que l'homme a données des dieux, les moments de l'évolution qui s'est ici accomplie. On trouve encore partout dans l'art égyptien ces formes doubles et mixtes qui montrent déjà le dieu sous une forme humaine, mais avec une tête d'animal, une tête de serpent, de grenouille ou d'épervier. Dans d'autres statues, c'est le corps qui a une forme animale, tandis que le visage a un caractère humain. [...] La poésie elle aussi a contribué, tout autant que la plastique, à ce processus d'humanisation et d'individualisation. (Cassirer, 1972, t. 2, pp. 230-231)

Ce détachement de l'image de l'homme de celui de l'animal ne doit pas être, cependant, entendu comme un détachement ou un dépassement du mythe. Ce qui est important ici réside dans l'observation que le mythe offre à l'homme l'opportunité de se donner une image artistique. La fonction purement pratique de cette image et de l'acte de réalisation de cette image dans la quotidienneté reste incertaine. Rien n'empêche, cependant, de supposer que la réalisation de cette image pouvait servir à l'homme comme ouverture pour se soustraire aux angoisses qui l'envahissaient pendant ces activités courantes, ou comme moyen pour enfouir les sentiments qu'il éprouvait dans ses relations à l'espace, au temps, à ses semblables.

C'est de ce «mystère» que participent des images de l'homme dans les documents de la concertation. Il est absolument surprenant de constater que les images de l'homme ou en référence à l'homme sont quasi immanquablement présentes dans la concertation, d'autant plus que ces images ne jouent – sur le plan strict du dialogue entre les acteurs – aucun rôle décisif. Cela dit, le sens de ces images apparaît dès qu'on les considère dans le paradigme du mythe.

D'ailleurs, le produit de cette pensée, est une image qui garde même dans les situations les plus «citoyennes», un rapport à la nature humaine saisie dans ses gestes de vie les plus symboliques.

Tout comme les images issues de la rencontre du mythe et de l'art, ces images sont investies de sentiments et restent attachées aux éléments de la nature.

L'idée de l'arrachement, du détachement de l'homme d'un cadre, d'un milieu qui l'emprisonnait l'idée peut-être la plus profonde et persistante, idée portée par l'image issue de la rencontre du mythe et de l'art, apparaît également dans les images qui accompagnent la concertation. Cette idée est souvent suggérée dans ces images par différentes compositions réalisées avec des silhouettes.

L'intérêt majeur de ces images est de montrer comment, faute de prendre en compte du paradigme du mythe, les auteurs réalisent un contresens. En voulant, sans doute, montrer la place centrale de l'homme dans le projet en question, ils sont parvenus uniquement à le détacher du milieu dans lequel ils voulaient l'insérer.

2. L'homme comme tâche à accomplir par la critique et la loi

La deuxième dimension du concept cassirerien de l'homme est la capacité émancipatrice. A partir de l'homme symbolique, en suivant les traces de Kant, Cassirer va tenter, tout au long de ses ouvrages, de montrer que l'homme construit son rapport au sens, justement, quand il se construit. Autrement dit, l'homme cassirerien est une «tâche à accomplir» de la même manière que la culture est également une tâche accomplir: «pour que l'homme soit homme, il faut que celui-ci se fasse être en ne se contentant pas d'être, mais en étant au contraire actif» (Vergely, 1998, p. 9). Il s'agit d'un regard sur l'homme qui est fondamentalement divergeant par rapport au regard porté sur l'homme par Heidegger: «L'homme est bien plutôt *jeté* par l'Etre lui-même dans la vérité de l'Etre, afin qu'ek-sistant de la sorte, il veille sur la vérité de l'Etre, pour qu'en la lumière de l'Etre, l'étant apparaisse comme l'étant qu'il est. [...] L'homme est le berger de l'Etre» (Heidegger, 1964, pp. 75-77). Pour Cassirer, une telle conception de l'homme correspond en philosophie à l'abdication de soi en politique. Et c'est ici la position tout à fait originale de Cassirer de concevoir l'homme comme un permanent détachement de ce qui pourrait s'appeler la transe collective, mais en même temps comme une incessante résistance à la magie de l'être.

D'une part, l'homme de Cassirer se construit dans la mesure où il n'abdique pas la conscience, c'est-à-dire dans la mesure où il ne cesse de critiquer, dans le sens de ne pas mélanger les choses, de ne pas les confondre, mais au contraire de les séparer, de les distinguer en leur donnant leur intégrité pour parvenir à la connaissance de soi. D'autre part, l'homme de Cassirer se construit en observant la loi qui est, pour lui, une condition *sine qua non* de la maîtrise, du gouvernement de soi, et par conséquent, une condition de la liberté, une condition qui ouvre l'homme vers l'extérieur dans le sens platonicien de l'expérience où le gouvernement de la Cité commence par le gouvernement de soi-même.

2.1 Connaissance de soi

Ne pas abdiquer sa conscience revient, dans la pensée de Cassirer, à être juste. L'homme est une conscience dans cette optique parce qu'il a une conscience, ce qui lui permet de mettre les choses à leur juste place. Mais cet homme n'est pas dans la vision de Cassirer, l'homme dont la pensée est mythique. L'homme qui se construit en utilisant la pensée mythique ne se pose pas la question d'être ou de ne pas être juste. Tout ce qui compte dans la construction de sa conscience est l'activité pour laquelle il pose comme loi la réalisation, c'est-à-dire l'effet qui doit être manifestement en équilibre entre son intériorité et son extériorité: «le facteur le plus important dans la construction de la conscience personnelle demeure l'activité: mais l'activité reste soumise, au sens spirituel comme au sens physique, à la loi qui veut que chaque action produise une réaction égale. [...] le moi ne se contente pas d'imposer aux objets la forme propre qui lui appartiendrait dès l'origine; il ne découvre et acquiert au contraire cette forme que dans l'ensemble des effets qu'il exerce sur les objets et qu'il subit en réaction de leur part». La question de la connaissance de soi ne se pose pas pour l'homme dans la perspective de la pensée mythique. Il se contente de ce que la magie de la parole ou du culte lui révèle sur lui en tant qu'effet de son action. Et c'est, justement, dans les effets de son action que l'on prend connaissance de soi dans la concertation. «On a été berné», «on n'a rien gagné», «ils font toujours ce qu'ils veulent», «c'était de la poudre aux yeux», etc. sont des expressions de participants à des concertations qui montre que la pensée mythique est à l'œuvre dans le contexte pratique de la concertation lorsqu'il s'agit de saisir l'homme comme tâche à accomplir. Autrement, l'homme qui pense par lui-même ne peut pas être berné, il gagne toujours de la rencontre avec l'autre mais ce n'est pas en termes de volonté qu'il s'approprie les événements, mais en termes critiques. Pour l'homme qui pense par lui-même le facteur le plus important dans la construction de sa conscience est le souci permanent d'être juste, ce qui n'a rien avoir avec l'instrumentalisation de la justice qui peut être retrouvée dans le contexte pratique de la concertation.

La participation associative à la concertation, lorsqu'elle «tourne» à la fusion, est une des manifestations les plus visibles de la manière dont l'homme dans ses actions publiques cesse de penser par lui-même, ce qui équivaut à cesser de tenter de parvenir à la connaissance de soi. Cet homme fondu dans la fusion au nom d'un intérêt régional commun ne se construit plus, il se perd dans un mouvement dont le seul objectif est de parvenir aux résultats attendus, c'est-à-dire de produire un effet dans lequel il pourra ensuite se reconnaître. C'est le cas aussi de toutes les concertations où les participants sont des acteurs collectifs, ce qui n'est pas rare. Les dispositifs de concertation mis en place par certaines municipalités ou par certains ministères constituent les meilleurs exemples dans ce sens. Le Conseil Communal de Concertation de la ville de Lille, par exemple, fonctionne selon un règlement qu'il s'est donné, règlement qui ne prévoit aucune place à l'homme non affilié à une organisation – association, syndicat, chambre de commerce et d'industrie, etc. – dans la procédure participative mise en place, même si cet homme est habitant de Lille et les questions sur lesquelles porte la concertation le concernent de la manière la plus directe possible. Le Conseil Local de Sécurité et Prévention de la Délinquance, «instance de concertation» (Décret 2002-999 du 17 juillet 2002) ayant vocation à favoriser l'échange d'informations et d'expériences dans le processus de mise en œuvre des politiques locales de sécurité relève du même fonctionnement. Et les exemples peuvent être multipliés. Mais ce qu'il faut retenir c'est que dans le contexte pratique de la concertation la voie ouverte à l'homme vers la connaissance de soi est celle de l'agir et, plus précisément, celle des effets de son action.

2.2 Gouvernement de soi

Une deuxième dimension de l'homme cassirerien entendu en tant que «tâche à accomplir» est celle du gouvernement de soi. Il ne suffit pas, dans la vision de Cassirer, de se construire comme homme par la connaissance de soi. Pour accomplir la «tâche» le gouvernement de soi est inéluctable, car c'est lui qui assure la liberté de la construction de l'homme. Ainsi, dans la construction de l'homme, Cassirer, oppose non seulement la pensée à l'action, mais aussi, d'une part, la loi – la règle et le règlement de la règle – comme condition de la liberté et, d'autre part, la volonté. Plus exactement, pour Cassirer l'homme en tant que «tâche à accomplir» advient à «s'effectuer» pleinement à la condition que cette effectuation soit faite en toute liberté. Cette liberté, dans la vision cassirerienne, ne correspond pas à l'absence de tout cadre, de toute limite, mais, au contraire, elle est fondée sur la «contrainte» que constitue une culture du règlement de soi laissant exister la liberté face à soi: «car toute véritable liberté d'action suppose une contrainte interne, et exige qu'on reconnaisse certaines limites objectives à cette action. Le moi ne parvient à lui-même qu'à condition de poser pour lui-même ses limites et de restreindre ultérieurement la causalité illimitée qu'il s'est arrogée initialement face au monde des choses» (Cassirer, 1972, t. 2, p. 188).

Mais dans le monde de la pensée mythique, l'homme n'a pas besoin de cette contrainte interne. Il ne la connaît pas, car ici le moi s'empare des choses par la puissance de la volonté: «le sentiment extrême de la personne qui semble s'exprimer dans la vision magique du monde manifeste [...] qu'on n'est pas encore parvenu à une personne au vrai sens du terme. Le moi tente, grâce à la toute-puissance de la volonté, de s'emparer des choses et de les mettre à sa disposition: mais ces tentatives mêmes indiquent qu'il est encore entièrement dominé par elles et qu'il est possédé. Même sa pré-tendue action finit par devenir pour lui la source d'une passion» (Cassirer, 1972, t. 2, p. 188).

Ceci explique, sans doute, pourquoi dans la concertation la passion de-vient parfois tellement forte qu'elle se transforme en violence. En violence verbale qui plus d'une fois touche presque à la violence physique. Cette violence n'est pas un paradoxe et elle ne doit étonner personne. La volonté ne se reconnaît pas dans la loi, car elle cesse d'exister dès que son contenu devient contenu de loi. Mais la violence dans le contexte pratique de la concertation, n'est jamais un refus absolu de la loi. La violence, expression d'un manque de gouvernement de soi, relève la plupart du temps dans la pratique de la concertation, du rejet d'un seul composant de la loi – de la règle ou du règlement de la règle – ce qui laisse toujours la possibilité d'affirmer et d'afficher un certain attachement à la loi. Mais la loi n'est loi que par l'articulation de la règle et du règlement de la règle. Séparément les deux composants ne préservent pas de la violence. En ignorant la règle, l'homme qui se construit dans le contexte pratique de la concertation plonge dans la violence du désordre. En ignorant le règlement de la règle, cet homme tombe dans le piège de la violence de l'ordre.

La concertation vise, certes, le changement. Mais la concertation ne prône jamais le changement intérieur, même si on ne sort jamais d'une concertation comme on y est entré. Pourtant, comme certains l'ont déjà observé, c'est ici, dans le gouvernement de soi, l'un des points clés du sens même de la politique du juste développé par Cassirer: «la politique du juste, c'est [...] commencer par se changer, plutôt que de vouloir changer l'ordre du monde, ainsi qu'inviter à le faire Descartes dans sa morale par provision» (Vergely, 1998, p. 15).

3. L'homme «agonique»

La troisième dimension du concept de l'homme, rencontrée dans l'œuvre de Cassirer est le caractère «agonique» de la «tâche à accomplir». J'emprunte la notion d'«agonique»[2] à Josiane Boulad-Ayoub (Boulad-Ayoub, 1994) qui l'utilise à partir du poème «L'homme agonique» de Gaston Miron – «Tapi au fond de moi tel le fin renard / alors je me résorbe en jeux, je mime et parade / ma vérité, le mal d'amour, et douleurs et joies» (Miron, 1970, p. 48) – pour illustrer le concept d'«animal agonique». Pour Boulad-Ayoub le concept d'«agonique» résulte de l'identification du politique et de l'idéologique sur la base de la *mise-en-enjeu,* donc de la lutte, comme celui du récit fondateur du nom d'Israël:

> Jacob demeura seul. Alors un homme lutta avec lui jusqu'au lever de l'aurore. Voyant qu'il ne pouvait le vaincre, cet homme le frappa à l'emboîture de la hanche; et l'emboîture de la hanche de Jacob se démit pendant qu'il luttait avec lui. Il dit: laisse-moi aller, car l'aurore se lève. Et Jacob répondit: je ne te laisserai point aller, tant tu ne m'aies béni. Il lui dit: quel est ton nom? Et il répondit: Jacob. Il dit encore: ton nom ne sera plus Jacob, mais tu seras appelé Israël; car tu as lutté avec Dieu et avec des hommes, et tu as été vainqueur[3].

2   A partir du grec «agôn», lutte, combat.
3   Genèse 32: 24-28.

Pour ma part, je désigne par «agonique» la capacité de l'homme d'intervenir d'une manière symbolique dans les transformations de l'organisation symbolique de la société. Il s'agit d'une caractéristique de l'homme que Cassirer découvre à l'œuvre dès que les croyances religieuses ont fait naître le sentiment de communauté par la tension qu'elles ont pu mettre dans l'existence humaine en exacerbant le sentiment de solitude dans les épreuves quotidiennes:

> Aux premiers stades de l'évolution auxquels il nous soit encore possible de parvenir, nous découvrons que le sentiment de soi est encore partout immédiatement confondu avec un certain sentiment mythique et religieux de la communauté. Le moi ne se sent et ne se sait lui-même qu'à la condition de se saisir comme membre d'une communauté [...] Ce n'est que par et dans cette unité qu'il se possède lui-même. (Cassier, 1972, p. 207)

Par la rencontre de sentiments de communauté et de la croyance religieuse sur le terrain mythique de la «lutte» de l'homme contre son dieu – car la communauté dans la pensée mythique est inextricablement rattachée à la représentation d'une divinité – l'homme accède à la conscience de son social et commence à imaginer la manière d'exercer ce rôle. Il va exprimer, alors, ce rôle, d'une part, par rapport aux dieux qu'il s'est donné auparavant et, d'autre part, par l'opposition entre «symbolique» et «existence». Cette nouvelle conscience de soi va amener l'homme à se construire aussi par l'exercice du pouvoir et par la reconnaissance du signe et de l'image comme des moyens d'expression.

3.1 Exercice du pouvoir

L'attachement mythique à la substance a développé dans la pensée mythique l'idée de la persistance de la personne au-delà de la totalité formelle et fonctionnelle de l'individu. Ainsi, dans la pensée mythique quelqu'un peut exister, être présent et agir quelque part en influençant une situation dans la mesure où une partie de son corps – cheveux, ongles, etc. – pouvait être associée à cette situation. Cette manière de comprendre l'homme, c'est-à-dire de le saisir dans sa totalité à partir d'un fragment de son corps, ainsi que l'impossibilité de détacher l'idée de l'homme d'une représentation substantielle a ouvert à la pensée mythique la possibilité d'imaginer que même après la mort l'homme peut agir à partir de différentes parties de son corps. Il suffit d'un os, par exemple, de la personne décédée pour que la personne puisse être considérée présente et agissante là où cette partie de son corps se trouve.

Le sentiment religieux n'a pas supplanté cette croyance. Au contraire, il l'a développé à son profit et il l'a enrichi avec une nouvelle signification. Il a offert à l'homme la possibilité de se représenter une vie après la mort. Et c'est justement dans ce contexte que l'homme a développé l'idée mythique de la prolongation d'une existence empirique dans un monde réservé auparavant uniquement aux dieux. Mais cette existence empirique, loin d'être une existence passive, est perçue par la pensée mythique comme une participation active à l'ordre du monde des divinités, monde qui influence directement le monde des hommes, car ce qui se passait dans le monde des hommes n'était que la copie des événements du monde des dieux. Apparaît alors dans la pensée mythique, plus précisément dans la pensée égyptienne, l'idée que l'homme collaborera après sa mort avec le «pouvoir divin en place» pour le maintien «d'un ordre, que non seulement les dieux ont mission de garder, mais auquel l'homme ne doit également cesser de collaborer». L'homme découvre ainsi qu'il se construit aussi par l'exercice du pouvoir et que cet exercice n'est pas réservé uniquement aux représentations de pouvoir qu'il s'est donné auparavant.

Certes, «habitués à penser que la modernité allait de pair avec la fin de la religion et la mort de Dieu annoncée par Marx, Nietzsche et Freud» (Perrot, Rist, Sabelli, 1992, p. 23) il est difficile d'admettre que cette réalité mythico-religieuse par laquelle l'homme mythique s'est construit est encore active dans le contexte pratique de la concertation. Pourtant, c'est le sentiment religieux dans la construction de l'homme mythique qui marque l'avènement dans la conscience humaine de l'idée de l'exercice du pouvoir. C'est grâce à ce sentiment que l'homme dans sa construction est amené à distinguer entre ceux qui ont le pouvoir et ceux qui ne l'ont pas. Et cette distinction demeure toujours. S'il y a une différence entre la distinction mythico-religieuse et celle d'aujourd'hui, alors elle subsiste dans le lieu où l'homme instaure cette distinction entre ceux qui ont et ceux qui n'ont pas le pouvoir: «d'un côté, l'aliénation à une puissance située extérieurement à la société (les dieux portés par la religion et le mythe) et, de l'autre, l'intégration de cette coupure à l'intérieur même du camp social par les sociétés modernes, lors de l'avènement de l'Etat. La société primitive aurait provoqué et accepté l'extériorité symbolique du fondement social afin d'éviter la séparation entre factions antagonistes instaurées par l'autorité politique humaine. Les sociétés à Etat, quant à elles, ont inscrit l'aliénation au cœur même du social, créant du même coup le clivage entre dominés et dominants» (Perrot, Rist, Sabelli, 1992, p. 23). Mais peu importe où se situe cette distinction, l'homme se construit socialement dans la tension entre avoir le pouvoir et ne pas avoir le pouvoir. Si l'homme participe à la concertation et demande de plus en plus à participer à la concertation c'est au fond en vertu de l'attraction que cette tension exerce sans cesse sur lui. La concertation est un lieu de *mise-en-enjeu* de l'exercice du pouvoir. L'homme se construit dans la lutte, ce n'est pas une lutte pour renverser le pouvoir, ni pour le remplacer, mais pour y participer.

3.2 Reconnaissance des moyens d'expression

La deuxième caractéristique majeure dont participe la construction de l'homme agonique est sa capacité de distinguer et utiliser les images et les signes comme moyens d'expression. Le chemin par lequel l'homme arrive à cette distinction est toujours celui du sentiment religieux. Plus exactement, dans la mesure où la croyance religieuse tente de dépasser la vision magique en mettant l'homme dans une position de confrontation inépuisable avec la réalité, la construction de l'homme prend la forme d'une réponse aux problèmes de l'existence, car la conception religieuse elle-même, par définition, est confrontée aux problèmes de l'existence: «la conception religieuse – dit Cassirer – s'efforça de donner une forme spirituellement plus pure à cette vision magique. Et, pourtant, elle se voit elle aussi toujours conduite à un point où le problème de son sens et de sa vérité se renversent brusquement et devient le problème de la réalité de son objet, un point où, dur et abrupt, se dresse devant elle le problème de l'existence» (Cassirer, 1972, t. 2. p. 305). Ce problème consiste dans l'épreuve à laquelle la pensée mythique est soumise lorsqu'on lui demande d'instaurer une opposition entre la «signification» et «l'existence», compte tenu qu'originalement elle est étrangère à une telle position. La croyance religieuse apporte, dans l'expérience mythique, la connaissance du sens comme construction de l'esprit, construction pour laquelle l'homme se voit offrir les outils par sa religion. Ces outils – les signes et les images – deviennent ainsi pour lui des moyens d'expression reconnus, c'est-à-dire des moyens dont il a la conscience et la connaissance de l'usage et non seulement le bénéfice de leur emploi absolument aléatoire en fonction des aléas de sa vie: «la religion n'attribue pas vraiment à l'élément mythique une nouvelle signification: il serait plus exact de dire que la religion introduit dans le domaine du mythe l'opposition entre la ‹signification› et l'existence [...]». Lorsqu'elle utilise des images sensibles et des signes, elle les connaît comme tels, c'est-à-dire comme des moyens d'expression qui, révélant tel ou tel sens, reste nécessairement en recul par rapport à lui, renvoie à ce sens, sans jamais le saisir intégralement et sans jamais l'épuiser» (Cassirer, 1972, t. 2. pp. 279-280).

De la même manière que dans le monde mythique l'homme «connaît comme telles» les images sensibles et les signes et les utilise comme moyens d'expression, dans le contexte pratique de la concertation l'homme agonique utilise pour sa construction d'une manière consciente l'opposition entre «signification» et «existence». La meilleure illustration est l'usage courant de la notion même de concertation comme signe et image pour résoudre le problème de l'existence:

> Les délégués des gendarmes dans les instances de concertation professionnelle de Midi-Pyrénées ont annoncé lundi qu'ils allaient démissionner de leur mandat ‹pour donner un signe symbolique fort de leur désaccord avec les propositions du gouvernement› en matière de charge de travail, a-t-on appris mardi auprès du commandant de légion. (Midi-Pyrénées: les délégués des gendarmes se retirent de..., 2001)

> Cette association [Association nationale des travailleurs des métiers de la presse (Antrapresse)] doit permettre de rassembler tous les professionnels de la presse qui souhaitent discuter de leur évolution dans une structure de concertation [...] un signe fort de l'attachement à notre confédération, qui ne vise pas à l'affaiblir mais à la renforcer. (Création d'une Association des travailleurs des métiers, 2001)

> estiment qu'un texte d'origine parlementaire serait de nature à permettre une bonne concertation avec les ‹chasseurs d'en bas› [...] Cela constituerait pour les chasseurs un signe fort. (Chasse: de nouveaux textes seront élaborés, 2002)

Ces fragments de dépêches montrent non seulement que l'homme agonique connaît le contexte pratique de la concertation, dans le sens qu'il connaît ses possibilités d'images et de signes, ainsi que leurs usages, mais aussi qu'il maîtrise cette connaissance au point de faire de la notion même de concertation une image et un signe afin de l'utiliser comme moyens d'expression.

Chapitre 9

L'effectuation

Le troisième aspect irréductible du contexte pratique de la concertation est celui de l'*effectuation*. L'effectuation de la concertation commence véritablement par le passage de la simple participation passive à l'agissement symbolique visant la composition d'un événement social. Il s'agit de l'inscription dans le temps d'un rapport manifeste aux représentations de pouvoir. Cela ne veut pas dire immédiatement récit, mais le sens de l'histoire est extrêmement présent.

L'effectuation de la concertation correspond à l'effectuation du mythe dans l'acception cassirerienne du syntagme. Car pour Cassirer le mythe, avant d'être récit, est bornage de l'événement humain – sexualité, naissance, mort, initiation, etc. – par un geste ou par la parole. L'effectuation de la concertation comme celle du mythe peut être autre chose qu'un récit; la formulation verbale n'est que l'une des formes possibles. Les schémas, les cartes, les photos, les expositions, les sites web, etc. pour la concertation comme les dessins, les gravures pariétales des grottes, certaines sculptures taillées au fronton des cathédrales pour le mythe, contiennent la symbolique d'une réalité sociale, qui est l'essence même du mythe. L'effectuation de la concertation comme l'effectuation du mythe est une sorte de drame constitué parfois uniquement par des gestes, positionnements, torsions des corps dans le contexte d'une musique, figures de danses.

Le passage par le langage est certainement un des moments-clés de l'effectuation de la concertation comme du mythe également. Mais il repose sur un autre moment aussi important: la mise en concordance discordante des actes. En même temps, le passage par le langage qui est revigoré par la mise en concordance discordante des actes, alimente en actes l'intrigue ou la mise en concordance discordante à l'œuvre.

1. La mise en concordance discordante

Ce moment symbolique de l'effectuation d'une concertation qui est celui de la mise en «concordance discordante» (Ricœur, 1983) est au cœur du sens de la concertation. La concertation n'est pas l'art du consensus. Contrairement à ce que certains tentent de démontrer, la concertation n'est pas non plus l'art de légitimer. La concertation est l'art de la concordance discordante. Elle est une opération d'agencement, de configuration des communications dont la règle de l'enchaînement ou de la composition, n'est pas «l'une après l'autre», mais «l'une à cause de l'autre». L'effet produit par la concertation est l'inscription du fait de langage dans le temps. La concertation est une sorte de mise en intrigue mythique, c'est-à-dire elle est une médiation qui sert à tirer une histoire de la communication d'un événement ou d'un incident et, en même temps, elle sert à transformer la communication d'un événement ou d'un incident en histoire. Cette médiation s'effectue dans la tension de deux pôles de la tradition de la concertation. D'une part, la mise en intrigue apparaît comme l'application servile des injonctions symboliques issues de la sédimentation historique des normes. D'autre part, la mise en intrigue compte sur l'improvisation, sur la déviance calculée qui étend ponctuellement l'ombre des sédiments traditionnels sur le cas singulier.

1.1 *Application servile*

L'effectuation de la concertation revient, dans certains cas, à l'instauration de la discordance sur les volontés pour être en concordance avec le cadre normatif. D'abord, il faut souligner que cette mise en concordance discordante est une condition *sine qua non* de la concertation. S'il y avait concordance des volontés, alors l'injonction normative n'aurait plus de sens. Donc, la concertation non plus. Maintenant, si l'on considère le cas où la discordance des volontés correspondrait à une discordance du cadre normatif, alors encore une fois la concertation serait vide de sens, car la discussion viserait une concordance. Or, le consensus n'est pas l'objectif de la concertation.

Il faut remarquer que ce type de mise en concordance discordante correspond principalement à la concertation prévue par des textes juridiques.

218

En effet, entendue comme un moment du processus décisionnel dans le déploiement de certains projets publics, la concertation est une exigence de la loi. Tout égarement à cette exigence est synonyme de porte ouverte à l'anéantissement de la décision sur le projet. Le respect à la lettre de la loi – moins à l'esprit de la loi – est devenu une obsession permanente pour les décideurs, à tel point que, afin de ne pas se tromper, certains ouvrages leur proposent même la manière dont il faut rédiger les délibérations d'un conseil municipal. Un tel modèle de délibération, suite à laquelle est décidée l'ouverture de la «concertation avec les habitants, les associations locales et les autres personnes concernées» par des réunions publiques, affichage, mise à disposition d'un cahier de propositions à l'accueil de l'hôtel de ville, site Internet, consignera dès le départ le cadre normatif qui borne la démarche:

Vu le Code général des collectivités territoriales, et notamment ses articles 1. 1614-1,1. 1614-3 et 1. 1614-9, et R. 1614-41 à R. 1614-47, 1. 2121-29, R. 2121-10, Vu le Code de l'urbanisme et notamment ses articles 1. 123-1,1. 123-6, 1. 123-13,1. 123-19,1. 300-2, R. 123-15, R. 123-24, et R. 123-25, Vu la loi n° 2000-1208 du 13 décembre 2000 relative à la solidarité et au renouvellement urbain notamment sa section 1 sur les documents d'urbanisme et les opérations d'aménagement, Vu les décrets d'application de ladite loi n° 2001-260 et de la loi n° 2001261 du 27 mars 2001 modifiant le Code de l'urbanisme, en matière de documents d'urbanisme et de zone d'aménagement concerté, Vu la loi d'orientation n° 99-633 du 25 juin 1999 pour l'aménagement et le développement durable du territoire et portant modification de la loi n° 95-115 du 4 février 1995 d'orientation pour l'aménagement et le développement du territoire, Vu la loi d'orientation n° 98-657 du 29 juillet 1998 relative à la lutte contre les exclusions, Vu la loi n° 92-03 du 3 janvier 1992 sur l'eau, et notamment, le schéma directeur d'aménagement et de gestion des eaux (SDAGE) du bassin Seine-Normandie, a approuvé par arrêté n° 96-1868 du Préfet de la région Ile-de-France, Préfet coordonnateur du bassin Seine-Normandie, en date du 20 septembre 1996, Vu la loi n° 96-1236 du 30 décembre 1996 sur l'air et l'utilisation rationnel de l'énergie, et notamment, le plan de déplacements urbains d'Ile-de-France, approuvé par arrêté du Préfet de la région Ile-de-France le 15 décembre 2000, ainsi que le plan régional pour la qualité de l'air (PRQA), approuvé par arrêté du Préfet de la région Ile-de-France le 31 mai 2000,

Vu la loi n° 87-565 du 22 juillet 1987 relative à la sécurité civile, à la protection de la forêt contre l'incendie et à la prévention des risques majeurs, modifiée par la loi n° 95-101 du 2 février 1995 relative au renforcement de la protection de l'environnement, et notamment le plan de prévention du risque d'inondation de la Marne et de la Seine dans le département du Val-de-Marne (PPRI), approuvé par arrêté du Préfet du Val-de-Marne n° 2000-2641 du 28 juillet 2000, Vu la loi n° 75-633 du 15 juillet 1975 relative à l'élimination des déchets et à la récupération de matériaux, modifiée par la loi n° 92-646 du 13 juillet 1992 et la loi n° 95-101 du 2 février 1995 relative au renforcement de la protection de l'environnement, et notamment, le plan départemental révisé d'élimination des déchets ménagers et assimilés du Valde-Marne, approuvé par arrêté n° 2000-735 du Préfet du Val-de-Marne en date du 20 mars 2000, Vu la loi n° 2001-44 du 17 janvier 2001 relative à l'archéologie préventive modifiée par la loi n° 2003-707 du 1ᵉʳ août 2003, Vu la loi n° 92-1444 du 31 décembre 1992 relative à la lutte contre le bruit et notamment l'arrêté interministériel du 30 mai 1996 relatif au classement des infrastructures de transports terrestres et à l'isolement acoustique des bâtiments d'habitation dans le secteur affecté par le bruit, Vu la loi n° 93-24 du 8 janvier 1993 sur la protection et la mise en valeur des paysages, Vu le schéma directeur de la région Ile-de-France approuvé le 26 avril 1994, Vu le POS de la commune de..., approuvé par délibération du conseil municipal du 19 octobre 1994, Après en avoir délibéré. (Pipard, Maillard, 2003, pp. 291-292)

Cette litanie de lois et de textes normatifs qui rappelle la litanie des noms des divinités qui étaient invoquées religieusement dans l'expérience mythique pour la réussite d'une action est l'indice de la recherche attentive d'une concertation en concordance parfaite avec les exigences juridiques. Mais paradoxalement, la concordance avec la loi suppose, dans ce type de concertation, l'instauration de la discordance des volontés, car soumettre le projet à la discussion publique c'est donner un corps à l'hétérogénéité des points de vue et bien sûr des volontés.

En d'autres termes, se conformer, être en concordance avec la loi c'est réunir, rendre visibles et agissantes les volontés concernées par le projet en question. Ainsi, l'effectuation de la concertation est l'articulation entre la discordance des volontés et la concordance avec la loi:

concertation

=

concordance + discordance
avec   sur
le normatif   les volontés

Il ne s'agit pas ici d'une simple association ou addition des concordances et des discordances. Comme dans le mythe, les deux composantes de l'effectuation de la concertation en tant que forme symbolique sont opérationnelles dans la mesure où la dialectique qui les oppose est active à l'intérieur même de la construction de la concertation. Plus précisément, concernant le mythe, Cassirer observe que «les différents moments de l'évolution du mythe, [...] loin de se succéder purement et simplement, s'opposent, et souvent de manière assez vive. Le progrès du mythe ne consiste pas à développer et à compléter certains caractères, certaines déterminations des stades antérieurs, mais à les nier, et même à les anéantir purement et simplement. Et cette dialectique n'intervient pas seulement pour transformer les contenus de la conscience mythique: elle en règle aussi la forme interne. Elle s'empare même, pour la métamorphoser de l'intérieur, de la fonction mythique en tant que telle, du processus de construction des mythes» (Cassirer, 1972, t. 2, p. 275). Comme dans le mythe, il y a toujours dans l'effectuation de la concertation des volontés qui vont chercher à porter atteinte à la concordance posée, celle du cadre normatif. Et le cadre normatif va faire toujours comme si les volontés n'étaient pas naturellement discordantes. La concertation est une incessante mise en intrigue. Une mise en intrigue, pour ce type de concertation, dont l'orientation est celle de l'obéissance non pas nécessairement assidue mais, tout de même, servile à la loi.

1.2 Déviance calculée

Dans d'autres cas, l'effectuation de la concertation revient à l'instauration de la discordance sur le cadre normatif pour être en concordance avec les volontés:

concertation		
=		
concordance	+	discordance
avec		sur
les volontés		le normatif

L'effectuation de la concertation est ici toujours une mise en concordance discordante, mais cette fois-ci les volontés fondamentalement discordantes saisissent dans la possibilité d'inventer ou d'innover une orientation concordante. Paradoxalement, ici la concertation émerge de la discordance sur le cadre normatif qui est flou, indécis et à la faveur des horizons qui ne sont pas prêts à fusionner. C'est le cas des concertations qui ne sont pas une exigence juridique, mais une démarche fondée uniquement sur la volonté de mettre en intrigue une situation singulière. Dans ces cas, ouvrir une concertation revient à dépasser la loi, c'est-à-dire cela revient à *faire* ce que la loi ne demande pas, puisque justement elle aurait dû demander ce *faire*. C'est une manière de se mettre en discordance avec le cadre normatif dans des conditions où les volontés concordent sur la nécessité de surpasser le cadre juridique en mettant entre elles et l'action, c'est-à-dire dans l'espace vide de la loi, non pas un récit, mais une cohérence. Dans ce type de situations la concertation usurpe le rôle traditionnel de la loi de garant d'une certaine unité de l'action, pour instaurer à sa place le symbolique qui n'est pas moins capable d'assurer l'unité.

Dès lors, ce n'est plus la lettre qui anime la concertation, mais l'image. La mise en concordance discordante apparaît comme une déviance maîtrisée. La concertation s'affranchit de la loi, mais dans cette déviance elle ne bannit pas toute forme de loi. Cette déviance est calculée, elle doit trouver son compte, sa raison et sa justification dans l'image qu'elle construit en se construisant. Contrairement à la mise en concordance discordante correspondant à l'application servile de la loi qui est tournée vers le passé, la mise en intrigue comme déviance calculée relève d'une effectuation tournée vers l'avenir.

La mise en concordance discordante tournée vers l'avenir correspond à l'autre visage de l'effectuation mythique, celle qui se constitue une image du monde. Or, cette construction mythique de l'image de la réalité n'est pas autre chose qu'une chaîne de tentations de dépasser cette image même: «A la construction continue de l'image mythique du monde correspond le dépassement constant de celle-ci, d'une telle façon cependant que les deux moments, la position et la négation, appartiennent également à la forme de cette conscience même et qu'ils s'unissent en un acte unique et indivisible. Le processus d'anéantissement apparaît donc à l'examen comme un processus d'affirmation de soi, dans la mesure où ce dernier ne peut s'accomplir que grâce au premier: les deux processus réunis doivent coopérer constamment pour dégager l'essence vraie et la valeur authentique de la forme mythique et religieuse» (Cassirer, 1972, vol. 2, p. 277). L'effectuation de la concertation ne vise plus ici la forme de la concertation, mais l'authenticité de cette forme. Cependant cette authenticité est limitée dans le temps. Elle doit être validée uniquement pour pouvoir être dépassée. La concertation «ad hoc» (Bratosin, 2001, p. 193), car il s'agit de cela, répond toujours à un nouveau problème ponctuel. Mais la solution nouvelle apportée à ce problème sera du domaine de l'histoire dès que la loi investit le vide et institutionnalise la pratique jadis innovante.

2. Le passage par le langage

Le deuxième lieu symbolique de l'effectuation d'une concertation est celui du passage par le langage. Ce passage relève d'une série de caractéristiques communes avec la pratique mythique du langage. Parmi ces caractéristiques, trois d'entre elles apparaissent particulièrement actives aussi bien dans la concertation que dans l'expérience mythique: a) l'appropriation de la parole, b) l'externalisation de la voix et le silence, c) l'harmonie du concert.

Ces caractéristiques ont en commun le fait qu'elles se présentent comme des rapports, comme des relations entre le langage et la réalité. Sur ces relations se construit «l'objectivité» dans la pensée mythique.

2.1 Appropriation de la parole

D'abord, il faut observer que dans le monde mythique il n'y a pas une distinction claire entre les objets et les mots qui désignent les objets. Dans ce monde, le nom de l'objet, comme d'ailleurs la signification de l'objet font partie intégrante de l'objet lui-même: «A ce premier degré de la réflexion, dit Cassirer, l'être et la signification des mots, pas plus que la nature des choses, ou la nature immédiate des impressions sensibles, ne se rapportent à une libre activité de l'esprit. Le mot ne désigne pas, il ne nome pas, il n'est pas un symbole spirituel de l'être, mais en est lui-même un fragment réel» (Cassirer, 1972, t. 1, p. 62). La conséquence immédiate d'une telle manière de concevoir le langage est la croyance dans la possibilité d'agir sur les choses, sur les réalités, à travers les mots. Dans la mesure où, par exemple, le nom de quelqu'un est considéré comme faisant partie de la personne, la pensée mythique a imaginé qu'il était possible d'agir sur cette personne en agissant sur son nom. Autrement dit, la pensée mythique a imaginé la possibilité de modeler la réalité d'un objet non pas par une intervention directe sur l'objet, mais par l'intervention sur le mot qui désigne l'objet. Il s'agit là de deux mondes, le monde des objets et le monde des mots, qui apparaissent comme une unité, puisque les deux se retrouvent dans la même réalité. Nous sommes ici en présence d'un univers où l'imagination de l'homme déborde à travers le langage sur les choses et où, pourtant, toujours à travers le langage, l'objet enferme l'imagination de l'homme dans une incessante dynamique d'ajustement mutuel. La plus puissante illustration de cette dynamique de l'imagination est la croyance qu'en possédant le nom de quelqu'un on peut posséder la personne elle-même, sa position, son pouvoir, sa volonté, etc. Dès lors, avoir la parole, prendre la parole, devient ainsi synonyme de pouvoir:

> La conception mythique du langage, [...] se caractérise entièrement par cette absence de différenciations entre le mot et l'objet. Pour elle l'essence de chaque chose est enfermée dans son nom. Des effets magiques se rattachent immédiatement au mot et à sa possession. Celui qui s'est emparé du nom, qui a su l'utiliser, est devenu par là le maître de l'objet lui-même; il se l'est approprié, avec toutes les forces qu'il contient. Tous les sortilèges par le mot et le nom présupposent que le monde des choses et le monde des noms sont dans une seule relation indifférenciée d'action réciproque, et constituent par conséquent une seule et même réalité. Dans chacun de ces mondes ont cours une même forme de substantialité et une même forme de causalité, qui font de ces mondes ainsi unis entre eux un tout clos sur lui-même. (Cassirer, 1972, vol. 1, p. 62)

Ceci explique, peut-être, pourquoi dans la concertation «avoir la parole» ou «prendre la parole» apparaît, contre toute évidence pratique, comme l'enjeu majeur des participants, alors que le dialogue, par définition, ne peut exister que dans la mesure où la prise de la parole s'articule avec la pratique de l'écoute ou en *laissant* la parole.

2.2 *Externalisation de la voix et le silence*

La deuxième caractéristique majeure de la pratique mythique du langage, est l'association du pouvoir d'agir à l'externalisation de la voix. Il s'agit d'une caractéristique fondée sur la croyance que la matière sensible à partir de laquelle est fait le langage, c'est-à-dire la voix, contient une puissance magique dont l'homme peut s'emparer et s'en servir dans sa quotidienneté. Sans désigner, ni signifier, le simple cri, selon la pensée mythique, peut agir sur un objet:

> L'expression la plus frappante de cette impuissance de la pensée mythique à saisir ce qui est signification pure, et activité signifiante idéelle, est la place qu'on attribue ici au langage. Le mythe et le langage sont en contact perpétuel et réciproque, ils se portent et ils se conditionnent l'un l'autre. On trouve, à côté du sortilège par image, le sortilège du mot et du nom, qui constitue une partie intégrante de la vision magique du monde. Mais, ici comme ailleurs, l'hypothèse décisive est que le mot et le nom n'ont pas simplement une fonction de représentation et qu'ils renferment au contraire l'objet lui-même avec ses forces réelles. Le mot et le nom, là non plus, ne désignent pas et ne signifient pas – ils sont et ils agissent. La matière sensible elle-même à partir de la-

quelle le langage se constitue, toute externalisation de la voix humaine comme telle, contienent déjà en elle une puissance particulière sur les choses. Il est bien connu que, chez les peuples primitifs, les événements menaçant et les catastrophes sont détournés et conjurés par des chants, de simples cris et des appels. Mais la force mythique et magique du langage n'apparaît véritablement que lorsqu'il se présente déjà sous la forme d'un son articulé. (Cassirer, 1972, vol. 2, pp. 62-63)

Il s'agit d'une caractéristique de la pratique mythique du langage qui à bien des égards est retrouvable dans la pratique de la concertation.

Ainsi, les participants à la concertation ont la conviction de pouvoir agir sur les dysfonctionnements de toute nature par la parole. Ils pensent qu'en parlant, ils amélioreront de nombreux aspects de leur quotidienneté. Sans cette conviction, ils n'auraient pas participé aux réunions, ils n'auraient pas répondu aux questionnaires des consultations publiques etc. Le rayonnement de cette conviction dépasse le cadre strict de l'objet de la concertation. Les participants à la concertation d'une action collective participent également à d'autres campagnes de mobilisation citoyenne qui appellent les citoyens à se saisir de leurs affaires. Ils prennent partie non seulement à la vie de leur association, mais aussi aux travaux des structures de *concertation* dont le rôle affiché est justement celui de permettre aux citoyens de s'exprimer, de faire entendre leur voix sur les affaires en «pensant global pour agir local».

Le passage direct du *penser* à l'*agir* dans un cadre – la concertation – dont la vocation est de promouvoir le dialogue, démontre que dans le monde de la concertation, dire c'est agir. Il s'agit d'une conviction qui peut donner lieu à une analyse socio-historique et aboutir à une explication liée au contexte de l'émergence de la concertation au début des années 1970 et aux formes d'expression des groupes sociaux, explication qui décrit le recours à *la* concertation dans le domaine de l'aménagement de l'espace en rapport avec une situation sociale conflictuelle où le sens salutaire du «cri» de colère rejoint la raison même d'être de la concertation: «en absence de conflit, la concertation même n'a pas de sens» (Champris, 1995, p. 22). Il peut y avoir également une analyse plus directement liée à la communication. La concertation est une forme de communication et «en situation de crise, la communication est une forme d'action» (Hureaux 1995, p. 115).

Tout cela n'est pas faux, mais frappé de superficialité. Toutes ces analyses ne font que décrire. Elles n'expliquent pas. L'explication fondamentale de la conviction de pouvoir agir par la parole se trouve bien plus loin, c'est-à-dire en rapport avec la pensée mythique. Dans la conviction de pouvoir agir par la parole, rencontrée dans la concertation, s'incarne une forme contemporaine de l'aspiration de participation créatrice exprimée par le *bara* du commencement de la Genèse, aspiration à la «mystérieuse [...] aptitude à transmuer un dire en faire» (Debray, 1994, p. 20). Hier – dans les sociétés, aux yeux de certains, primitives –, les hommes pensaient pouvoir détourner, éloigner, conjurer les événements menaçants, les catastrophes etc., par des paroles, par des appels, par des cris. Aujourd'hui, les participants à la concertation pensent, également, pouvoir chasser la misère, améliorer la justice, transformer la société etc. par la parole, par la discussion, par le débat. Et ce regard parallèle peut être prolongé davantage. Hier, comme aujourd'hui, la parole sert comme placebo pour l'exercice du pouvoir. La prière, dans sa forme verbale, en est la meilleure illustration: «la prière [...] a une grande efficacité. Elie était un homme semblable à nous: il pria avec ardeur pour qu'il ne pleuve pas et il ne tomba de pluie sur la terre pendant trois ans et demi. Puis il pria de nouveau; alors le ciel donna de la pluie et la terre produisit ses récoltes».[1] Hier, comme aujourd'hui, la décision appartient entièrement aux représentations, c'est-à-dire aux «dieux», à l'Etat, aux institutions etc. Car, hier comme aujourd'hui, la parole garde le sens du *dabar* hébraïque, ce qui signifie non seulement dire, mais en même temps accomplissement, chose (Holladay, 1978, pp. 67-68), comme témoin du pouvoir agissant de la parole. Ceci explique, entre autres, pourquoi les sociétés totalitaires ne connaissent pas la concertation. Mais ceci explique également pourquoi, dans une société démocratique, les participants à la concertation ne trouvent pas forcément la transcription de leurs opinions dans les actes des décideurs et pourquoi la concertation devient de plus en plus bruyante, c'est-à-dire pourquoi pratiquer le silence est si chargé de sens dans la concertation.

Pratiquer le silence dans une société de plus en plus bruyante, au point de ne plus pouvoir distinguer ni les contours, ni le sens des revendications, des protestations ou des cris au secours, est une démarche, il faut le souligner, peu courante et périlleuse, car apparemment une démarche contre-courant, donc impopulaire. Pour dissiper cette apparence, ceux qui entendent se taire affrontent cette impopularité en s'appuyant sur deux arguments essentiels. D'abord, le silence est une condition pour la sauvegarde de l'intelligibilité de la parole. Entendre ce n'est pas écouter. L'écoute contrairement à l'entendement repose sur la compréhension des rapports établis entre les sons. Pour cela, un minimum de silence est indispensable. Sinon la

---

1   Jacques 5,16.17, *La Bible*.

liberté de la parole dégénère en liberté du bruit, de pollution sonore. Et le bruit c'est la fin du débat. Ensuite, le silence, comme d'ailleurs le langage, est une modalité de production du monde. Il n'a pas pour but de reproduire la réalité immédiate ou médiate, mais seulement de lui donner un sens. Ce sens n'est rien d'autre que la projection inconsciente d'un *vis-à-vis* du moi. Par conséquent, le *vis-à-vis* ainsi projeté est une règle de construction objective (cf. Cassirer, 1972, t. 2, pp. 254-255) de l'opinion.

L'écoute n'est pas naturelle comme l'est l'entendement. Elle relève de la connaissance et donc de l'apprentissage. D'où le besoin d'initiation pour l'écoute. Cette initiation ne peut, certes, s'affranchir des bases théoriques, mais elle est pour l'essentiel pratique et exploite la pédagogie de l'exemple. Dans ce cadre, il est exigé aux écoutés de respecter le temps de la parole, c'est-à-dire admettre que «prendre» la parole doit être suivi par «laisser» la parole, qu'une fois le temps de la parole passé commence le temps de l'écoute. Respecter le temps de la parole, c'est observer les temps d'écoute, de l'écriture et du silence. L'initiation à l'écoute n'est pas uniquement une initiation à la réception de la parole, elle est aussi une initiation à l'émergence de la parole dans la mesure où cet apprentissage est vécu dans la perspective de la rencontre de l'autre: «Développer notre capacité auditive, être particulièrement attentif à faire émerger la parole à peine audible et pourtant essentielle des ‹sans voix›; corrélativement, maîtriser notre propre parole et l'exprimer dans des termes et des *temps* qui la rendent aussi acceptable et compréhensible que possible» (Falise, 1999, p. 168). C'est ici un autre pouvoir, mais, sans doute, issu d'une pratique moins mythique que celle de la parole, donc, également, moins intéressante pour la concertation.

2.3 Harmonie du concert

La troisième caractéristique commune du mythe et de la concertation dans la pratique du langage est leur orientation déterminante de relier, d'établir des ponts entre des «voix» qui ne relèvent pas nécessairement du même timbre, ni de la même culture ou de la même philosophie du concert. Contrairement à ce que l'on peut croire, ni le mythe ni la concertation ne sont des lieux d'expression dépourvus d'ordre, même si cet ordre n'est pas toujours évident immédiatement. Pourtant, afin que le mythe ou la concertation puisse offrir aux participants un pouvoir dans l'action collective, le langage doit être envisagé dans ce contexte pratique comme assujetti à une cohérence, c'est-à-dire à un certain nombre d'injonctions relevant de l'universalité.

Le mythe fixe cette caractéristique de son langage sur sa capacité de produire une image totalisante du monde. Il s'agit là d'un véritable besoin interne du mythe de relier les singularités en les rassemblant dans un tout afin que les actions apparentées à cet assemblage puissent apparaître non seulement compréhensibles, mais aussi comme une compréhension unitaire en vertu des critères d'universalité dont elle participe: «Cette *totalisation* propre à l'image mythique du monde, qui supprime les particularités des choses pour parvenir au domaine de l'efficience magique et mythique, implique pour l'interprétation du langage une conséquence importante. Dès que le mythe s'élève au-dessus de ce stade de la praxis par l'utilisation d'un moyen particulier, un effet particulier, qui, par conséquent, relie dans une action immédiate une singularité à une autre singularité, dès que le mythe tente de comprendre sa propre action, même sous une forme encore grossière et imparfaite, il a déjà pénétré dans une sphère nouvelle d'universalité» (Cassirer, 1972, vol. 1, p. 62). Parvenir à cette unité investie de l'universalité de la concertation et ensuite la mettre en scène par le langage est un enjeu essentiel de la pratique du mythe, car c'est à travers cette opération que le participant acquiert le pouvoir de s'imposer dans l'action et de dominer les actions qu'il cite ou récite. Par conséquent, le langage mythique est contraint dans sa pratique efficace de se soumettre à des logiques non seulement de discours, mais aussi des volontés, des intérêts, des connaissances et des reconnaissances qui sont autant des déterminations à l'œuvre: «Ce caractère d'unité est essentiel au mythe en tant que forme de connaissance, (comme à toute autre connaissance). Pour que l'action de l'homme puisse le rendre maître des forces et des entités spirituelles au milieu desquelles vit le mythe, celles-ci doivent présenter en elles-même un certain nombre de déterminations permanentes» (Cassirer, 1972, t. 1, p. 62). D'ailleurs, si on analyse attentivement, ce qui *donne voix* aux mythes relève toujours de la volonté, de l'intérêt, de la connaissance et de la reconnaissance. Les chants et les cris rituels, les formules magiques, etc. qui sont dits, par exemple pour chasser la sécheresse, sont l'expression de la volonté individuelle et collective, d'un intérêt fixé dans la récolte attendue, d'une connaissance, notamment celle des besoins des plantes en termes d'eau pour leur développement, et d'une reconnaissance du pouvoir de celui qui invoque la pluie, de celui qui peut faire tomber la pluie.

Ces quatre déterminations ou registres du langage mythique sont retrouvables dans le langage du débat public et de la concertation. Certains parlent des langages de la démocratie: «le langage de la volonté, celui de l'intérêt, celui de la connaissance et, enfin, celui de la connaissance structure, selon nous, tout autant le travail démocratique de l'acteur entré en concertation que le travail de légitimation de l'action publique contemporaine» (Rui, 2004). Je ne veux pas entrer ici dans une polémique quant à la justesse de cette observation sur «les» langages. Je voudrais simplement noter que la présence de ces registres du langage a été mise en évidence et qu'elle représente dans la concertation, un contexte pratique extrêmement fécond pour la production de sens.

Ce contexte synthétise l'ensemble des lieux pratiques de production de sens selon les différents registres du langage de la consultation. Mais cette fécondité ne tient pas uniquement et avant tout au nombre important des lieux significatifs qui modèlent ces registres, mais plutôt de la capacité de ce phénomène qui les englobe afin de le faire coexister et de leur donner une unité logique fonctionnelle, une harmonie qui rend l'expression une expérience attrayante et désirée, ce qui explique sans doute, entre autres, pourquoi elle est tant demandée par l'ensemble des acteurs de la société. Cela me conduit à formuler, dès lors, l'hypothèse que le passage par le langage dans les conditions pratiques du mythe et donc de la concertation relie, harmonise non pas tant les volontés entre elles, ni les intérêts entre eux, comme d'ailleurs, non plus les connaissances et les reconnaissances entre elles. Le langage de la concertation comme le langage du mythe harmonise les volontés avec les intérêts, avec les connaissances et avec les reconnaissances.

La conséquence immédiate d'une telle supposition sur la pratique du langage mythique apparaît, pourtant, en termes théoriques. Elle est triple. D'abord la pratique du langage mythique peut et doit distinguer entre ces quatre registres du langage, mais en aucun cas elle ne peut considérer indépendamment les volontés, les intérêts, les connaissances ou les reconnaissances. Elle ne peut non plus faire l'économie de l'un de ces registres sans porter préjudice au sens même du discours comme événement du langage. En second lieu, la pratique du langage mythique doit considérer l'interaction entre les quatre registres et cela jusqu'au fondement historique de la tradition culturelle qui a fait émerger et perpétuer leur spécificité. Enfin, en troisième lieu, la pratique du langage mythique doit valider (et non vérifier) ces interactions entre les quatre registres par une hiérarchisation fondée sur la critique des idéologies logées dans les volontés, dans les intérêts, dans les connaissances et dans les reconnaissances impliquées dans la fonction du sens discursif. Cela ne sera ni impossible ni en désaccord avec la vision mythique du langage, mais, au contraire, le chemin à suivre indiqué par la pensée mythique même pour saisir la puissance universelle du mot. Cassirer observe que la «première contrainte, immédiatement sensible et pratique, que l'homme exerce sur les choses naturelles qui l'entourent contient déjà le germe de l'idée d'une nécessité théorique qui les gouverne. A mesure que la pensée mythique progresse, les forces singulières et démoniaques cessent d'être singulières. Ce ne sont plus de simples dieux de l'*instant* ou du *particulier*; commence à apparaître, en outre, une sorte de hiérarchisation, de classification. La vision mythique du langage suit le même chemin lorsque, de l'intuition de la force particulière contenue dans un mot isolé, et dans une formule magique singulière, elle s'élève de plus en plus, jusqu'à la pensée d'une puissance universelle qui possède le mot comme tel, le discours comme totalité. Sous cette forme mythique, le concept de langage est d'abord saisi comme une unité» (Cassirer, 1972, t. 1, pp. 62-63). Mais cette unité ne sera jamais réductible dans la pensée mythique à l'unicité. Plus exactement, en passant par le langage, l'effectuation de la concertation doit aboutir à l'achèvement de l'unité du langage, mais dans la mise en scène d'une polyphonie harmonieuse de l'intérêt, de la volonté, de la connaissance et de la reconnaissance des acteurs en concert. Sinon, *il n'y a pas de concertation.*

Conclusions à la troisième partie

La surcompréhension de la concertation résulte de l'interprétation de son contexte pratique. Ce contexte, articule trois dimensions fondamentales: la technique, l'homme et l'effectuation.

La technique, dans sa double composition – outil et tactique – révèle un surprenant fonds de similitudes dans la production du sens entre le mythe et la concertation. Il s'agit non seulement d'une validation du choix paradigmatique initial, mais aussi d'une ouverture justificative pour une sémio-anthropologie herméneutique de la communication.

L'homme, l'autre dimension du contexte pratique, ne fait qu'accentuer l'ouverture précédente. L'homme dans ce contexte est un «animal symbolique». Cette symbolique ne doit pas, cependant, être entendue comme un état passif: l'homme dans le contexte pratique du mythe et de la concertation est, avant tout, une tâche à accomplir, voire une incessante «agonie».

Enfin, la surcompréhension de la concertation émerge inéluctablement par l'interprétation de son effectuation, c'est-à-dire des lieux sensibles qui mettent en concordance discordante les volontés humaines et les lois que les hommes se donnent, mais aussi des passages par le langage qui fixent les expériences de l'homme dans le discours.

Conclusions générales

Pour conclure, je vais résister au penchant trivial qui consisterait à reprendre en abrégé les idées principales du «cadre d'intelligibilité», des «conditions d'interprétation» et du «contexte pratique» dont participe ma proposition d'approche herméneutique de la concertation. Cela dit, je rappelle, pour (re)situer la démarche que l'étude de «la concertation dans le paradigme du mythe» est, avant tout et – comme aurait dit Ricœur – après tout, une mise à l'épreuve des bases théoriques pouvant fonder dans le champ des Sciences de l'Information et de la Communication une théorie de l'herméneutique critique comme méthode de recherche aux croisements des chemins arpentant les sciences humaines et sociales et tout particulièrement à un croisement connu et déjà appelé «sémio-anthropologie de la communication». Il s'agit d'une mise à l'épreuve qui se limite ici à développer – au-delà du domaine de la philosophie – uniquement l'interprétation critique de la conscience mythique faite par Ernst Cassirer. Le débordement de cette interprétation critique dans le champ des Sciences de l'Information et de la Communication n'est pas seulement autorisé, mais en quelque sorte il est même prescrit par Cassirer. En décembre 1924, à Hambourg, il affirme qu'il peut espérer que le but de son étude sur la pensée mythique soit effectivement atteint «seulement lorsque la problématique esquissée ici [...] aura été reprise et poursuivie par chacune des disciplines singulières» (Cassirer, 1972, t. 2, p. 13).

Certes, par rapport au vœu de Cassirer, mon travail demeure le moment médian d'une entreprise qui, sans doute, devra être continuée. La voie, une fois ouverte, peut accueillir d'autres pas. Ce scénario est d'autant plus envisageable que les possibilités sont «inscrites» dans le caractère même de la forme symbolique qui a) est formatrice, b) repose sur un contexte pratique et c) a pour grammaire la culture. La voie étant ouverte, elle peut accueillir d'autres pas parce que la sémiotisation rendue possible par la forme symbolique n'est, d'emblée, ni herméneutique ni anthropologique, même si elle tend à le devenir par une pratique dans laquelle le corps propre, qui projette des valeurs, est engagé. Plus exactement, la forme symbolique cassirerienne a un aspect purement axiomatique et «non fondé», c'est-à-dire elle n'a pas une origine empirique localisable dans un objet à tel point que même sa nature d'objet purement rationnel requiert sans cesse l'intervention formelle d'une définition (Lassègue, 2002). Cela veut dire que la voie ouverte peut accueillir d'autres pas aussi parce que la représentation, l'expression et la signification des différentes catégories de la réalité communicationnelle ne sont pas dans ma proposition le reflet d'une réalité qui préexisterait à la catégorie symbolisée. Elles sont plutôt le résultat de la pratique qui permet de concevoir les catégories de la réalité communicationnelle. Dès lors, la représentation, l'expression et la signification apparaissent dans ma proposition méthodologique comme des inscriptions actives produisant du sens sur le plan général de toute situation pratique de communication, dans la mesure où cette situation pratique a déjà un sens.

Dans cette perspective d'ouverture et d'accueil, il me semble important de conclure en indiquant d'une part, le principe sur lequel repose ma proposition et d'autre part, le projet qu'elle porte, en indiquant les orientations qu'elle entend développer dans le champ de Sciences de l'Information et de la Communication.

A. «Logos sémantikos» entre l'herméneutique de la communication et l'anthropologie de la communication: le principe

Fondamentalement, l'herméneutique de la communication et l'anthropologie de la communication sont des manières de faire de la recherche en sciences humaines et sociales (cf. Mucchielli, 1998, p. 159; Winkin, 1996, p. 10). Considérer ces deux manières de faire de la recherche ensemble n'est pas anodin. D'autant plus que les rapports entre herméneutique et anthropologie relèvent historiquement d'un «partenariat» tendu, voire conflictuel. Depuis Lipps qui s'est employé pour mettre en évidence les incompatibilités qui frappent «l'union herméneutico-antrropologique» (Lipps, 2004) et jusqu'aux tentatives d'élimination réciproque comme, par exemple, celle de Heidegger – qui rend superflue l'anthropologie à l'aide de son herméneutique ontologique de l'expérience (Heidegger, 1986) – ou celle de Plessner – qui soutient qu'une philosophie de l'homme est inéluctable pour toute interprétation (Plessner, 1975) –, les «incidents» s'accumulent. Pourtant, d'une certaine manière, l'herméneutique de la communication et l'anthropologie de la communication ont été déjà «surprises» d'avoir en commun la capacité de proposer des solutions alternatives permettant de

234

surmonter ou d'éviter les distinctions et les dichotomies incessantes du dualisme sujet-objet. Aussi, sans s'inscrire dans un nouveau projet global de philosophie, l'herméneutique de la communication et l'anthropologie de la communication sont toutes les deux de véritables ouvertures vers les disciplines où domine la pensée scientifique empirique, à la condition que le dialogue disciplinaire n'écarte pas, d'une manière ou d'une autre, la réflexivité méta-scientifique (Ginev, 2003, p. 9).

Dans ce cadre, ma proposition méthodologique a pour principe l'instauration du «logos sémantikos» entre l'herméneutique de la communication et l'anthropologie de la communication. Il s'agit d'un principe déjà à l'œuvre dans le champ des Sciences de l'Information et de la Communication, notamment dans le projet de la sémio-anthropologie du sensible (Boutaud, Lardellier, 2003). Par rapport à ce projet, où l'accent est mis davantage sur l'anthropologie que sur l'herméneutique, ma proposition méthodologique met l'accent plutôt sur l'herméneutique que sur l'anthropologie. La démarche ne relève pas d'une opposition réductrice, mais au contraire d'une complémentarité visant l'enrichissement d'une «sensibilité» théorique commune.

Les conséquences théoriques de ma proposition sont, dès lors, «sensibles» davantage dans le plan de l'herméneutique de la communication. Ainsi, l'étude de la «la concertation dans le paradigme du mythe» s'efforce de montrer un chemin permettant de parvenir à la surcompréhension en évitant le piège de la surinterprétation (Eco, 1996). Les repères théoriques qui accompagnent le chercheur sur ce chemin sont les suivantes:

– considérer la pré-compréhension;
– interpréter la situation du sujet connaissant;
– mettre en exergue le mythe de l'émancipation;
– promouvoir le dialogue conditionné avec les sciences empiristes;
– interroger l'existence culturelle comme espace intermédiaire;
– développer l'ouverture interdisciplinaire par l'articulation de la compréhension, de la communication et de l'activité humaine.

B. Vers une théorie du sens fondé sur le contexte pratique de la communication: le projet

Les repères théoriques, prescrits par l'étude de «la concertation dans le paradigme du mythe» afin de parvenir méthodologiquement à la surcompréhension du sens dans le contexte pratique de la chose symbolisée, sont également la marque d'un projet théorique que j'entends déployer en même temps dans le champ des Sciences de l'Information et de la Communication. Ce projet émerge lors de l'articulation de la philosophie des formes symboliques de Cassirer et de l'herméneutique critique de Ricœur. Il postule la production du sens comme activité de l'esprit, mais aussi du corps, dans un contexte ayant préalablement un sens, c'est-à-dire dans un processus de compréhension interprétative de l'activité même d'interprétation. La forme symbolique de Cassirer, comme je l'ai déjà souligné, est «génétiquement» prédisposée pour cet exercice communicationnel. Je n'y reviens plus. J'ajoute seulement que l'herméneutique de Ricœur arrive par d'autres chemins au même endroit. Plus exactement, en démontrant comment l'herméneutique des traditions et la critique des idéologies s'accueillent réciproquement, malgré leur opposition idéologisante, il indique un espace palimpseste qui superpose le symbolique, le sujet et l'interprétation, espace dont le sens fonde la communicabilité.

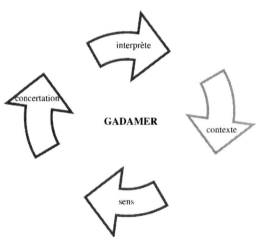

Figure 2: La production du sens selon Gadamer

Par exemple, dans le cas de la concertation, Gadamer et Habermas propose-raient des interprétations où la production de sens est immanquablement linéaire, même si la direction de chacune de ces linéarités est différente (Fig. 2 et Fig. 3). Dans cette linéarité, l'interprète est toujours entre le con-texte et la pratique de la concertation. Dans la perspective ricœurienne, par contre, le contexte, l'interprète et la pratique de la concertation se partage-ront, à un moment donné, un même espace (Fig. 4).

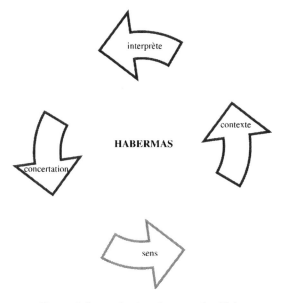

Figure 3: La production du sens selon Habermas

Dans ce projet logent plusieurs orientations théoriques qui ouvrent vers autant de problématisations sémio-anthropologiques de la communication. J'indique les plus importantes d'entre elles.

La communication comme possibilité d'une médiation culturelle de l'existence humaine à partir d'un appareil conceptuel non dichotomique. La sémio-anthropologie herméneutique de la communication dans sa ver-sion critique ne peut être fondée sur des théories de la communication qui participent des philosophies de l'homme s'appuyant sur les dichotomies traditionnelles comme subjectif / objectif, interne / externe, psychique / physique, etc. La médiation de l'existence culturelle de l'homme relève d'une complexité dont les dichotomies ne sont pas capables d'en rendre compte. Par conséquent, il me semble essentiel d'enrichir le champ des

237

Sciences de l'Information et de la Communication avec des apports philosophiques, comme ceux de Cassirer, qui ouvrent la possibilité d'aborder la communication à partir du «monde expressif» des formes symboliques comme unité de l'homme dans une existence culturelle thématisée.

RICŒUR

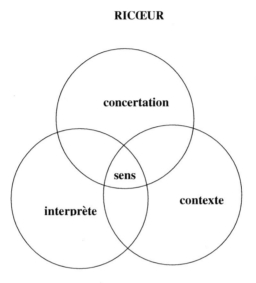

Figure 4: La production du sens selon Ricœur

La communication comme dépassement du relativisme de la philosophie des formes symboliques. Dans une perspective sociologique, la primauté – par rapport à l'opposition sujet / objet – des formes symboliques dans l'existence culturelle, est l'expression du relativisme dont participe l'idée que l'homme existe dans les mondes incommensurables de ses manifestations spirituelles. Dans cette optique le dépassement du relativisme cassirerien apparaît d'autant plus incertain, voire impossible, que les réalités sémiotiques et les fonctions symboliques «chosifiées» de la conscience ne sont pas seulement incommensurables mais, dans une certaine mesure, traduisibles mutuellement. Mais, toute autre est la vision communicationnelle de la proposition cassirerienne. Plus exactement, la sémio-anthropologie herméneutique propose et entreprend le dépassement de ce relativisme en rapportant les objectivités et les validités caractéristiques aux formes symboliques à la réalité sensible.

La communication comme mise en évidence de l'impossibilité de ré-duire le contexte pratique de constitution de sens à un contexte de justification. La sémio-anthropologie herméneutique admet, bien sûr, que les critères de rationalité communicationnelle sont pré-épistémologiques, mais elle ne saura pas considérer que ces critères sont en principe ontologiques. L'un des traits caractéristiques de ma proposition consiste à postuler, justement, que les critères de la rationalité communicationnelle sont constitués, dans un milieu de sens, notamment dans le milieu de sens des traditions dans lesquelles a lieu la communication, ainsi que dans la compréhension qui peut advenir selon les prétentions de validité qui ont été investies dans les actes symboliques engagés dans le contexte pratique. Cela reviendrait à dire que la structure interprétative du sens ne peut être dégagée dans des critères explicites de rationalité et que, par conséquent, le contexte de constitution du sens n'est pas réductible au contexte de justification du sens.

La communication comme problématique des origines de la conscience qui forme les symboles. Certains ont vu un des points faibles de la philosophie des formes symboliques dans le caractère «non fondé» de la forme symbolique. Plus exactement, on a reproché à la philosophie cassirerienne la difficulté, voire l'impossibilité, de saisir les racines de la conscience qui forme les symboles (cf. Habermas, 1997). Pourtant, si on regarde plus attentivement l'œuvre de Cassirer, on constate que l'activité théorique du philosophe a été principalement marquée par le développement d'une analyse de la constitution des formes symboliques qui ne reposerait pas sur une philosophie de la conscience, mais de la communication. Le sens dans la sémio-anthropologie herméneutique proposée ici, sera d'ailleurs toujours fondé par la pratique d'un contexte préalablement investi de sens.

La communication comme texte, c'est-à-dire comme rupture du dialogue verbal. Ricœur considère le texte comme une rupture du dialogue verbal. Cela veut dire que dans la mesure où ma proposition méthodologique accueille la communication comme texte entendu dans sa version ricœurienne, alors la communication est aussi une caractéristique de l'organisation symbolique des modes spécifiques d'existence culturelle. Plus exactement, l'enchevêtrement des communications se définissant et se délimitant mutuellement est, pour la sémio-anthropologie herméneutique, le monde d'un mode spécifique d'existence culturelle. Dans ce cadre, l'interprétation d'une communication dans la référentialité intercommunicationnelle doit être considérée comme une construction de nouveaux sens.

La communication comme résultat des références invisibles. La sémio-anthropologie herméneutique vise, dans la communication, la compréhension de la communicabilité. Elle reprend d'une certaine manière le projet ricœurien du texte où ce qui est à comprendre n'est pas la situation visible de l'auteur, mais «les propositions de mondes ouvertes par le texte, ou, si vous voulez, les modes possibles d'être-au-monde que le texte ouvre et découvre» car «c'est bien sur ces références invisibles que se fait la communication» (Ricœur, 2005, p. 42). Il s'agit d'interroger l'existence culturelle en cherchant à se saisir non pas de ce qui se trouve derrière cette existence, mais de ce qui la fait, c'est-à-dire de ce qui est avant elle.

La communication comme objet de recherche. Dans la perspective de la sémio-anthropologie herméneutique de la communication, le champ de relations mis en évidence par un mode existentiel donné – mythique, langagier, scientifique, religieux, etc. – apparaît, en suivant la pensée de Ricœur, comme le champ herméneutique de l'interprétation de la communication. Plus exactement, la communication comme objet de recherche visé par cette approche sera entendue ici toujours en rapport avec le rôle de pré-structure ontologique joué dans cette production par le champ herméneutique de l'expérience culturelle.

Finalement, en résumant l'ambition de cet ouvrage dans la perspective de ce projet, je dirai tout simplement que «la concertation dans le paradigme du mythe» n'est qu'un signe. Mais peut-on imaginer qu'advenir au signe soit peine perdue pour la pensée communicationnelle sans trahir pour autant cette pensée?

Bibliographie

Abraham, K. (1909), *Rêve et mythe. Contribution à l'étude de la psychologie collective* in «Œuvres complètes», t. 1, Paris 1965.

Adams, R. M. (1999), *Forums, Not Temples* in «American Behavioral Scientist», vol. 42, n° 6, pp. 968-976.

Allamel-Raffin, C., Lefebvre, M. (2002), *Quelles méthodes pour l'analyse des images? Approche sémiotique et anthropologique des images en physique des matériaux et en mathématique: étude comparative* in «Les recherche en information et communication et leurs perspectives», Actes du 13ᵉ Congrès national de la communication, Palais du Pharo (Marseille), SFSIC, pp. 431-438.

Apel, K.-O. (1980), *Towards a transformation of philosophy*, London, Routledge & Kegan Paul.

Aristote (2002), *La métaphysique*, Paris, Pocket.

Ast, G. A. F. (1808), *Grundlinien der Grammatik, Hermeneutik and Kritik,* Landshut.

Auge, M. (1997), *Pour une anthropologie des mondes contemporaines*, Paris, Champ/ Flammarion.

Augst, T. (1999), *Composing the Moral Senses: Emerson and the Politics of Character in Nineteenth-Century America* in «Political Theory», vol. 27, n° 1, pp. 85-120.

Bachelard, G. (1975), *Le nouvel esprit scientifique*, Paris, P.U.F.

Bachimont, B. (1997), *L'artéfacture entre herméneutique de l'objectivité et de l'intersubjectivité; un projet pour l'intelligence artificielle* in «Herméneutique: textes, sciences», Paris, P.U.F., pp. 301-330.

Barre-Laroye, M.-O. (2003), *Herméneutique et langage: l'approche de Paul Ricœur,* thèse en philosophie, Université Jean Moulin – Lyon 3.

Barreto, M. A., Munoz, J. A. (2003), *Reexamining the «Politics of In-between»: Political Participation among Mexican Immigrants in the United States* in «Hispanic Journal of Behavioral Sciences», vol. 25, n° 4, pp. 427-447.

Barthes, R. (1957), *Mythologies*, Paris, Seuil.

– (1985), *L'aventure sémiologique,* Paris, Seuil.

Batuman, B. (2003), *Imagination as Appropriation: Student Riots and the (Re)Claiming of Public Space* in «Space and Culture», vol. 6, n° 3, pp. 261-275.

Baumann, H. (1936), *Schöpfung und Urzeit des Menschen im Mythus der afrikanischen Völker*, Berlin.

Baumann, S., Carrol, K., Damgaard, G., Millar, B., Welch, A. (2001), *An International Human Becoming Hermeneutic Study of Tom Hegg's A Cup of Christmas Tea* in «Nursing Science Quaterly», vol. 14, n° 4, pp. 316-321.

Béchard, B.-M. (2002), *Allocution à l'occasion du congrès de la Chambre de commerce du Québec*,
http://www.usherbrooke.ca/accueil/direction /allocutions/2002
/chcomduquebec.041002.html, dernière visite le 07/08/2006.

Benel, A. (2003), *Consultation assistée par ordinateur de la documentation en Sciences Humaines: Considérations épistémologiques, solutions opératoires et applications à l'archéologie*, Institut National des Sciences Appliquées de Lyon.

Bennour, A. (1997), *La Participation Des habitants à l'amélioration de leur cadre de vie. Représentations sociales et stratégies des acteurs et groupements dans deux quartiers populaires. Théories et pratiques*, thèse en sciences de l'éducation, Université de Paris 8.

Bergaigne, A. (1963), *La religion védique*, vol. 1 à 4, Paris, Champion.

Bergson, H. (1961), *Essai sur les données immédiates de la conscience*, Paris, Quadrige/ P.U.F.

Berman, S., Wittig, M. (2004), *An Intergroup Theories Approach to Direct Political Action among African Americans* in «Group Processes Intergroup Relations», vol. 7, n° 1, pp. 19-34.

Bernard, F. (2002), *Dynamiques scientifiques pour territoire en mouvement* in «Les recherche en information et communication et leurs perspectives», Actes du XIIIᵉ Congrès national de la communication, Palais du Pharo (Marseille), SFSIC, pp. 1-4.

Bernstein, J. L., Meizlish, D. S. (2003), *Becoming Congress: A Longitudinal Study of the Civic Engagement Implications of a Classroom Simulation* in «Simulation Gaming», vol. 34, n° 2, pp. 198-219.

Bertin, G. (2001), *Actualité du mythe* in «Esprit critique», vol. 3, n° 8, août, http://critique.ovh.org, dernière visite le 01/05/2006.

Billard, G. (1998), *Citoyenneté, planification et gouvernement urbains aux Etats-Unis: des communautés dans la ville*, thèse en géographie, Le Mans.

Billig, M. (1987), *Arguing and Thinking: A Rhetorical Approach to Social Psychology*, Cambridge, Cambridge University Press.

Blaga, L. (1996), *Gândire magica si religie*, Bucarest, Humanitas.

Blanchard, O. (2000), *Concertation à l'hollandaise*, http://econ-www.mit.edu/faculty/download_lr.php?id=27, dernière visite le 07/08/2006.

Bloor, D. (1997), *Wittgenstein. Rules and institutions*, London, Routledge Kegan Paul.

Booth, W. (1979), *Literary Understanding: The Power and Limits of Pluralisme*, Chicago, University of Chicago Press.

Bougnoux, D. (1998), *Introduction aux sciences de la communication*, Paris, La Découverte.

Boulad-Ayoub, J. (1994), *Mimes et parades. L'activité symbolique dans la vie sociale,* Paris, l'Harmattan.

Bourdieu, P. (1984), *Questions de sociologie*, Paris, Minuit.

Boure, R. (2006), *SIC: l'institutionnalisation d'une discipline* in «Sciences de l'information et de la communication», Grenoble, P.U.G., pp. 245-257.

Boutaud, J.-J. (1998), *Sémiotique et communication. Du signe au sens*, Paris, l'Harmattan.

Boutaud, J.-J., Lardellier, P. (2003), *Sémio-Anthropologie du sensible*, Bruxelles, Degrés.

Bovet, M., Greco, P. (1967), *Perception et notion du temps,* Paris, P.U.F.

Brague, R. (2005), *De la métaphore à la perception: une herméneutique du visible au sein du christianisme*, thèse en philosophie, Université Panthéon Sorbonne – Paris 1.

Bratosin S. (2000), *La concertation forme symbolique de l'action collective: le plan de déplacements urbains de Lille Métropole*, thèse en sciences de l'information et de la communication, Université Charles de Gaulle – Lille 3.

– (2000), *Le Plan de Déplacements Urbains et la pollution de l'air: la dimension mythique du débat public dans l'agglomération lilloise* in «Actes du 9ᵉ Colloque international ‹Transports et pollution de l'air›, Avignon 5-8 juin 2000» Arcueil, Inrets, pp. 573-578.

- (2001), *La concertation: forme symbolique de l'action collective,* Paris, l'Harmattan.
- (2003), *Grands Projets de Ville: un lieu de production symbolique du territoire* in «Etudes de Communication», n° 26, pp. 31-43.
- (2004a), *La concertation dans le discours du président Jacques Chirac: sur les traces d'une représentation mythique* in «Argumentum», Université d'Iasi, Roumanie, n° 3, pp. 11-35.
- (2004b), *La concertation pour les plans de déplacements urbains sur les sites Internet: le sens de la participation citoyenne* in «Terminal», n° 92, pp. 141-151.
- (2004c), *La concertation sur Internet: Approche de la dimension spatio-temporelle* in «Actes du colloque CNRIUT», Nice, tome 2, pp. 85-94.

Bratton, M. (1999), *Political Participation in a New Democracy: Institutional Considerations From Zambia* in «Comparative Political Studies», vol. 32, n° 5, pp. 549-588.

Brenkman, J. (1987), *Culture and domination,* Ithaca, Cornell University Press.

Brennen, B. (2004), *Provocative Interventions: Celebrating the Work of Hanno Hardt* in «Journal of Communication Inquiry», vol. 28, n° 3, pp. 269-277.

Bresnahan, R. (2003), *Introduction* in «Latin American Perspectives», vol. 30, n° 6, pp. 3-9.

Breton, P. (1997), *La parole manipulée,* Paris, La Découverte.

Brévard, L. (2003), *Les trajectoires d'insertion des nouveaux habitants à la périphérie des villes,* thèse en géographie, Université de Mirail – Toulouse 2.

Brisson, L. (1996), *Introduction à la philosophie du mythe,* Paris, Vrin.

Bultmann, R. (1968), *Jésus. Mythologie et Démythologisation,* Paris, Seuil.

Buytendijk, F. J. J. (1965), *L'homme et l'Animal,* Paris, Gallimard.

Capdevila, R. (2000), *V. Motherhood and Political Involvement: The Construction of Gender and Political Identities* in «Feminism Psychology», vol. 10, n° 4, pp. 486-491.

Carpe, J. (2004), *Wit, Style, and Substance: How Planners Shape Public Participation* in «Journal of Planning Education and Research», n° 23, pp. 242-254.

Carré, D. (1994), *Rapports sociaux, médiations technico-culturelles, et évolution de l'espace public: le cas du changement technique en entreprise,* thèse en sciences de la communication, Université de Grenoble 2.

Carré, D., Valenduc, G. (1991), *Choix technologiques et concertation sociale,* Paris, Economica.

Cassirer, E. (1962), *Leibniz's System in seinen wisseschaftlichen Grundlagen,* Hildesheim, Georg Olms Verlagsbuchhandlung.

- (1972), *La philosophie des formes symboliques,* t. 1-3, Paris, Minuit.

Cassirer, E. (1973), *Langage et mythe, à propos des noms de dieux,* Paris, Minuit.

- (1975), *Essai sur l'homme,* Paris, Minuit.
- (1977), *Substance et fonction. Eléments pour une théorie du concept,* Paris, Minuit.
- (1991a), *Logique des sciences de la culture,* Paris, Cerf.
- (1991b), *Rousseau, Kant, Goethe. Deux essais,* Paris, Editions de Berlin.
- (1993), *Le mythe de l'Etat,* Paris, Gallimard.
- (1995), *Ecrits sur l'art,* Paris, Cerf.
- (1997), *Trois essais sur le symbolique,* Paris, Cerf.

Cassirer, E., Hermann, C., P. Natorp (1998), *L'Ecole de Marbourg,* Paris, Cerf.

Catagna, B., Gallais, S., Ricaud, P., Roy, J.-P. (dir.) (2004), *La situation délibérative dans le débat public,* Tours, Presses Universitaires François – Rabelais, vol. 1-2.

Caune, J. (1997), *Esthétique de la communication,* Paris, Presses Universitaires de France.

Ceglowski, D. (2000), *Research as relationship* in «Qualitative Inquiry», n° 6, pp. 88-103.

Certeau, M. de (1990), *L'invention du quotidien. Arts de faire,* Paris, Gallimard.

Champagne, P. (1990), *Faire l'opinion,* Paris, Minuit.

Champris, A. de (1995), *La conflictualité locale et le syndrome Nimby,* communication au colloque de l'association des Eco-Maires, le 24 octobre, Paris, pp. 20-22.

Chantraine, O. (1997), *Approche socio-sémiotique d'un espace public fragmenté,* Habilitation à diriger des recherches, Sciences de l'information et de la communication, Université de Paris 13.

Chardel, P.-A. (2000), *Etude des enjeux ontologiques et éthiques de l'écriture dans le champ de l'herméneutique et de la déconstruction: M. Heidegger, H. G. Gadamer, E. Levinas, J. Derrida,* thèse en philosophie et sciences sociales, EHESS et Université de Laval – Québec.

Charron, D. (1991), *Une introduction à la communication,* Québec, Presses de l'Université de Québec.

Charte des principes fondamentaux des Amis de la Terre France (2002)
http://www.amisdelaterre.org/article.php3?id_article=275, dernière visite le 07/08/2006.

Chaskiel, P. (2002), *Points de vue conceptuel et politique chez Habermas: les ambiguïtés d'une double perspective* in «Communication», vol. 21, n° 2, pp. 11-28.

– (2004), *La discorde par la communication? Hegel face à l'opinion publique* in «Communication», vol. 23, n° 2, pp. 26-44.

– (2005), *Communiquer ou contracter. George Mead en dilemme* in «Réseaux», n° 127, pp. 233-257.

Chasse: de nouveaux textes seront élaborés (2002), Paris, AFP, 02/08.

Chaty, L., Girlanda, C. (2002), *Towards and electronic administrarion?: Local information systems, or the web modernization of local Administration* in «International Review of Administrative Sciences», vol. 68, n° 1, pp. 25-438.

Chaufer, D. (2000), *La loi du 1ᵉʳ juillet 1901 sur les rapports entre collectivités locales et associations: analyse d'un processus de clarification,* thèse en droit public, Université de Reims.

Chevallier, M. (2002), *L'expertise dans les processus d'étude et de décision dans les transports (infrastructures routières et aéronautiques en région lyonnaise),* Rapport final de recherche, Paris, Predit.

Chevalley, C., Bohr, N. (1991), *Physique atomique et connaissance humaine,* Paris Gallimard.

Chirac, J. (1996-2002), Discours,
http://www.elysee.fr/elysee/elysee.fr/francais
/interventions/discours_et_declarations/discours_et_declarations_du_president_de_la_re
publique.

Chladenius, J. M. (1742), *Einleitung zur richtigen Auslegung vernünftiger Reden und Schriften,* Leipzig.

Cicéron, M. T. (1970-1986), *De natura deorum* (trad. M. Van Den Bruwaene), Bruxelles, Latomus.

Cohen, A., Vigoda, E. (2000), *Do Good Citizens Make Good Organizational Citizens? An Empirical Examination of the Relationship Between General Citizenship and Organizational Citizenship Behavior in Israel* in «Administration Society», vol. 32, n° 5, pp. 596-624.

Cohen, H. (1987), *Kants Theorie der Erfahrung*, Hermann Cohen-Activ am philosophischen Seminar der Universität Zürich & H. Holzhey, Werke, vol. 1.1, Hildesheim, Georg Olms Verlag.

Cohen-Tannoudji, G. (1997), *La théorique quantique des champs comme herméneutique horizontale* in «Herméneutique: textes, sciences», Paris, P.U.F., pp. 255-275.

Coman, M. (2003), *Pour une Anthropologie des médias*, P.U.G.

Concertation / débat public. Quelques leçons de l'expérience (2002), Paris, Conseil général de Ponts et Chaussées.

Concertation sur l'avenir industriel et aéronautique à Mérignac (2006), Figaro, 18, mai http://www.lefigaro.fr/france/20060518.WWW000000307_eads_accepterait_ de_se_donner_du_temps.html#, dernière visite le 10/08/2006.

Contreras, A. (2002), *Minority Voting Issues* in «Educational Policy», vol. 16, n° 1, pp. 56-71.

Cramer, M. E. (2002), *Factors Influencing Organized Political Participation in Nursing* in «Policy Politics Nursing Practice», vol. 3, n° 2, pp. 97-107.

Création d'une Association des travailleurs des métiers (2001), Paris, AFP, 12/12.

Crowley, J. (2001), *The Political Participation of Ethnic Minorities* in «International Political Science Review», vol. 22, n° 1, pp. 99-121.

D. G. (2005), *Contre l'hégémonie et l'élitisme du G8*, http://rebellyon.info/article655.html, dernière visite le 07/08/2006.

Da-Lage Py, E., Debruyne, F., Vandiedonck, D. (2002), *La recherche du sens* in «Les recherches en information et communication et leurs perspectives», Actes du XIII° Congrès national des sciences de l'information et de la communication, Palais du Pharo-Marseille, SFSIC, pp. 477-482.

Dalton, R. J. (2000), *Citizen Attitudes and Political Behavior* in «Comparative Political Studies», vol. 33, n° 6/7, pp. 912-940.

Damba, N. (2000), *Education à la paix,* thèse en sciences de l'éducation, Université Paris 8.

Danga, Désiré D. (1995), *La question de l'interprétation du mythe et du symbole dans la pensée de Paul Ricœur: étude du rapport entre les différentes formes symboliques et la pensée philosophique*, thèse en philosophie, Université Jean Moulin – Lyon 3.

De la Broise, P. (2001), *Elucidation et création: sortir de l'hermétisme herméneutique* in «Etudes de Communication», n° 24, Université Charles-de-Gaulle-Lille 3, pp. 9-13.

De Vries, M. (2000), *The bureaucratization of participation* in «International Review of Administrative Sciences», vol. 66, n° 2, pp. 325-348.

Débat public et projets d'infrastructures (dir. J. P. Galland) in «Annales des Ponts et Chaussées», n° 92 / 2001.

Debray, R. (1991), *Cours de médiologie générale*, Paris, Gallimard.

– (1994), *Manifestes médiologiques,* Paris, Gallimard.

Dèbre, C. (2005), *Pour une sociologie de la démocratie locale: une notion à l'épreuve des instances de quartier amiénoises et nantaises de la génération 1990*, thèse en science politique, Université François Rabelais – Tours.

Déclaration de la Concertation des luttes contre l'exploitation sexuelle (2005) http://sisyphe.org/article.php3?id_article=1800, dernière visite le 07/08/2006.

Decorte, R. (2004), *Conseil Municipal. Débats.* 7 et 8 juin, http://www.v1.paris.fr /BMO/debat/CMDEBAT20040607/CMDEBAT20040607-24.htm, dernière visite le 12/04/2005.

Décret 2002-999 du 17 juillet 2002.

Démocratie participative et aménagement régional, Actes des tables Rondes, Institut d'aménagement et d'urbanisme de région Ile-de-France, 2000-2001.

Denzin, N. K. (1994), *The art and politics of interpretation* in «Handbook of qualitative research», Thousand Oaks, Sage, pp. 500-515.

– (1997), *Interpretive ethnography: Ethnographic practices for the 21st century*, Thousand Oaks, Sage.

Deramaix, P. (1993), *Herméneutique et émancipation*,
http://membres.lycos.fr/ patderam/habermas.htm, dernière vsite le 04/07/2005.

Diel, P. (1947), *Psychologie de la motivation*, Paris, P.U.F.

– (1966), *Le symbolisme dans la mythologie grecque. Etude psychanalytique*, Paris, Payot.

Dilthey, W. (1942), *Introduction aux Sciences de l'Esprit*, Paris, P.U.F.

Domec, L. (2002), *Une herméneutique des plantes d'intérieur: pour une sociologie de l'espace domestique aux XIXe et XXe siècles*, thèse en sociologie, Université Paul Valéry, Montpellier III.

Drinba, O. (1987), *Istoria culturii si civilisatiei*, Bucarest, Stiintifica si enciclopedica.

Droniou, V. (1999), *La médiation: étude d'une nouvelle forme de participation du public aux décisions d'aménagement*, thèse en droit public, Université de Dijon.

Drumbl, M. (2000), *Sclerosis: Retributive justice and the Rwandan genocide* in «Punishment Society», vol. 2, n° 3, pp. 287-308.

Dubuisson, D. (1993), *Mythologies du 20e siècle*, Lille, Presses Universitaires de Lille.

Duhem, P. (1902), *Les théories électriques de J. Clark Marxwell, étude historique et critique*, Paris.

– (1906), *La théorie physique, son objet et sa structure*, Paris.

Dumézil, G. (1934), *Ouranos-Varuna*, Paris, Maisonneuve.

– (1935), *Flamen-Brahman*, Paris, Geuthner.

– (1959), *Les dieux des Germains, Essai sur la formation de la religion scandinave*, Paris, P.U.F.

– (1968), *Mythe et épopée. I. L'idéologie des trois fonctions dans les épopées des peuples indo-européens*, Paris, Gallimard.

Dumont, J.-F. (2004), *La pérennisation des démarches de développement rural en milieu local: Enjeux et limites,* thèse en sociologie, Nancy 2.

Durkheim, E. (1990), *Les formes élémentaires de la vie religieuse. Le système totémique en Australie*, Paris, P.U.F.

Eco, U. (1990), *Les limites de l'interprétation,* Paris, Grasset.

– (1996), *Interprétation et surinterprétation*, Paris, P.U.F.

Eliade, M. (1957), *Mythes, rêves et mystères*, Paris, Gallimard.

– (1985), *L'épreuve du labyrinthe: entretiens avec C. H. Rocquet*, Paris, Belfond.

Elissalde, Y. (2000), *Critique de l'interprétation*, Paris, Vrin.

Escarpit, R. (1976; 1991), *L'information et la communication. Théorie générale*, Paris, Hachette.

Escobar, C. (2002), *Clientelism and Citizenship: The Limits of Democratic Reform in Sucre, Colombia* in «Latin American Perspectives», vol. 29, n° 5, pp. 20-47.

Etude relative aux effets socio-économiques et en terme d'aménagement (2004), LGV PACA.

Etudes de capacité Marseille – Vintimille (2004), LGV PACA.

246

Evaluation externe de la démarche de concertation francophone en environnement (2004), Agence intergouvernementale de la Francophonie / Evaluada (Suisse).

Evaluer, débattre ou négocier l'utilité publique? Conflits d'aménagement et pratiques de conduite des projets (2001), Arcueil, INRETS.

Evans-Pritchard, E. E. (1965), *Theories of Primitive Religion*, Oxford, Oxford University Press.

Falise, M. (1999), *Eduquer à la démocratie* in «Démocratiser la république», Paris, Bayard, Centurion, pp. 159-182.

Fayeton, P. (2002), *Mise en scène et jeu d'acteurs dans une nouvelle dramaturgie de l'urbain: La Loi SRU* in «Les recherche en information et communication et leurs perspectives», Actes du XIIIᵉ Congrès national de la communication, Palais du Pharo (Marseille), SFSIC, pp. 237-242.

Feldman, S. (2000), *Made for each other: The interdependence of deconstruction and philosophical hermeneutics* in «Philosophy & Social Criticism», vol. 26, n° 1, pp. 51-70.

Feron, O. (1997), Finitude *et sensibilité dans la philosophie d'Ernst Cassirer,* Paris, Kimé.

Ferrari, M. (1998), *Préface* in «L'Ecole de Marbourg», Paris, Cerf, pp. i-xxxii.

Ferretti, S. (1984), *Il demone della memoria, Simbolo e tempo storico in Warburg, Cassirer Panofsky*, Casale Monferrato, Marietti.

Ferry, J.-M. (1991), *Les Puissances de l'expérience*, tomes I et II, Paris, Cerf.

Févrot, O. (2003), *Recherche sur la notion de démocratie locale*, thèse en droit public, Université Panthéon-Assas-Paris 2.

Firestone, W. A. (1990), *Accommodation: Toward a Paradign – Praxis Dialectic* in «The Paradigm Dialog», Newbury Park, Sage, pp. 105-124.

Fisher, J. (1999), *Modelling the Decision to Donate by Individual Party Members: The Case of British Parties* in «Party Politics», vol. 5, n° 1, pp. 19-38.

Floccari, S. (2004), *L'inconscient et le mythe* in «l'Humanité» du 6 avril.

Fourcade, C. (2005), *L'autonomie collective des partenaires sociaux,* thèse en droit privé, Université Panthéon-Assas-Paris 2.

Fraboni, M. (1991), *Structures urbaines participatives: le cas de Pavie*, thèse en sociologie, EHESS, Paris.

Frances, R. (1981), *La perception*, Paris, P.U.F.

Francis, D. (2000), *Torturous Path to Peace: The Lomé Agreement and Postwar Peacebuilding in Sierra Leone* in «Security Dialogue», vol. 31, n° 3, pp. 357-373.

Frazer, J. G. (1981), *Le rameau d'or*, Paris, Robert Laffont.

– (1920), *Les origines magiques de la royauté,* Paris, Paul Geuthner.

Freeman, M. (2000), *Knocking on doors: On constructing culture* in «Qualitative Inquiry», n° 6, pp. 359-369.

– (2001), *«Between Eye and Eye Stretches an Interminable Landscape»: The Challenge of Philosophical Hermeneutics* in «Qualitative Inquiry», vol. 7, n° 5, pp. 646-658.

Freund, A. (1991), *La mésinformation*, Paris, La Pensée sauvage.

Frey, D. (2003), *La herméneutique de la lecture: texte et interprétation dans les œuvres de Paul Ricœur et Hans-Georg Gadamer*, thèse en théologie protestante (philosophie), Université des sciences humaines – Strasbourg 2.

FSDL (2004), *Communiqué,* http://www.fsdl.fr/fsdlcomunique20032004.pdf, dernière visite le 11/08/2006.

Fuchs, E. R., Adler, E., Mitchell, L. A. (2000), *Win, Place, Show: Public Opinion Polls and Campaign Contributions in a New York City Election* in «Urban Affairs Review», vol. 35, n° 4, pp. 479-501.

Gadamer, H.-G. (1996), *La Philosophie herméneutique*, Paris, P.U.F.

– (1996), *Vérité et méthode*, Paris, Seuil.

– (1963), *Le problème de la conscience historique*, Louvain, Publications universitaires de Louvain.

Gagnon, G. (2004), *Le beau rêve de la social-démocratie*, http://www.uqac.ca/class/contemporains/gagnon_gabriel/beau_reve_social_democratie/beau_reve_social_democratie.doc, dernière visite le 07/08/2006.

Gamatie, O. (2002), *L'approche de l'éco-développement participatif au Niger: discours et pratiques: le cas de Mayahi,* thèse en sociologie, Université de Paris 1.

Gasiorowski, M. (2000), *Democracy and Macroeconomic Performance in Underdeveloped Countries: An Empirical Analysis* in «Comparative Political Studies», vol. 33, n° 3, pp. 319-349.

Gaubert, J. (1991), *Fondation critique ou fondation herméneutique des sciences de la culture* in «Logique des sciences de la culture», Paris, Cerf, pp. 7-72.

Geiger, L. B. (1942), *La participation dans la philosophie de S. Thomas d'Aquin*, Paris, Vrin.

Gentès, A. (1986), *La communication publique: de la mise en scène à la stratégie, de la norme à la démocratie*, thèse en sciences de l'information et de la communication, Université Stendhal – Grenoble 3.

George, E. (2002), *Des pratiques communicationnelles et des lieux du pouvoir* in «Les recherche en information et communication et leurs perspectives», Actes du XIIIᵉ Congrès national de la communication, Palais du Pharo (Marseille), SFSIC, pp. 265-272.

Giddens, A. (1984), *The constitution of society*, Berkeley, University of California Press.

– (1987a), *Nine theses on the future of sociology* in «Social theory and modern sociology», Cambridge, Polity, pp. 22-51.

– (1987b), *What do sociologists do?* in «Social theory and modern sociology», Cambridge, Polity, pp. 1-21.

– (1990), *Consequences of modernity*, Stanford, Stanford University Press.

– (1993), *New rules of sociological method,* New York, Basic Books.

Gigandet, A. (2002), *Lucrèce, Cybèle et le sens des mythes,* Actes du colloque des 24 et 25 mai, CREER (Centre de Recherches Européen d'Etudes Romanes), Université Paris 12.

Gilliard, H. (2001), *La gestion de la qualité des hydrosystèmes: la concertation décentralisée,* thèse en économie, Université de Limoges.

Ginev, D. (1997), *Essays in the Hermeneutics of Science*, Bristol, Ashgate.

– (1999), *The Hermeneutical Critique of Linguistic Transcendentalism: Intersubjective Validity of Argumentation or Hermeneutics of the Dialogue That We Are* in «Thesis Eleven», n° 58, pp. 1-18.

– (2003), *Entre anthropologie et herméneutique*, Frankfurt am Main, Peter Lang GmbH.

Girard, R. (1972), *La violence et le sacré*, Paris, Grasset.

Girardet, R. (1990), *Mythes et mythologie politique*, Paris, Seuil.

Giraud, P. (2002), *Liszt et la rencontre de Senancour: entre crise existentielle et formation intellectuelle: la musique à programme d'un point de vue herméneutique – Vallée d'Obermann (1835-1855)*, thèse en langue, lettres et arts, Université de Provence – Aix Marseille 1.

Girod, A. (2003), *Territoires, proximité et espaces public* in «Etudes de Communication», Université Charles-de-Gaulle-Lille 3, pp. 69-82.

Giroux, H. A. (2002), *Educated Hope in an Age of Privatized Visions* in «Cultural Studies – Critical Methodologies», vol. 2, n° 1, pp. 93-112.

Gleason, S. (2001), *Female Political Participation and Health in India* in «The Annals of the American Academy of Political and Social Science», n° 573, pp. 105-126.

Glesne, C. (1997), *That rare feeling: Re-presenting research through poetic transcription* in «Qualitative Inquiry», n° 3, pp. 202-221.

Goffman, E. (1974), *Les rites d'interaction*, Paris, Minuit.

Gottsmann, J. (2002), *La politique de contractualisation dans le secteur hospitalier,* thèse en droit public, Université de Paris 8.

Gould, J. (2001), *Tocqueville Beyond the Post-Cold War* in «Latin American Perspectives», vol. 2, n° 4, pp. 429-441.

Grand'Maison, J. (1974), *Symboliques d'hier et d'aujourd'hui,* http://www.uqac. ca/Classiques_des_sciences_sociales/, dernière visite le 14/08/2006.

Grand-Deleage, S. (1992), *La concertation dans le droit de l'urbanisme*, thèse en droit, Université de Lyon 3.

Greisch, J. (1994), *Bulletin de philosophie. La raison herméneutique en débat* in «Revue des sciences philosophiques et théologiques», 78, pp. 429-452.

Gret, M. (2002), *De l'expérience de démocratie participative de Porto Alegre*, thèse en science politique, Université de Paris 3.

Grondin, J. (1993a), *L'Universalité de l'Herméneutique,* Paris, P.U.F.

– (1993b), *L'horizon herméneutique de la pensée contemporaine*, Paris, Librairie Philoso-phique J. Vrin.

Guba, E. C. (1990), *The Alternative Paradigm Dialog* in «The Paradigm Dialog» Newbury Park, Sage, pp. 17-30.

Guilló, A. (2002), *Tête-à-tête: pour (ou contre) une herméneutique plastique de l'œuvre d'art*, thèse en art et archéologie, Université Panthéon Sorbonne – Paris 1.

Gurwitch, A. (1957), *Théorie du champ de conscience*, Paris, Desclée de Brouwer.

Gustavo, A., Montiel, L. (2000), *The Military, Political Power, and Police Relations in Mexico City* in «Latin American Perspectives», vol. 27, n° 2, pp. 79-94.

Guyomarc'h, A. (1999), *La décentralisation de la protection et de la gestion du patrimoine culturel*, thèse en droit public, Université de Paris 1.

Habermas, J. (1978), *Scientifisation de la politique et opinion publique* in «La technique et la science comme idéologie», Paris, Denoël-Gonthier, pp. 97-132.

– (1990a), *The hermeneutic claim to universality* in «The hermeneutic tradition», Albany, SUNY Press, pp. 245-272.

– (1990b), *A review of Gadamer's Truth and Method* in «The hermeneutic tradition», Albany, SUNY Press, pp. 213-244.

– (1990b), *A review of Gadamer's Truth and Method* in «The hermeneutic tradition», Albany, SUNY Press, pp. 213-244.

– (1987), *La logique des sciences sociales et autres essais*, Paris, P.U.F.

249

–   (1997), *Die befreiende Kraft der symbolischen Formgebung. Ernst Cassirers humanistisches Erbe und die Bibliothek Warburg* in «Vom sinnlichen Eindruck zum symbolischen Ausdruck», Frankfurt am Main, Suhrkamp.

Hale Feinstein, A., Cannon, H. (2004), *A Hermeneutical Approach to External Validation of Simulation Models* in «Simulation & Gaming», vol. 34, n° 2, pp. 186-197.

Hall, T. E. (2003), *Public Participation in Election Management: The Case of Language Minority Voters* in «American Review of Public Administration», vol. 33, n° 4, pp. 407-422.

Hambourg, C. H. (1956), *Symbol and Reality. Studies in the Philosophy of Ernst Cassirer,* La Hague, Nijhoff.

Harrington, A. (2000), *Objectivism in Hermeneutics? Gadamer, Habermas, Dilthey* in «Philosophy of the Social Sciences», vol. 30, n° 4, pp. 491-507.

Hauer, J. W. (1958), *Der Yoga: ein indische Weg zum Selbst,* Kohlhammer, Stuttgart.

Hay, D. (1999), *Psychologists interpreting conversion: two American forerunners of the hermeneutics of suspicion* in «History of the Human Sciences», vol. 12, n° 1, pp. 55-72.

Hecht, A. (1999), *The Triad of Sustainable Development: Promoting Sustainable Development in Developing Countries* in «The Journal of Environment Development», vol. 8, n° 2, pp. 111-132.

Heelan, P. A. (1997), *L'herméneutique de la science expérimentale: la mécanique quantique et les sciences sociales* in «Herméneutique: textes, sciences», Paris, P.U.F., pp. 277-292.

Hegel, G. W. F. (2003), *Principes de la philosophie du droit,* Paris, P.U.F.

Heidegger, M. (1964), *Lettre sur l'humanisme,* Paris, Aubier.

–   (1986), *Etre et temps,* Paris, Gallimard.

–   (1972), *Débat sur le kantisme et la philosophie et autres textes de 1929-1931,* Paris, Beauchesne.

Helmholtz, H. (1896), *Handbuch der physiologischen Optik, Hambourg et Leipzig,* L. Voss, 2ᵉ édition.

Hendrickson, P. (2004), *Reflexivity as Dialogue and Distanciation: Kögler's Project of a Critical Hermeneutics* in «Philosophy & Social Criticism», vol. 30, n° 3, pp. 383-388.

Hertz, H. (1894), *Die Prinzipien der Mechanik,* Leipzig, Barth, 2ᵉ édition.

Hess, G. (1997), *Le langage de l'intuition,* Paris, l'Harmattan.

Hilliard, V., Kemp, N. (1999), *Citizen participation indispensable to sustainable democratic governance and administration in South Africa* in «International Review of Administrative Sciences», vol. 65, n° 3, pp. 353-370.

Hocart, A. M. (1973), *Le Mythe sorcier,* Payot, Paris.

Hochegger, H. (2006), *Le soleil ne se leva plus,* http://www.ceeba.at/ myth /myth_le_soleil.htm#ftn2, dernière visite le 05/04/2006.

Hofferbert, R., Klingemann, H. D. (2003), *Democracy and Its Discontents in Post-Wall Germany* in «International Political Science Review», vol. 22, n° 4, pp. 363-378.

Holladay, W. L. (1978), *A Concise Hebrew and Aramaic Lexicon of the Old Testament,* Grand Rapids, W. B. Eerdmans.

Hooghe, M. (2002), *Watching Television and Civic Engagement: Disentangling the Effects of Time, Programs, and Stations* in «Harvard International Journal of Press/Politics», vol. 7, n° 2, pp. 84-104.

Howard, R. J. (1982), *Three faces of hermeneutics,* Berkeley, University of California Press.

Hoy, D. C. (1978), *The critical circle: Literature, history and philosophical hermeneutics*, Berkeley, University of California Press.

Hübner, K. (1985), *Die Wahrheit das Mythos*, München, C. H. Beck.

– (1985), *Kritik der wissenschaftlichen,* München, Vernunft,

Humboldt, W. von (2000), *Ecrit sur le langage* Paris, Seuil.

– (1974), *Introduction à l'œuvre sur le kavi*, Paris, Seuil.

Hureaux, R. (1995), *Communication et crise* in «Administration», n° 166, pp. 112-117.

Husserl, E. (1992), *Méditations cartésiennes. Introduction à la phénoménologie*, Paris, Vrin.

Hytrek, G. (2002), *Introduction: Globalization and Social Change in Latin America* in «Latin American Perspectives», vol. 29, n° 5, pp. 3-6.

Information et concertation du public: Les comités locaux d'information et de concertation CLIC (2005), http://www.ecologie.gouv.fr/article.php 3?id_article=2396 dernière visite le 07/08/2006.

Inhetveen, K. (1999), *Can Gender Equality Be Institutionalized? The Role of Launching Values in Institutional Innovation* in «International Sociology», vol. 14, n° 4, p. 403-422.

Insertion d'une voie nouvelle entre Cannes-Marchandises et Antibes (2004), LGV PACA.

Ironside, P., Scheckel, M., Wessels, C., Bailey, M. E., Powers, S., Seeley, D. (2003), *Experiencing Chronic Illness: Cocreating New Understandings* in «Qualitative Health Research», vol. 13, n° 2, pp. 171-183.

Jamal, R. (2000), *State-formation, the media and the prospects of democracy in Palestine* in «Media Culture Society», vol. 22, n° 4, pp. 497-505.

Jamet, C., Jannet, A.-M. (1999), *Les stratégies de l'information*, Paris, l'Harmattan.

Janicot, L. (2002), Les *droits des élus, membres des collectivités territoriales*, thèse en droit public, Université de Paris 2.

Janz, N. (2001), *Globus symbolicus. Ernst Cassirer une épistémologie de la troisième voie?*, Paris, Kimè.

Jasanoff, S. (2003), *Breaking the Waves in Science Studies: Comment on H. M. Collins and Robert Evans, ‹The Third Wave of Science Studies›* in «Social Studies of Science», vol. 33, n° 3, pp. 389-400.

Jauss, H.-R. (1988), *Pour une Herméneutique Littéraire*, Paris, Gallimard.

Jeanneret, Y., Ollivier, B. (2004), *L'invention problématique d'un champ* in «Les sciences de l'information et de la communication. Savoirs et pouvoirs», n° 38, Paris, CNRS, pp. 27-29.

– (2004), *Une discipline et l'université française* in «Les sciences de l'information et de la communication. Savoirs et pouvoirs», n° 38, Paris, CNRS, pp. 13-18.

Jensen, A. E. (1951), *Mythos und Kult bei Naturvolkern. Religionsdwissenschaftliche Betrachtungen,* Wiesbaden.

Jesuit, D. (2003), *The Regional Dynamics of European Electoral Politics: Participation in National and European Contests in the 1990s* in «European Union Politics», vol. 4, n° 2, pp. 139-164.

Jorion, P. (1990), *Physique contemporaine et pathologie de la langue* in «La Revue du MAUSS», n° 8, pp. 137-141.

Juanillo, N. K. (2001), *The Risks and Benefits of Agricultural Biotechnology: Can Scientific and Public Talk Meet?* in «American Behavioral Scientist», vol. 44, n° 8, pp. 1246-1266.

Jung, C. G. (1964), *Réponse à Job*, Paris, Buchet/Chastel.

– (1973), *«Ma Vie»: Souvenirs, rêves et pensées*, Paris, Gallimard.

– (1989), *La vie symbolique: Psychologie et Vie religieuse*, Paris, Albin Michel.

Kalbeck, F. (1951), *Die philosophische Systematik Ernst Cassirers. Versuch einer kritischen Darstellung,* Vienne, Neuhauser Vervielfaltigungswerk.

Kam, P. K., Chieung, C. K., Chan, W. T., Leung, K. K. (1999), *Mobilized or Civic Minded* in «Research on Aging», vol. 21, n° 5, pp. 627-656.

Kamieniak, J.-P. (2003), *Mythe et Fantasme*, Paris, Delachaux et Niestlé.

Kasraoui, N. (2003), *Raison herméneutique et raison critique: introduction générale de l'herméneutique de H. G. Gadamer suivi de la controverse habermassienne*, thèse en philosophie, Université de Sophia Antipolis – Nice.

Kaunda, J. (1999), *State centralization and the decline of local government in Malawi* in «International Review of Administrative Sciences», vol. 65, n° 4, pp. 579-595.

Kelleher, C., Lowery, D. (2004), *Political Participation and Metropolitain Institutional Contexts* in «Urban Affairs Review», vol. 39, n° 6, pp. 720-757.

Kernem, K. (2004), *La concertation locale dans les projets de développement: enjeux, pratiques et perspectives*, Paris, Enda Europe.

Kim, K.-M. (2004), *Critical Theory Criticized: Giddens's Double Hermeneutic and the Problem of Language Game Change* in «Cultural Studies – Critical Methodologies», vol. 4, n° 1, pp. 28-44.

– (2002), *On the Failure of Habermas's Hermeneutic Objectivism* in «Cultural Studies – Critical Methodologies», vol. 2, n° 2, pp. 270-298.

Kouable, C. (2005), *La réforme de l'Etat par le local: de nouvelles perspectives pour le développement économique territorial en Côte d'Ivoire*, thèse en droit public, Université Pierre Mendès France – Grenoble 2.

Krishna, A. (2002), *Enhancing Political Participation in Democracies: What is the Role of Social Capital?* in «Comparative Political Studies», vol. 35, n° 4, pp. 437-460.

Krois, J. M. (1987), *Cassirer, Symbolic Forms and History*, New Haven, Yale Unversity Press.

Krois, J. M. (1988), *Problematik, Eigenart und Aktualität der Cassirererschen Philosophie der symbolischen Formen* in «Über Ernst Casirers Philosophie der symbolischen Formen, Francfort, Suhrkamp, pp. 15-44.

Krueger, B. (2002), *Assessing the Potential of Internet Political Participation in the United States: A Resource Approach* in «American Politics Research», vol. 30, n° 5, pp. 476-498.

Kuhn, T. S. (1970), *La structure des révolutions scientifiques,* Paris, Flammarion.

Kurtz, M. (1999), *Free Markets and Democratic Consolidation in Chile: The National Politics of Rural Transformation* in «Politics Society», vol. 27, n° 2, pp. 275-301.

La concertation en aménagement. Eléments méthodologiques, Lyon, CERTU, 2000.

La gendarmerie a mis en garde ses troupes avant la... (2001), Paris, AFP, 24/11.

Lai, L. W. C., Ho, W. K. O. (2002), *Using probit models in planning theory: an illustration* in «Planning Theory», vol. 1, n° 2, pp. 146-162.

Lajournade-Mittelman, E. (2002), *L'«état de rêve», des «Upanisad» aux neurosciences*, thèse en histoire des religions et Anthropologie religieuse, Université de Sorbonne – Paris 4.

Lambert, S. (2004), *Les télécommunications internationales et l'Etat occidental. Libertés de communiquer et relations internationales*, thèse de doctorat de science politique, Institut d'Etudes Politiques de Paris.

Lamizet, B. (1997), *La médiation politique*, Paris, l'Harmattan.

– (1999), *La médiation culturelle*, Paris, l'Harmattan.

Lamoureux, J. (1996), *La concertation: perspectives théoriques sous l'angle du néo-corporatisme in* «Cahier de recherche CRISES», n° 7.

Langdridge, D., Butt, T. (2004), *A Hermeneutic Phenomenological Investigation of the Construction of Sadomasochistic Identities* in «Sexualities», vol. 7, n° 1, pp. 31-53.

Lardellier, P. (2003), *Théorie du lien rituel*, Paris, l'Harmattan.

Larose, Y. (2001), *A la rescousse des centres-villes*, http://www.scom. ulaval.ca /Au.fil.des.evenements/2001/08.30/atdr.html, dernière visite le 07/08/2006.

Lassègue, J. (2002), *Note sur l'actualité de la notion de forme symbolique*, http://.revues.org/document88.htlm, dernière visite le 10/04/2006.

– (2003), *Ritualisation et culture*, http://formes-symboliques.org/ article.php3?id_article=29, dernière visite le 01/05/2006.

– (2005a), *Le parcours de Cassirer: de l'épistémologie néo-kantienne à une théorie sémiotique de la culture*, http://formes-symboliques.org/article.php 3?id_article=174, dernière visite le 01/05/2006.

– (2005b), *Archéologie de la fonction symbolique: quelques pistes récentes,* Exposé au séminaire *Formes Symboliques* – 18 octobre.

Lawn, C. (2003), *Wittgenstein, History and Hermeneutics* in «Philosophy & Social Criticism», vol. 29, n° 3, pp. 281-295.

Le Marec, J. (2001), *En guise d'épilogue – pratiques interprétatives: entre méthodes et sens commun* in «Etudes de Communication», n° 24, Université Charles-de-Gaulle-Lille 3, pp. 125-136.

Le Noan Humbert, C. (1995), *La concertation en droit administratif français*, thèse en droit public, Université de Paris 1.

Le système d'enseignement supérieur et l'université libanaise (2005), Ministère de la culture et de l'enseignement, République du Liban, http://unesdoc. unesco.org/images/0013/001358/ 135878fo.pdf, dernière visite le 16/04/2005.

Lefebvre, H. (1970), *La révolution urbaine,* Paris, Gallimard.

Leibniz, G. W. (1972), *Œuvres*, Paris, Aubier Montaigne, tome 1.

Lenclud, G. (2005), *Vues de l'esprit, art de l'autre*, http://terrain.revues. org/ document2967.html, dernière visite le 20/03/2006.

Les activités de la Cour de Justice et du Tribunal de première instance des Communautés européennes (2001), Semaine du 12 au 16 novembre, n° 29/01. http:// 66.249.93.104 /search?q =cache:Q_t63c- O5r0J:www.curia europa. eu/fr/actu/activites/act01/0129 fr.htm, dernière visite le 12/05/2004.

Levenstein, B. (2003), *Editorial* in «Public Understanding of Science», n° 12, pp. 357-358.

Lévi-Strauss, C. (1949), *Les structures élémentaire de la parenté*, Paris, P.U.F.

– (1958), *Anthropologie structurale*, Paris, Plon.

Lévy, P. (1990), *L'IA comme technologie intellectuelle* in «Technologies et symboliques de la communication», colloque de Cerisy, Grenoble, P.U.G., pp. 247-259.

Lévy-Bruhl, L. (1935), *La mythologie primitive*, édition électronique http://pages.infinit.net/sociojmt.

– (1949), *Carnets (1938-1939)*, Paris, P.U.F.

Liaschenko, J. (1999), *Can Justice Coexist With the Supremacy of Personal Values in Nursing Practice?* in «Western Journal Nursing Research», vol. 21, n° 1, pp. 35-50.

Lipps, H. (2004), *Recherches pour une logique herméneutique*, Paris, Librairie Philosophique J. Vrin.

Lipton, D. R. (1978), *Ernst Cassirer: The Dilema of a Liberal Intellectual in Germany, 1914-1933*, Toronto, University of Toronto Press.

Lobry, C. (1997), *L'interprétation mathématique* in «Herméneutique: textes, sciences», Paris, P.U.F., pp. 333-355.

Lucrece (1999), *De la nature – de rerum natura*, Paris, Flammarion.

Malinowski, B. (1975), *Trois essais sur la vie sociale des primitifs*, Paris, Payot.

Mannheim, K. (1956), *Idéologie et Utopie*, Paris, M. Rivière et Cie.

Marc-Wogau, K. (1936), *Der Symbolbegriff in der Philosophie Ernst Cassirers* in «Theoria II», pp. 279-332.

Martin, J., Sugarman, J. (2001), *Interpreting Human Kinds: Beginnings of a Hermeneutic Psychology* in «Theory Psychology», vol. 11, n° 2, pp. 193-207.

Martinand, C. (2002), *La maîtrise des services publics urbains* in «Le Moniteur de travaux public et du bâtiment», n° 5159 / octobre, p. 47.

Marx, W. (1975), *Cassirer Symboltheorie als Entwicklung und Kritik der neukantischen Grundlagen einer Theorie des Denkens und Erkennens* in «Archiv für Geschichte der Philosophie», n° 5, pp. 188-206 et 304-339.

Masterman, M. (1970), *The Nature of a Paradigm* in «Criticism and the Growth of Knowledge», Cambridge, Cambridge University Press, pp. 59-89.

Mathien, M. (dir.) (2005), *La «société de l'information». Entre mythes et réalité*, Bruxelles, Bruylant.

Mattelart, A., Neveu, E. (2003), *Introduction aux Cultural Studies*, Paris, La Découverte.

Mc Clurg, S. D. (2004), *Indirect Mobilization: The Social Consequences of Party Contacts in an Election Campaign* in «American Politics Research», vol. 32, n° 4, pp. 406-443.

Mc Crary, P. (1999), *The Dynamics of Minority Vote Dilution: The Case of Augusta, Georgia, 1945-1986* in «Journal of Urban History», vol. 25, n° 2, pp. 199-225.

McLoski, D. (1985), *The Rhetotic of Economics*, Madison, University of Wisconsin Press.

Meier, G. F. (1757), *Versuch einer allgemeinen Auslegungskunst*, Halle.

Merleau-Ponty, M. (1942), *La structure du comportement*, Paris, P.U.F.

– (1945), *Phénoménologie de la perception*, Paris, Gallimard.

Michael, M. (1998), *Between citizen and consumer: multiplying the meaning of «the public understanding of science»* in «Public Understanding of Science», n° 7, pp. 313-327.

Michel, H. (2004), *E-administration, e-gouvernement, e-gouvernance. Les modes de management de la citoyenneté locale via les TIC* in «Questionner l'internationalisation», Actes du XIVᵉ Congrès national de la communication, Université de Montpellier III, SFSIC, pp. 59-66.

Midi-Pyrénées: les délégués des gendarmes se retirent de... (2001), Paris, AFP, 20/11.

Miège, B. (1995), *La pensée communicationnelle*, Grenoble, P.U.G.

Milich, L., Varady, R. (1999), *Openness, Sustainability, and Public Participation: New Designs for Transboundary River Basin Institutions* in «The Journal of Environment Development», vol. 8, n° 3, pp. 258-306.

Miller, J.-A. (1996), *Il rovescio dell'interpretazione* in «La Psicoanalisi», n° 19, pp. 119-128.

Millet, L. (1972), *Perception, imagination, mémoire*, Paris, Masson.

– (1994), *La psychologie, connaissance réelle de l'homme?*, Paris, F.-X. de Guibert.

Miron, G. (1970), *L'homme rapaillé*, P.U.M., Montréal.

Monro, S. (2003), *Transgender Politics in the UK* in «Critical Social Policy», vol. 23, n° 4, pp. 433-452.

Monynihan, D. (2003), *Normative and Instrumental Perspective on Public Participation* in «American Review of Public Administration», vol. 33, n° 2, pp. 164-188.

Mozol, P. (2002), *La participation du public à la vie municipale*, thèse en droit, Université Paul Cézanne-Aix – Marseille 3.

Mucchielli, A., Corbalan, J.-A., Ferrandez, V. (1998), *Théorie des processus de la communication*, Paris, Armand Colin.

Müller, F. M. (1900), *On the Philosophy of Mythology* in «Chips from a German Workshop», vol. IV, «Essays on Mythology and Folk-Lore», London, Longmans, Green and Co.

Musso, P. (2003), *Le réseau: de la mythologie grecque à l'idéologie d'Internet* in «Réseaux et société», Paris, P.U.F., pp. 15-42.

Nancy, J.-L. (1993), *Le sens du monde*, Paris, Galilée.

Nash, J. (1999), *Humility as Predisposition for Sustainability – The 1999 Ian Barbour Lecture, NASTS* in «Bulletin of Science Technology Society», vol. 19, n° 5, pp. 359-364.

Neschike-Hentschke, A. (2004), *Les herméneutiques au seuil du XXIe siècle. Evolution et débat actuel*, Paris, Peeters Louvain.

Nicolas Sarkozy propose une concertation de terrain sur la «carte idéale» des services publics en zone rurale (2005), Marie Info, 1er juillet, www.maire-info.com dernière visite le 10/08/2006.

Norris, P. (2003), *Preaching to the Converted?: Pluralism, Participation and Party Websites* in «Party Politics», vol. 9, n° 1, pp. 21-45.

November, P. (2002), *Teaching marketing theory: A hermeneutic approach* in «Marketing Theory», vol. 2, n° 1, pp. 115-132.

Oblet, T. (1997), *En quête de ville: politiques urbaines et développement de la démocratie*, thèse en sociologie, Université de Bordeaux 2.

Olavarria, M. (2003), *Protected Neoliberalism: Perverse Institutionalization and the Crisis of Representation in Postdictatorship Chile* in «Latin American Perspectives», vol. 20, n° 6, pp. 10-38.

Olivesi, S. (dir.) (2006), *Sciences de l'information et de la communication*, Grenoble, P.U.G.

Olivier-Yanik, C. (2006), *La communication publique. Communication d'intérêt général et exercice du pouvoir* in «Sciences de l'information et de la communication», Grenoble, P.U.G., pp. 97-112.

Orillard, M. (1987), *Décisions de groupes: coalitions et auto-organisation: application aux processus de concertation et de négociation*, thèse en économie, Université Paul Cézanne-Aix – Marseille 3.

Orloff, A.S. (2002), *Explaining US welfare reform: power, gender, race and the US policy legacy* in «Critical Social Policy», vol. 22, n° 1, pp. 96-118.

Ortiz, M. (2003), *Lingering Presence: A Study Using the Human Becoming Hermeneutic Method* in «Nursing Science Quaterly», vol. 16, n° 2, pp. 146-154.

Otto, R. (1995), *Le sacré*, Paris, Payot et Rivages.

Otto, W. F. (1987), *Essais sur le mythe*, Mauvezin, T.E.R.

– (1995), *L'esprit de la religion grecque ancienne. Theophania*, Paris, Berg International.

Outhwaite, W. (1987), *New philosophies of science: Realism, hermeneutics and critical theory*, New York, St. Martin's.

Pailliart, I. (2003), *Une histoire des formes communicationnelles de la démocratie locale* in «Sciences de la Société», n° 60, pp. 30-46.

Palmer, R. (1969), *Hermeneutics*, Evanston, Northwestern University Press.

Panourgia, N. (2002), *Conversations in hermeneutic anthropology* in «Anthropological Theory», vol. 2, n° 3, pp. 341-354.

Panza, M. (1997), *Quelques distinctions à l'usage de l'historiographie des mathématiques* in «Herméneutique: textes, sciences», Paris, P.U.F., pp. 357-383.

Paoletti, M. (1996), *Analyse de la démocratie locale à travers la genèse institutionnelle du référendum*, thèse en science politique, Université Bordeaux 4.

Papacharissi, Z. (2004), *Democracy online: civility, politeness, and the democratic potential of online political discussion groups* in «New Media Society», vol. 6, n° 2, pp. 259-283.

Patton, M. Q. (1990), *Qualitative evaluation and research methods*, Newbury Park, Sage.

Pelissero, J. P., Krebs, T. B., Jenkins, S. (2000), *Asian-Americans, Political Organizations, and Participation in Chicago Electoral Precincts* in «Urban Affairs Review», vol. 35, n° 6, pp. 750-769.

Pennanguer, S. (2005), *Incertitude et concertation dans la gestion de la zone côtière*, thèse en ingénierie, ENSA – Rennes.

Pépin, J. (1986), *Mythe et Allégorie*, Paris, Etudes Augustinnes.

Perrot, M.-D., Rist, G., Sabelli, F. (1992), *La Mythologie programmée,* Paris, P.U.F.

Peters, J.-P. (1983), *Cassirer, Kant und Sprache: Ernst Cassirer «Philosophie der Symbolischen Formen»*, European University Studies, vol. 121, Francfort am Main, Peter Lang Verlag.

Pettazoni R. (1953), *Les religions de la Grèce antique, des origines à Alexandre le Grand*, Paris.

Pipard, D., Maillard, A. (2003), *Pratique de la concertation*, Paris, Moniteur.

Pöggeler, O. (1994), *Schritte zu einer hermeneutischen Philosophie*, Freiburg.

Polkinghorne, D. (2000), *Psychological Inquiry and the Pragmatic and Hermeneutic Traditions* in «Theory & Psychology», vol. 10, n° 4, pp. 453-479.

Poma, A. (1977), *Origine e primi sviluppi della filosofia delle forme simboliche di Ernst Cassirer* in «Filisofia», XXVIII, 3, pp. 389-418.

Porter, E. J. (2000), *Setting aside the identity furor: Staying her story-course of sameness* in «Qualitative Inquiry», n° 6, pp. 238-250.

Prasad, A. (2002), *The Contest Over Meaning: Hermeneutics as an Interpretive Methodology for Understanding Texts* in «Organizational Research Methods», vol. 5, n° 1, pp. 12-33.

Price, Z. (1999), *On young Lukács on Kierkegaard: hermeneutic utopianism and the problem of alienation* in «Philosophy & Social criticism», vol. 25, n° 6, pp. 67-82.

Prins, B. C. (2003), *Institutional Instability and the Credibility of Audience Costs: Political Participation and Interstate Crisis Bargaining, 1816-1992* in «Journal of Peace Research», vol. 40, n° 1, pp. 67-84.

Quere, L. (1999), *La Sociologie à l'Epreuve de l'Herméneutique. Essai d'Epistémologie des Sciences Sociales,* Paris, l'Harmattan.

Rabault, H. (1997), *L'Interprétation des Normes. L'Objectivité de la Méthode Herméneutique,* Paris, l'Harmattan.

Rankin, M. B. (2002), *Nationalistic Contestation and Mobilization Politics: Practice and Rhetoric of Railway-Rights Recovery at the End of the Qing* in «Modern China», vol. 28, n° 3, pp. 315-361.

Rasmussen, D. (2002), *Hermeneutics and public deliberation* in «Philosophy & Social Criticism», vol. 28, n° 5, pp. 504-511.

Rastier, F. (1994), *Sur l'immanentisme en sémantique* in «Cahiers de linguistique française», Genève, 15, pp. 325-335.

Raymond, R. (2004), *La nature à la campagne: identification sociale et argument pour la gestion d'un territoire rural partagé: l'exemple du Vexin français,* thèse en géographie, Université Panthéon-Sorbonne – Paris.

Rennie, D. (2000), *Grounded Theory Methodology as Methodical Hermeneutics: Reconciling Realism and Relativism* in «Theory & Psychology», vol. 10, n° 4, pp. 481-502.

Resweber, J.-P. (1988), *Qu'est-ce qu'interpréter*, Paris, Cerf.

Richardson, L. (1994), *Writing: A method of inquiry* in «Handbook of qualitative research», Thousand Oaks, Sage, pp. 516-529.

Ricœur, P. (1975), *La métaphore vive*, Paris, Seuil.

– (1983), *Temps et récit,* Paris, Seuil.

– (1986), *Du texte à l'action*, Paris, Seuil.

– (2005), *Discours et communication*, Paris, Editions de L'Herne.

Rogers, N. (2004), *Political Participation in the Period of Post-Communist Transition* in «International Sociology», vol. 19, n° 3, pp. 259-279.

Rose, M. (dir.) (2002), *Histoire et Herméneutique,* Paris, Labor & Fides.

Roth, A. L., Dunsby, J., Bero, L. A. (2003), *Framing Processes in Public Commentary on US Federal Tobacco Control Regulation* in «Social Studies of Science», vol. 33, n° 1, pp. 7-44.

Rowe, G., Frewer, L. J. (2000), *Public Participation Methods: A Framework for Evaluation* in «Science, Technology, & Human Values», vol. 25, n° 1, pp. 3-29.

– (2004), *Evaluating Public-Participation Exercises: A Research Agenda* in «Science Technology Human Values», vol. 29, n° 4, pp. 512-556.

Rui, S. (2001), *Conflits d'aménagement, débat public et construction de l'intérêt général: une expérience d'émocratique?*, thèse en sociologie, Université de Bordeaux 2.

– (2004), *La démocratie en débat*, Paris, Armand Colin.

Rundell, J. (1999), *Imaginings, Narratives and Otherness: On the Critical Hermeneutics of Richard Kearney* in «Thesis Eleven», n° 73, pp. 97-111.

Salanskis, J. M. (2003), *L'esprit, l'action et l'interprétation* http://www.philo-net.com /Salanskis-Hermaction2.htm, dernière visite 16/08/2006.

Salanskis, J.-M., Rastier, F., Scheps, R. (1997), *Herméneutique: textes, sciences*, Paris, P.U.F.

Sans titre (20005), http://66.249.93.104/search?q=cache: POIBZWeq fYAJ: ptaff.ca/ ptaff-list /2005-05 /1116515659-dollard_des_ormeaux/, dernière visite le 17/07/2006.

Saukko, P. (2000), *Between voice and discourse: Quilting interviews on anorexia* in «Qualitative Inquiry», n° 6, pp. 299-317.

Scarrow, S. (1999), *Parties and the Expansion of Direct Democracy: Who Benefits?* in «Party Politics», vol. 5, n° 3, pp. 341-362.

Schelling, F. W. (1945), *Introduction à la philosophie de la mythologie*, Paris, Aubie.

Scheps, R. (1997), *Herméneutique et sciences de la nature* in «Herméneutique: textes, sciences», Paris, P.U.F., pp. 201-205.

Scheufele, D. A. (2002), *Examining Differential Gains From Mass Media and Their Implications for Participatory Behavior* in «Communication Research», vol. 29, n° 1, pp. 46-65.

Schleiermacher, F. D. E. (1987), *Herméneutique*, Paris, Cerf.

Schleiermacher, F. E. D. (1944), *Discours sur la religion à ce de ses contempteurs qui sont des esprits cultivés,* Paris, Aubier.

Schluth Amorim, N. (2000), *Aide à la concertation et à la décision dans le cadre de processus de décision publique complexes,* thèse en gestion, Université Paris 9.

Schniewind, J. (1952), *Kerygma und Mythos I*, Hamburg, Volksdorf.

Schouw, N. L., Bregnhoj, H., Mosbaek, H., Tjell, J. C. (2003), *Technical, economic and environmental feasibility of recycling nutrients in waste in Southern Thailan* in «Waste Management Research», n° 21, pp. 191-206.

Schouw, N. L., Tjell, J. C. (2003), *Social and institutional feasibility of recycling nutrients in waste in Southern Thailand* in «Waste Management Research», n° 21, pp. 393-404.

Scuble, L. (2003), *Les hommes peuvent-ils se passer de toute religion?* in «Revue du MAUSS», n° 22, pp. 90-117.

Serbanescu, S. (2003), *Univers mythique et symboles fondamentaux dans le théâtre de Paul Claudel et de Lucian Blaga: Traité d'herméneutique, étude comparative des sources culturelles, des structures et des moyens symboliques*, thèse en littérature comparée, Université de Sorbonne – Paris 4.

Sfez, L. (1990), *La communication: d'une épistémè à la forme symbolique* in «Technologies et symboliques de la communication», colloque de Cerisy, Grenoble, Presses Universitaires de Grenoble, pp. 9-20.

Sfez, L., Coutlée, G. (dir.) (1990), *Technologies et symboliques de la Communication,* Presses Universitaires de Grenoble.

Simons, H. (1989), *«Going meta» in Political Confrontations* in «Spferes of Argument», Annandale, SCA.

Sintomer, Y. (1999), *La démocratie impossible? Politique et modernité chez Weber et Habermas*, Paris, La Découverte – Syros.

Slone, B. (2003), *The Nazareth Riots: Arab and Jewish Israeli Adolescents Pay a Different Psychological Price for Participation* in «Journal of Conflict Resolution», vol. 47, n° 6, pp. 817-836.

Sochacki, L. (2004), *Du local à l'international: l'Internet comme moyen de contestation* in «XIV congrès SFSIC», 2-4 juin, Béziers, pp. 77-83.

Spector, S. (1999), *Another Zionism: Hugo Bergmann's Circumscription of Spiritual Territory* in «Journal of Contemporary History», vol. 34, n° 1, pp. 87-108.

Stand, W. (2001), *La «philosophie des formes symboliques» de Cassirer et le plan d'une sémiotique générale et différentielle,* Congrès Sémio 2001, Limoges, les 4-7 avril.

Stanley, J. W., Weare, C. (2004), *The Effects of Internet Use on Political Participation: Evidence From an Agency Online Discussion Forum* in «Administration Society», vol. 36, n° 5, pp. 503-527.

Stefanovic, A. (2003), *Evolution du rapport de la musique et du texte dans l'opéra baroque français (1675-1733): une voix herméneutique,* thèse en musicologie, Université de Sorbonne – Paris 4.

Stievenard, J. M. (1971), *La participation des citoyens à la politique urbaine,* thèse de doctorat de troisième cycle, Aix-en-Provence, Université de Provence.

Stones, R. (2002), *Social theory, the Civic Imagination and Documentary Film: A Postmodern Critique of the «Bloody Bosnia» Season's The Roots of War* in «Sociology», vol. 36, n° 2, pp. 355-375.

Strehlow, C. (1907-21), *Die Aranda und Loritja-Stamme in Zentral-Australien,* 7 Volumes, Francfort, J. Baer.

Strydom, P. (1999), *Hermeneutic Culturalism and its Double* in «European Journal of Social Theory», vol. 2, n° 1, pp. 45-69.

Sullivan, B. (2000), *Even at the Turning of the Tide: An Analysis of the North Carolina Legislative Black Caucus* in «Journal of Black Studies», vol. 30, n° 6, pp. 815-838.

Suraud, M.-G. (2003), *Le net ou la clôture de l'espace public. Débats sur l'accident industriel de Toulouse (sept. 2001)* in «Réseaux», vol. 21, n° 118, pp. 211-236.

Synthèse des études (2005), LGV PACA.

Tam, W. K., Lad, S. P. (2004), *Subcontinental Divide: Asian Indians and Asian American Politics* in «American Politics Research», vol. 32, n° 3, pp. 239-263.

Tarot, C. (1999), *De Durkheim à Mauss, l'invention du symbolique. Sociologie et science des religions,* Paris, La Découverte.

Taylor, C. (1985), *Social theory as practice* in «Philosophy and the human sciences» Cambridge, Cambridge University Press, pp. 91-115.

Taylor-Robinson, M. (2001), *Old Parties and New Democracies: Do They Bring out the Best in One Another?* in «Party Politics», vol. 7, n° 5, pp. 581-604.

Territoire, débat public, démocratie (dir. J. M. Fourniau) in «Société française» n° 12-13 / 1998.

Tesh, S. (2002), *The Internet and the Grass Roots* in «Organization & Environment», vol. 15, n° 3, pp. 336-339.

Teske, N. (2000), *A Tale of Two TAGS: Dialogue and Democracy in the Superfund Program* in «American Behavioral Scientist», vol. 44, n° 4, pp. 663-677.

Tétu, J.-F. (1999), *Introduction* in «Les stratégies de l'information», Paris, l'Harmattan, pp. 1-17.

Texier Vandamme, C. (2001), *Espace et écriture ou l'herméneutique dans «Heart of darkness» de Joseph Conrad, «Under the volcano» de Malcolm Lowry et «Voss» de Patrick White,* thèse en littérature des îles britanniques, Université Lumière – Lyon 2.

Thalbitzer, W. (1930), *Les magiciens esquimaux, leurs conceptions du monde, de l'âme et de la vie* in «Journal de la Société des Américanistes», tome 22, Fasc. I, pp. 73-106.

Thomae de Aquino, *Opera Omnia,* http://www.corpusthomisticum.org/ iopera.htmlPERA OMNIA, dernière visite le 16/09/2006.

Thomas, C. (2001), *Habitat Conservation Planning: Certainly Empowered, Somewhat Deliberative, Questionably Democratic* in «Politics Society», vol. 29, pp. 105-130.

Thomas, J. C., Melkers, J. (1999), *Explaining Citizen-Initiated Contacts with Municipal Bureaucrats: Lessons from the Atlanta Experience* in «Urban Affairs Review», vol. 34, n° 5, pp. 667-690.

Thompson, W. (2003), *Architectural Hermeneutics V. Harry and the Philosopher's Stone* in «Environment and Behavior», vol. 35, n° 4, pp. 478-485.

Thornborrow, J. (2001), *Authenticating talk: building public identities in audience participation broadcasting* in «Discourse Studies», vol. 3, n° 4, pp. 459-479.

– (2001), *Questions, control and the organization of talk in calls to a radio phone-in* in «Discourse Studies», vol. 3, n° 1, pp. 119-143.

Thornborrow, J., Van Leeuwen, T. (2001), *Editorial: broadcast talk* in «Discourse Studies», vol. 3, n° 4, pp. 387-389.

Thornton, D. (2000), *Political Attitudes and Participation of Informal and Formal Sector Workers in Mexico* in «Comparative Political Studies», vol. 33, n° 10, pp. 1279-1309.

Thouard, D. (1997), *Dialogue et dialectique chez Schleiermacher* in «Le dialogique», Berne, Francfort, NY, Peter Lang, pp. 47-57.

Todorov, T. (1977), *Théories du symbole*, Paris, Seuil.

Tonn, B. (2004), *MyEmpowerNet.gov: A Proposal to Enhance Policy E-Participation* in «Social Science Computer Review», vol. 22, n° 3, pp. 335-346.

Topper, K. (2000), *In Defense of Disunity: Pragmatism, Hermeneutics, and the Social Sciences* in «Political Theory», vol. 28, n° 4, pp. 509-539.

Trenz, H. J., Eder, K. (2004), *The Democratizing Dynamics of a European Public Sphere: Towards a Theory of Democratic Functionalism* in «European Journal of Social Theory», vol. 7, n° 1, pp. 5-25.

Uexküll, J. von (1965), *Mondes animaux et monde humain*, Paris, Seuil.

Valadez, J. (2003), *Response to my critics: response to Nussbaum* in «Philosophy & Social Criticism», vol. 29, n° 1, pp. 107-124.

Van Cott, D. L. (2000), *Party System Development and Indigenous Populations in Latin America: The Bolivian Case* in «Party Politics», vol. 6, n° 2, pp. 155-174.

Van Roo, W. A. (1972), *Symbol according to Cassirer and Langer* in «Gregorianum», LIII, Rome, Pontificia Universitas Gregoriana, pp. 487-534 et pp. 615-677.

Vandendorpe, C. (1999), *Allégorie et interprétation* in «Poétique», n° 117, pp. 75-94.

Vanderburg, W. H. (2004), *Karasek's Prescription for Healthier Work: Stemming the Tide of Recreating Ourselves in the Image of the Machine* in «Bulletin of Science Technology Society», vol. 24, n° 5, pp. 395-396.

Vanderleeuw, J., Liu, B. (2002), *Political Empowerment, Mobilization, and Black Voter Roll-Off* in «Urban Affairs Review», vol. 37, n° 3, pp. 380-396.

Varela, F. (1989), *Connaître les sciences cognitives*, Paris, Seuil.

Varela, F., Thompson, E., Rosch, E. (1993), *L'inscription corporelle de l'esprit*, Paris, Seuil.

Veca, S. (1969), *Elementi di morfologia. Saggio su Cassirer* in «Il Pensiero», XVI, pp. 35-70.

Verba, S., Schlozman, K., Brady, H. E. (2000), *Rational Action and Political Activity* in «Journal of Theoretical Politics», vol. 12, n° 3, pp. 243-268.

Verene, D. P. (1966), *Cassirer's View of Myth and Symbol* in «Monist», n° 50, pp. 553-564.

–   (1978), *Cassirer's Concept of SymbolicForm and Human Creativity* in «Idealistic Studies. An Intenational Philosophical Journal», 8, 1, pp. 14-32.

Vergely, B. (1998), *Cassirer. La politique du juste*, Paris, Michalon.

Verhoest, P. (2000), *The myth of universal service: hermeneutic considerations and political recommendations* in «Media Culture & Society», vol. 22, n° 5, pp. 595-610.

Vernant, J. P. (1965), *Mythe et pensée chez les Grecs. Etude de psychologie historique*, Paris, Maspéro.

–   (1974), *Mythe et société en Grèce ancienne*, Paris, Seuil.

–   (1999), *L'Univers, les Dieux, les Hommes. Récits grecs des origines*, Paris, Seuil.

–   (2001), *Le monde est beau comme un dieu!* in «Le point» 21/06.

Vico, G. (1983), *Scienza Nuova*, Milan, Garzanti.

Viola, A. (2003), *Architecture et connaissances, ou l'architecture comme encyclios disciplina: le traité De architectura de Vitruve: une enquête d'ordre historique et herméneutique*, thèse en arts plastiques, Université Panthéon Sorbonne – Paris 1.

Viollet-Besançon, M.-C. (2001), *La presse municipale et les enjeux de la communication institutionnelle dans l'espace public*, thèse en sciences de l'information et de la communication, Université Jean Moulin – Lyon 3.

Volponi, A.-F. (1999), *La Médiation: les échanges localisés comme procès de démocratisation*, thèse en sociologie, Université de Perpignan.

Von Lengerke, T., Vink, J., Rütten, A., Reitmeir, P., Abel, T., Kannas, L., Lüschen, G., Rodriguez Diaz, J. A., Van Der Zee, J. (2004), *Health Policy Perception and Health Behaviours: A Multilevel Analysis and Implications for Public Health Psychology* in «Journal of Health Psychology», vol. 9, n° 1, pp. 157-175.

Wach, J. (1954), *Sociologie de la religion*, Paris, Payot.

Waizbort, R. (2004), *Objectivity in Social Science: Toward a Hermeneutical Evolutionary Theory* in «Philosophy of the Social Sciences», vol. 34, n° 1, pp. 151-162.

Wallace, B., Ross, A., Davies, J. (2003), *Applied Hermeneutics and Qualitative Safety Data: The CIRAS Project* in «Human Relations», vol. 65, n° 5, pp. 587-607.

Wallez, P. (2002), *Urbanité et civilité: Un essai d'interprétation des nouvelles politiques urbaines (1978-1998)*, thèse en sociologie, Université des sciences et technologies – Lille 1.

Walter, B. (2004), *Does Conflict Beget Conflict? Explaining Recurring Civil War* in «Journal of Peace Research», vol. 41, n° 3, pp. 371-388.

Warnke, G. (2000), *Feminism and democratic deliberation* in «Philosophy & Social criticism», vol. 26, n° 3, pp. 61-74.

Weber, L., Loumakis, A., Bergman, J. (2003), *Who Participates and Why?: An Analysis of Citizens on the Internet and the Mass Public* in «Social Science Computer Review», vol. 21, n° 1, pp. 26-42.

Webler, T., Tuler, S. (2000), *Fairness and Competence in Citizen Participation: Theoretical Reflections From a Case Study* in «Administration Society», vol. 32, n° 5, pp. 566-595.

–   (2002), *Unlocking the Puzzle of Public Participation* in «Bulletin of Science, Tecnology & Society», vol. 22, n° 3, pp. 179-189.

Weinberg, A. (1999), *The University and the Hamlets: Revitalizing Low-Income Communities Through University Outreach and Community Visioning Exercises* in «American Behavioral Scientist», vol. 42, n° 5, pp. 800-813.

Widdershoven, G. (2001), *Dialogue in Evaluation: A Hermeneutic Perspective* in «Evaluation», vol. 7, n° 2, pp. 253-263.

Wielhouwer, P. (1999), *The Mobilization of Campaign Activists by the Party Canvass* in «American Politics Quaterly», vol. 27, n° 2, pp. 177-200.

Winkin, Y. (1996), *Anthropologie de la communication*, Bruxelles, De Boeck Université.

Wojcik, S. (2005), *Délibération électronique et démocratie locale: le cas des forums municipaux des régions Aquitaine, Languedoc-Roussillon et Midi-Pyrénées*, thèse en Science politique, Université des Sciences Sociales – Toulouse 1.

Wolf, F. A. (1831), *Vorlesung über die Enzyklopädie der Altertumwissenchaft,* Leipzig.

Wundt, W. (1905-1909), *Völkerpsychologie: eine Untersuchung der Entwicklungsgesetze von Sprache Mythus und Sitte. Zweiter band, Mythus und Religion,* Leipzig, Verlag von Wilhelm Engelmann.

Zavestoski, S., Shulman, S. (2002), *The Internet and Environment Decision Making* in «Organization & Environment», vol. 15, n° 3, pp. 323-327.

Zuidervaart, L. (2003), *Cultural Paths and Aesthetic Signs: A Critical Hermeneutics of Aesthetic Validity* in «Philosophy & Social Criticism», vol. 29, n° 3, pp. 315-340.

Index des auteurs